ICH BIN MEINES VATERS SOHN

für o. und seinen vater

Simone Schmollack

Ich bin meines Vaters Sohn

*Geschichten von Männern zu einer
ganz besonderen Beziehung*

*Schwarzkopf & Schwarzkopf
Verlag*

*Wie oft sehen wir, dass Kinder wegen der
– echten oder angenommenen –
Tugenden ihrer Eltern
zugrunde gerichtet werden.*
SAMUEL BUTLER

Inhalt

... und dann war er tot, und ich hatte noch so viele Fragen
Vorwort 9

Besser zu spät als nie 13
Helmut L. (36) ist ein Adoptivsohn

Er war immer mein Freund 28
Stephan Z. (40) kennt keinen Streit mit seinem Vater

Heute fasst mich niemand mehr an 40
Eike S. (38) wurde von seinem Vater bis aufs Blut geprügelt

Im Garten hinterm Haus baute er Marihuana an 54
Florian J. (25) ist Sohn eines 68er Vaters

Manchmal gehe ich mit Vater spazieren –
und trage meinen Busen vor mir her 67
Einst als Sohn geboren, ist Karin T. (37)
heute eine Tochter

... und dann versuchte ich meine Träume umzubringen 79
Marcel K. (33) wurde als Kind
von seinem Stiefvater missbraucht

Lehrers Kinder, Pfarrers Vieh 91
Falk R. (41) fand als Sohn eines Schuldirektors
erst mit 30 Jahren sein eigenes Leben

Leben mit einer Legende 104
Die Halbbrüder Matthias L. (42) und Markus S. (42) bewegen
sich in Phantasiebildern über ihren unbekannten Vater

Ich bin meines Vaters Sohn 114
Thomas K. (39) sucht schon heute
nach der Gelassenheit, die sein Vater im Alter fand

Ein Hort aus Sperrmüll 125
Der Vater von Bernd B. (35) war ein linientreuer
Genosse – und Alkoholiker

Eigentlich ist er mir egal 138
Ralf S. (41) lebt in Nicht-Verhältnissen: zu seinem
Vater und zu seinem Sohn

Von beiden das Schlimmste 151
Gerhard W. (38) hat zwei Väter

Schließlich hockte er über 400 Überweisungsscheinen 162
Wie sich Wilhelm T. (48) an seinem Vater rächte

Holger war eine Hoffnung 177
Manfred E. (57) fühlt sich schuldig am Tod seines Sohnes

Die »Bornholmer Hütte« ist mein Leben 188
Matthias G. (33) führt die Kneipe seines Vaters weiter

Wir sind schwul. Und das ist gut so 200
Nach ihrem Outing bekamen Martin T. (35) und
Christoph R. (36) ein Problem mit ihren Vätern

Ich bin mir nicht sicher, ob er
ein Unmensch oder ein Feigling war 214
Karl-Heinz H. (61) ist Sohn eines Nazi-Offiziers

... und dann drückte er ab 225
Alfred B. (49) und sein Vater bekämpften sich wie zwei Feinde

Alles andere ist Lüge 237
Frank K. (19) hat einen schwulen Vater

Ich bin im Besitz seiner Biographie 248
Leopold V. (43) kennt seinen Vater besser,
als dieser wahrscheinlich sich selbst

Pop-Stars haben es schwerer 259
Dirk S. (36) ist Sohn eines prominenten Vaters

... und dann war er tot, und ich hatte noch so viele Fragen

Vorwort

Wer Männer verstehen will, muss ihre Geschichte kennen. Ihre Geschichte als Sohn. Kinder werden vor allem durch ihre Eltern geprägt. Manchmal sogar stärker, als manchem Kind lieb ist. Wie ein Mann denkt und fühlt, schweigt und spricht, agiert und reagiert, hat maßgeblich mit seiner Mutter, mit seinem Vater zu tun. Wie stark Mutter und Vater ihren Sohn als Kind geliebt oder abgelehnt, wie oft sie ihn gelobt und getadelt, welche Welt- und Weitsicht sie ihm mitgegeben oder geraubt haben. Nicht selten erkennt man in Sätzen und Handlungen von Männern ihre Herkunft, manchmal entdeckt man in ihnen den Vater. Doch viele Männer wollen den eigenen Vater in sich nicht sehen. Weil sie ihn ablehnen, ihn verdammen, sich mit ihm in einem dauerhaften Machtkampf befinden, sich ständig mit ihm messen. Ihn manchmal sogar bis auf den Tod hassen. Nur wenige Männer sind stolz auf ihre Väter und sagen: »Er ist mein Freund.«

Warum das so ist, haben Soziologen, Psychologen, Männerforscher und Analytiker in zahlreichen Studien erforscht und kennen auf die Frage nach der Herkunft der Annahme beziehungsweise Ablehnung des eigenen Ursprungs und der unvermeidlichen Verbindung zum Vater ganz sicher fundierte Antworten. Doch darum soll es in dem vorliegenden Buch nicht gehen. Die Wissenschaft sollte den Wissenschaftlern vorbehalten bleiben, die Psychoanalyse den Ärzten und die gesellschaftliche Bewertung den Soziologen.

Vorwort

Das Buch »Ich bin meines Vaters Sohn« erzählt Geschichten. Geschichten, die Söhne mit ihren Vätern erlebt haben. Es sind authentische Erlebnisse, in denen es im weitesten Sinne um Liebe und Verrat, Verzeihen und Betrug, Anerkennung und Vergessen, Leben und Tod und sogar um Mord geht. Es sind die Söhne selbst, die die Macht des Wortes nutzen und auf diese Weise ihre Väter lebendig werden lassen – im bildlichen Sinne. Einige der Söhne versuchen, ihre eigene Gegenwart mit ihrer Vergangenheit zu erklären. Und manchmal finden sie auf dem Wege zu ihrer Biographie stärker zu ihrem Selbst, nicht selten tauchen Fragen und damit Probleme auf, die jahrelang versteckt blieben. Und so unterschiedlich Männer – Väter und Söhne – auch sein mögen, eines ist ihnen bis zur Generation der heute Fünfzigjährigen gemeinsam: Als Väter waren sie nicht oder kaum anwesend. Der Begriff »Familie« beschränkt sich vielfach bis heute auf ein einziges Bild: der Mann – der Vater – erobert die raue Welt und schöpft aus ihr für seine Familie. Diese – Frau und Kinder – ist zu Hause und von ihm abhängig.

So muss, wer Männer verstehen will, nicht nur ihre Geschichte kennen, sondern auch die ihrer Väter. In der Geschichte dieser Väter spiegelt sich Historie von Väterlichkeit. Männer nahmen innerhalb der Familie stets eine besondere Rolle ein: Jahrtausende lang waren sie Ernährer und damit Bestimmer der Familie, sie verfügten über die uneingeschränkte Macht des Vaters und des Ehemanns. Im Mittelalter durfte ein Mann seine Kinder und seine Frau als sein Eigentum betrachten und sie deshalb nach Belieben schlagen, demütigen, peinigen, verstoßen und sogar töten. Der politische Absolutismus erteilte ihm dazu jede Erlaubnis, ohne dass der Vater in seinem Ansehen litt. Erst mit dem Ende des Mittelalters untersagten Kirche und Staat das Töten, wenngleich die körperliche Züchtigung an Bedeutung gewann. Bis zum 18. Jahrhundert galten Kinder in erster Linie als Last, Familienverhältnisse wurden vor allem durch negative Begriffe beschrieben: Angst, Gewalt, Gehorsam, Unterdrückung. Im besten Fall war von Respekt die Rede, selten von Zuneigung, nie von Liebe. Erst mit dem Ausgang des 18. Jahrhunderts wird dem Kind eine neue Bedeutung zuteil: Ihm wird mehr Beachtung geschenkt. Doch nicht aufgrund erstarkter elterliche Liebe, sondern allein aus wirtschaftlichen Gründen. Das Kind, insbesondere der Sohn, ist ein ökonomischer Faktor. Diese »Philosophie« kann sich bis Mitte des vergangenen Jahrhunderts am Leben erhalten. Die uneingeschränkte Rolle des Mannes und Vaters noch länger.

Was Jahrtausende lang Recht war, schafft sich nicht in kurzer Zeit und schon gar nicht von allein wieder ab – auch wenn es sich längst selbst überlebt hat. Der Glaube, bestimmte Vorrechte genießen zu dürfen, einzig und allein daraus resultierend, ein Mann zu sein, sitzt noch immer tiefer in vielen Köpfen, als es heute angebracht ist. »Schuld« daran sind neben der Geschichte und so manchem überholten männlichen Allmachtsgebaren auch die Frauen. Mütter, die – an der Seite ihrer Männer – die Geschichte und deren Auswüchse reproduziert und sogar gestärkt haben. Doch soll es an dieser Stelle weder um Geschichtsschreibung, Rollenkämpfe oder gar um »Schuldzuweisungen« gehen, noch sind diese Gesellschaftsreflexionen brandneu. Nach einem Ausweg aus der »vaterlosen Gesellschaft« suchen seit Jahren Philosophen, Soziologen, Familien- und Frauenverbände und manchmal auch Politikerinnen. Dennoch bleibt es unabdingbar, diese Dinge wenigstens zu erwähnen. Weil sie eines der größten kulturellen und zwischenmenschlichen Probleme heutiger Zeit darstellen. Und weil das Annehmen und Begreifen des Problems vielleicht zu einem besseren Verständnis um das oft schwierige Verhältnis zwischen Söhnen und Vätern führt.

Denn noch nie waren die Lust an und der Wille zur Vaterschaft größer als heute. Trotz aller Schwierig- und Widrigkeiten wollen Männer heute Väter werden und bleiben. Das bestätigen Umfragen immer wieder. Doch es wird nicht leichter, eine Familie zu gründen, sich in ihr zu behaupten und sie längerfristig am Leben zu erhalten. Gesellschaftliche Umbrüche, weibliche Emanzipation, die Veränderung der Arbeitswelt, verschobene und größer gewordene individuelle Glücksansprüche tragen dazu bei, dass Familie und Elternschaft immer stärker auf dem Prüfstein stehen. In den vergangenen dreißig Jahren ist ein bunter Reigen verschiedener Partnerschaftsformen gesellschaftsfähig geworden, der es erlaubt, auf verschiedene Weise mit seinen und/oder anderen Kindern zusammen zu sein. Da gibt es neben dem so genannten biologischen heute häufiger denn je den sozialen Vater. Und es gibt temporäre, dauerhafte, schwule, »Teilzeit«-, Adoptiv-, Pflege- und Wochenendväter.

Für manchen Sohn ist der Vater Lehrer, für einen anderen Freund und Begleiter, für wiederum einen anderen Unterdrücker und Despot. Seine eigene Rolle »vererbt« der Vater meist an seinen Sohn – unabhängig davon, wie oft oder wie selten er zu Hause war. Heute bricht das überholte Verständnis allmählich auf und die Rolle des »Ernährers und Bestimmers« wird zur Disposition gestellt. Das wirft eine Reihe von Fragen auf: Wie sieht ein »modernes« Verständnis von Vaterschaft aus? Können Väter noch Vorbilder sein? Wollen Väter überhaupt Vorbilder sein? Finden Väter und Söhne eine gemeinsame Sprache, haben sie sie jemals besessen?

Wie sich Söhne entwickeln und sich Väter und Söhne gegenseitig empfinden, hängt unter anderem stark davon ab, wie Väter ihren Söhnen begegneten, als diese es am nötigsten hatten: in den Kindertagen und der Pubertät. Denn das ist das Fatale an der vaterlosen Gesellschaft: Viele Väter wissen nicht, wer ihre Söhne sind, und Söhne nicht, was ihre Väter ausmacht. Die Geschichten in diesem Buch fragen nach.

Simone Schmollack,
Berlin, im Frühjahr 2003

Besser zu spät als nie

Helmut L. ist ein Adoptivsohn

Jeden Abend musste der Wagen neu aufgefüllt werden. Links, gleich hinter die Verladetür, kamen die Päckchen mit dem Zucker, dem Mehl und dem Salz hin, daneben stapelten wir Reis und Nudeln auf. Auf der rechten Seite lagen Fischbüchsen, Wurst, Käse und Brot. Mein Vater und ich liefen ins Haus und holten die Dinge aus dem Keller, die tagsüber verkauft worden waren.

Sechs Tage in der Woche fuhr mein Vater mit dem Wagen übers Land. Monat für Monat, Jahr für Jahr. Er verkaufte den Leuten all jene Sachen, die sie zum Leben brauchten. Mein Vater war ein fahrender Kaufmann. Ich war sechs Jahre alt und half ihm allabendlich. Das war das einzige, was ich damals für ihn tun konnte. Und das einzige, das ich mit ihm tun konnte. Wenn ich meinen Vater sah, dann in den wenigen Minuten vor dem Schlafengehen. Er arbeitete viel und hart und hatte kaum Zeit. Weder für seine Frau, noch für mich. Ich genoss diese Zeit des Bepackens, sog sie in mich auf, als wollte ich sie auf ewig festhalten, als sei sie das Einzige, was mir von Vater gegönnt war.

Denke ich heute an meinen Vater, sehe ich immer dieses Bild vor mir: Wie wir schwitzend und schnaufend die Pakete und Kisten in den Wagen schleppen. Wie wir uns den Schweiß von der Stirn wischen. Und wie er zu mir sagt: »Gib mir doch mal die Flaschen hoch. Kannst du bitte noch Papier holen, das ist auch schon wieder alle.« Ich war eine junge, billige Arbeitskraft, ein Sohn, der in einem Selbstständigenhaushalt recht früh mit »anpacken« musste. Aber ich war glücklich: Ich hatte die Nähe zu meinem Vater.

Meine Eltern bewirtschafteten in einem kleinen Dorf zwischen Osnabrück und Oldenburg eine Gaststätte mit einem Tanzsaal, da-

Helmut L., 36

zu einen Laden und den Verkaufswagen. Mein Vater war den ganzen Tag mit dem Auto unterwegs, meine Mutter schuftete in der Kneipe und im Laden. Sie hatte ich den ganzen Tag um mich. Meine Eltern – das war lange Zeit nur meine Mutter. Meinen Vater gab es nicht, nicht für mich. Er war nicht da. Ich vermisste meinen Vater, mitunter schmerzlich. Aber die wirtschaftliche Lage erlaubte nicht, dass mein Vater einen Tag Pause von der Arbeit einlegt.

Außer an den Sonntagen, da besann er sich auf die Familie und versuchte, ihr ein wenig Glückseligkeit zu verschaffen. Mittags wurden die Gäste mit einem letzten Schnaps sanft aus dem Haus gekehrt, der Tresen trockengewischt und die Kneipentür abgeschlossen. Mein Vater setzte uns ins Auto und startete in den Sonntagnachmittag. Der gehörte ganz allein uns. Wir gondelten übers Land, machten irgendwo Halt und genossen den Ausblick auf Kornfelder, blühenden Raps und unser Zusammensein. Es war die einzige gemeinsame Zeit, die uns beschert war. Es war die Ausnahme von der Regel, der Alltag war trist: Früh am Morgen düste mein Vater mit dem Wagen los, abends kam er spät heim und verschwand nach dem Essen in der Kneipe. Als Kleinkind beschlich mich das Gefühl, ich habe keinen Vater.

Mein Vater war ein wortkarger, zurückhaltender und vorsichtiger Mann. Mutter war die starke, tatkräftige und bestimmende Person in unserer Familie. Sie hat mich und mein Männerbild geprägt. Stärker als mein abwesender Vater. Wie soll er einen Einfluss auf mich ausüben, wie mich in meinen Fragen aufwühlen, die nur Männer unter sich klären können, wenn er nicht da ist?

Ich beneidete andere Familien und war neidisch auf Nachbars Kinder. Die lebten mit einem Vater, der regelmäßig zu Hause war und jeden Abend mit ihnen zu tun hatte. Auch wenn er nicht mit ihnen spielte. Die meisten Väter damals spielten nicht mit ihren Kindern. Sie kamen nach Hause, griffen nach der Zeitung und pflanzten sich in den Sessel. Aber sie waren anwesend, sichtbar und greifbar. Die meisten Väter meiner Freunde bewegten sich in einem klassischen Erwerbs- und Familienleben: 40-Stunden-Woche, Haus, Auto, Garten. Sie gaben den Ernährer und spielten den starken und harten Mann in einer traditionellen Geschlechterrolle. So wollte ich es auch haben, solch einen Vater wünschte ich mir. Doch mein Vater war nicht nur nicht da, sondern auch ganz anders: kein typischer Macho-Mann, der über seine Frau und seine Kinder bestimmt.

Andere Kinder besitzen Dinge von ihren Vätern, die sie ihnen vererbt oder die sie einmal von ihnen geschenkt bekommen hatten. Ihr Verhältnis drückt sich unter anderem in diesen Gegenständen aus. Mein Vater hat mir selten etwas geschenkt. Einfach so, außer der Reihe. Nur einmal, da kam er mit einem Drachen nach Hause. Ich saß im Wohnzimmer, der Verkaufswagen rollte auf den Hof. Ich schaute aus dem Fenster, freute mich und lief meinem Vater entgegen. Er stieg aus dem Auto und drückte mir den Drachen in die Hand. Ich war sieben Jahre alt und hatte noch nie ein solches Spielzeug besessen. Ich presste das unförmige Dinge an mich und wollte es sofort ausprobieren. Aber der Hof war zu klein und es wehte kein Wind. Später ließ ich ihn auf dem Feld steigen. Den Drachen hütete ich lange wie meinen Augapfel, bis er eines Tages in unzählige Einzelteile zerfiel. Wenn ich heute Kinder mit Drachen sehe, muss ich an meinen denken. Das Gefühl der unbändigen Freude und des übermäßigen Glücks, das ich damals hatte, ist sofort wieder da.

Ich habe oft gedacht, ich werde nicht richtig geliebt, weil ich kaum Geschenke bekam. Einmal wollte ich weglaufen, so sehr fühlte ich mich abgelehnt und weggestoßen. Erst später begriff ich, dass meine Eltern kein Geld hatten. Sie rackerten sich ab, aber es machte sich nicht bemerkbar. Wir fuhren nie in den Urlaub, besaßen keine Wertgegenstände und kannten Luxus nur aus dem Fernsehen. Zwar konnten meine Eltern irgendwann ein Haus kaufen, aber Lebensqualität bot es nur als Dach über dem Kopf. Dass sie mir alles gaben, was sie an Kraft und Energie, Mut und Aufopferungsbereitschaft und an materiellen Dingen besaßen, war mir damals nicht bewusst. Sie taten alles, um aus mir einen »ordentlichen« Menschen zu machen. Und sie haben es gut gemacht. Ihnen habe ich mein Leben zu verdanken. Ohne sie wäre ich jetzt wahrscheinlich ein versoffener, abgehalfterter und drogenkranker Krimineller.

Denn ich bin nicht der Sohn meiner Eltern, nicht der meiner Mutter und nicht der meines Vaters. Nur indirekt verbinden uns ge-

Helmut L., 36

meinsame Gene. Ich wurde adoptiert. Meine leiblichen Eltern waren nicht in der Lage, ihre Kinder selbst groß zu ziehen. Ich habe noch zwei Geschwister: einen vier Jahre älteren Bruder und eine Schwester, die ein Jahr älter ist als ich. Meine biologischen Eltern hatten sich längst getrennt, als ich geboren wurde. Mit drei Monaten adoptierten mich die Schwester meiner Mutter, meine leibliche Tante, und ihr Mann. Meine beiden Geschwister wurden einer anderen Tante übergeben. Wir Kinder wurden praktisch innerhalb der Familie »aufgeteilt«. Damals wohnte die Familie meiner leiblichen Mutter – sie hatte fünf Geschwister – in einem Vorort von Wolfsburg. Schnell sprach sich herum, dass die Familie auseinanderfiel und die Kinder von einem Haus ins andere wanderten. Mein Bruder war damals vier, er wusste nicht, was geschah, aber bekam alles mit. Wie seine Spielsachen zusammengesammelt und in Kisten verpackt wurden, wie Nachbarn tuschelten, wenn meine Tante – seine neue Mutter – mit den Kindern durch den Ort spazierte. Meine Schwester war gerade ein Jahr und völlig verwirrt. Später fragte sie sich lange, warum sie einen anderen Nachnamen trägt als ihre »Mutter«. Sie leidet heute noch sehr unter den Erlebnissen und Traumatisierungen von damals, vielleicht stärker als mein Bruder und ich.

Die »Verschiebung« muss für meinen Bruder und meine Schwester wesentlich dramatischer abgelaufen sein als für mich. Ich war ein Baby. Wenngleich ich lange Jahre spürte, dass irgendetwas nicht stimmte. Kinder entwickeln ein Gefühl, eine Intuition für familiäre Bindungen. Sie merken, ob sie von den Eltern abstammen, die sie erziehen. Auch wenn sie ihr Gefühl nicht erklären, nicht benennen können. Doch sie tragen eine unbestimmte Gewissheit in sich, die ihnen sagt, dass etwas ist, wie es nicht sein soll.

Meine Schwester und mein Bruder blieben mit ihren neuen Eltern an dem Ort ihrer Geburt. Das ganze Dorf wusste, was geschehen war. Irgendjemand flüsterte immer, wenn die beiden um die Ecke bogen. Meine Adoptiveltern zogen weg, in das Nest zwischen Osnabrück und Oldenburg. Zwar wussten dort irgendwann die meisten Bewohner um meine Herkunft. Doch nie fiel eine gehässige Bemerkung oder ließ sich jemand etwas »Geheimnisvolles« entlocken. Im Gegenteil, alle waren wohl froh, dass meinen Eltern, die damals längst zu alt waren für ein erstes Kind, dieses späte Glück noch beschert war. Sie hatten lange versucht, eigene Kinder zu bekommen, aber geklappt hat es nie. Meine Mutter war 43 und mein Vater 37, als sie ihre einmalige Chance erblickten und zugriffen.

Durch einen Zufall entdeckte ich, dass ich nicht der leibliche Sohn meiner Eltern bin. Ich war zehn Jahre alt und stöberte im Wohnzimmerschrank herum. Ich war allein im Haus, meine Mutter war im Laden, mein Vater fuhr mit dem Wagen übers Land. Ich suchte nach nichts Bestimmtem, mich trieb nur die allgemeine Neugierde, die Kinder stets nach Dingen kramen lässt. Einfach, um irgendetwas Unbekanntes zu entdecken. Im Schrank befand sich eine Klappe, hinter der wichtige Papiere und Dokumente aufbewahrt wurden. Nie zuvor hatte ich dieser Klappe Beachtung geschenkt. Vielmehr interessierten mich die Süßigkeiten und das Porzellan, das dort lagerte und nur an Festtagen hervorgeholt wurde. Doch an jenem Tag zog mich die Klappe magisch an. Eine innere Stimme sagte zu mir: »Helmut, mach mich auf und sieh nach, was sich hinter mir verbirgt.« So als wollte sie mir einen Hinweis geben, der mein Leben nachhaltig beeinflussen sollte. Langsam zog ich das Türchen zu mir heran und blickte auf einen Berg von Papieren. Ich zerrte den ersten Stapel hervor und blätterte mich langsam durch Quittungen, Kaufverträge, Sparbücher. Plötzlich hielt ich ein Blatt in den Händen, auf dem »Abstammungsurkunde« stand. Und unmissverständlich und eindeutig darunter: »Helmut K. ist am 17. Juni 1966 in Wolfsburg geboren. Eltern: Helmut Hermann Otto Wilhelm S. und Frieda S., geborene P. Adoptiert von Gerhard L. und Wilhelmine Eleonore L., geborene P. Wolfsburg, den 15. Juli 1966.«

Was ich da las, konnte ich im ersten Moment nicht glauben. Adoption? Im Alter von gerade mal einem Monat? Ich starrte in das Papier, die Zeilen verschwommen vor den Augen. Alles drehte sich um mich. Nach wenigen Minuten setzte ein Schockzustand ein, ich befand mich in einem undurchsichtigen, dicken Nebel: Meine Mutter hatte mich nicht geboren, mein Vater mich nicht gezeugt. Meine Eltern waren nicht meine Eltern. Dann wurde mir sofort bewusst, was das heißt. Ich kannte die Bedeutung des Wortes »adoptieren«: Deine Eltern haben dich weggegeben und völlig fremde Menschen sollten nun deine Eltern sein.

Wie ein Kartenhäuschen stürzte meine kleine Welt zusammen. Wer rechnet damit, dass er auf ein »Geheimnis« stößt, das alles infrage stellt, nur weil er im Wohnzimmerschrank ein bisschen herumkramt? Ich wollte doch nur meine kindliche Neugier befriedigen und nicht auf ein Geheimnis stoßen. Kein Zehnjähriger stellt sich vor, seine Eltern sind nicht das, was sie vorgeben zu sein. Natürlich sind sie die Eltern – und niemand anderes sonst. Kein Zehnjähriger zweifelt an den gegebenen Verhältnissen.

Den Rest des Tages trommelte es in meinem Hirn: Was war passiert? Wer sind der Mann mit meinem Vornamen und diese Frau? Wo sind sie jetzt? Und immer wieder: Warum, warum, warum? Ich stellte mir Szenen vor, wie ich am Abend erst meine Mutter und dann meinen Vater frage. Die Antwort fiel stets gleich aus: »Was hast du da gelesen? Du sollst adoptiert sein? Das stimmt nicht, da musst du etwas verwechselt haben. Natürlich bist du unser Sohn, adoptiert wurde ein ganz anderes Kind.« So wie vermutlich jeder Junge wünschte ich mir von ganzem Herzen, dass nicht stimmte, was ich Schwarz auf Weiß gelesen hatte. Am Abend schlich ich um meine Mutter herum und fand keinen Anfang. Dann polterte es aus mir heraus, ich hielt die Ungewissheit nicht mehr aus: »Ich habe heute meine Abstammungsurkunde gefunden. Da steht, dass ich von euch adoptiert worden bin.« Meine Eltern schauten mich erschrocken an. Einige Sekunden lang hing in der Küche eine schmerzende und angstvolle Stille, unsere Augen klebten erwartungsvoll aneinander, als würde etwas Schlimmes passieren, wenn sie sich jetzt voneinander lösten.

Lange schauten sich meine Eltern an. In diesem Moment müssen sie wohl beschlossen haben, unabdingbar ehrlich zu sein, und dass falsche Geschichten nichts nützen würden. »Deine richtigen Eltern konnten dich und deine Geschwister nicht selbst aufziehen, weil sie sich scheiden ließen. Dein Bruder und deine Schwester leben jetzt bei einer Familie in Wolfsburg.« Das Nötigste und Wichtigste. Und sie sagten mir, dass ich nie an ihrer Liebe zweifeln dürfe, denn sie seien so unendlich glücklich, seit sie endlich ein Kind haben.

Als ich allein im Bett lag, wurde mir klar, dass die Erzählung, die mir Mutter soeben mit ins Federkissen gedrückt hatte, keine Fiktion, sondern pure Realität war. Eine Geschichte, in der ich die Hauptrolle spielte. Plötzlich hatte ich zwei Geschwister: einen großen Bruder, wie ich ihn mir immer gewünscht hatte, und eine Schwester. Und ich war das Nesthäkchen. Eine richtige Familie! Eine Familie, wie ich sofort begriff, die keine war.

Ich kann mich nicht mehr daran erinnern, wie ich sie das erste Mal traf. Aber sie begleiteten fortan mein Leben: Nun war ich kein Einzelkind mehr. Ich hatte einen Bruder, in dessen Bett ich hätte kriechen können, wenn sich meine Angst bei Donner und Blitz nicht verlöre. Ich hatte eine Schwester, mit der ich über Mode und aktuelle Trends debattieren könnte. All das war plötzlich möglich. Aber wir sahen uns selten.

Wir waren uns fremd. Auch heute haben wir kaum Kontakt. Wir sind uns noch immer ein wenig fremd. Ich wünschte mir immer einen großen Bruder, heute ist mir meine Schwester ähnlicher als mein Bruder. Sie trägt die gleiche Vorliebe für Südeuropäer in sich wie ich. Mein Bruder ist ein zurückhaltender Mann, der sich in seinem selbstgebauten Haus mit seiner Frau und seinen beiden Kindern eingerichtet hat. Um diese familiäre Idylle habe ich ihn oft beneidet. Er verkörpert all das, was uns als Kindern genommen worden war.

Wir alle drei kompensierten unsere Vergangenheit. Mein Bruder über seine familiäre Opulenz in einer heilen Welt, meine Schwester über Rebellion, die sie als Jugendliche in viele heikle Situationen brachte. Ich nahm den Fluchtweg in die Harmonie. Selten lebte ich als Single, ich fühle mich schnell allein und einsam. Ich brauche starke Nähe und empfinde mich als zweisamkeits- und liebessüchtig. Ich strebe nach einer vollendeten und »runden« Partnerschaft. Der Grund liegt klar auf der Hand: früher Verlust. Auch wenn er kurz nach meiner Geburt erfolgte. Meine Adoptiveltern haben mich nie spüren lassen, dass sie mich weniger liebten als einen Sohn von eigenem Fleisch und Blut. Dennoch sitzt das Gefühl des Vergessenworden-, des Abgeschobensein wie ein tiefer Stachel mitten und fest in der Seele.

Helmut L., 36

Meine leiblichen Eltern waren nie meine Eltern, weder praktisch noch emotional. Nie drängte mich etwas, meine Adoptiveltern infrage zu stellen. Sie waren und bleiben immer meine Eltern. Ihre größte Furcht nach dem »Entdecken« war, dass sie mich als Sohn verlieren. Doch ihre Sorge war unbegründet. Sie haben mir nicht nur zum Leben verholfen und mir das Rüstzeug für meine Existenz mitgegeben, sie haben mir frühzeitig beigebracht zu abstrahieren: Auf der einen Seite gibt es Frauen und Männer, die Kinder zeugen, auf der anderen Frauen und Männer, die Kinder aufziehen. Fällt beides zusammen, ist dies ein glücklicher Umstand. Doch das Glück liegt selten auf der Straße. Familie ist dort, wo man sich zu Hause fühlt. Familie spielt sich dort ab, wo man sich liebt und sich umeinander sorgt.

Die Legenden von Blutsbanden und genetischer Fortführung legte ich schnell auf den Stapel der Geschichten, die mein Leben nicht schrieb. In diesem Punkt war ich vielen Kindern in meinem Alter um einiges voraus. Nicht wenige quälen sich mit einem schlechten Gewissen, weil sie ihre Eltern nicht mögen oder nicht mit ihnen klar kommen. Sie reden sich gut zu, dass sie ihre Eltern mögen müssen, weil sie ihre Eltern sind, weil sie sie gezeugt und großgezogen haben. Erfolgte dies jedoch ohne Liebe, Vertrauen und Respekt, wird man sich stets in einem Spannungsfeld aus intellektuell verordneten Gefühlen und emotional wahren Empfindungen bewegen.

Heute können mein Vater und ich offen und ehrlich darüber reden, was damals geschah. Heute weiß ich, dass sich das Verhältnis zwischen meinen Eltern und mir nach dem Entdecken der Wahrheit verändert hat: Es hatte seine Unschuld verloren. Wir waren keine biologische, sondern eine künstliche Familie. Meine heile Welt war zerborsten. Unsere Gefühle zueinander jedoch minimierten sich nicht. Ich wurde nicht weniger umsorgt und geliebt. Mehr denn je zeigten mir meine Eltern ihre Liebe, und sie sagten es. Und ich sagte es ihnen. Nun spürte ich ihre Verlustangst.

Damals begannen wir vorsichtig, über Gefühle zu sprechen. Von Offenbarungen oder Gefühlsausbrüchen indes waren wir meilenweit entfernt. Meine Eltern waren keine gefühlsbetonten Menschen. Meine Mutter war die lebenspraktische Macherin, mein Vater ein rationaler Mann, der seine Empfindungen stets gut zu verstecken vermochte. Er sagte zwar nicht: »Gefühle sind nicht erlaubt, das Leben spielt sich in der Rationalität ab.« Aber er lebte danach. Jeder, der mit ihm zu tun hatte, spürte das. Heute reagiere und handle ich oft ähnlich: Gefühle sind erlaubt, aber sie dürfen nicht rausgelassen werden. Das könnte alles zum Einstürzen bringen. So wie mein Vater früher leiste ich mir heute nicht den Luxus des emotionalen Ausbruchs. Läuft etwas nicht so, wie ich es gern hätte, ziehe ich mich schneller als andere zurück. Häufig sage ich nicht, was ich wirklich will, sondern versinke in mir selbst. Ich habe meinen Vater nie stark erregt gesehen, weder positiv noch negativ. Und erst heute mit 72 Jahren lässt er seine erlernten Muster hinter sich und kann sich in wenigen Minuten emotionaler geben, als er es früher in mehreren Jahren jemals konnte. Heute sprechen mein Vater und ich über uns und unsere Empfindungen, wir haben keine Scheu, sie voreinander auszubreiten. Wir geben Ängste zu, reden über Beziehungen und die Probleme, die sie mit sich bringen können. All das ist früher nicht möglich gewesen, als er noch verschlossen und stark auf sich und seine Existenzsicherung fixiert war.

Nur einmal habe ich meinen Vater weinen sehen: Als meine Mutter starb. Ihr Tod kam schneller als erwartet. Mittags plagten sie Sehstörungen, nachmittags fuhr mein Vater sie zum Arzt, abends lag sie im Krankenhaus. Sechs Wochen später war sie tot. Am Tag, als sie aus dem Leben schied, saßen ihre Geschwister, Vater und ich an ihrem Krankenbett. Wir ahnten, dass es zu Ende gehen wird. Obwohl der Arzt sagte, es ziehe sich noch etwas hin. Ich setzte mich ins Auto und fuhr ins Dorf – nur kurz, um zu sehen, ob es im Laden läuft. Wir hatten eine Angestellte, die in dieser Zeit oft allein im Geschäft war. Kurz bevor das Auto auf den Hof rollte, beschlich mich ein merkwürdiges Gefühl, es kroch plötzlich in mich und ließ mich ahnen: Sie ist gerade gestorben. Als ich auf dem Hof ankam, hatte das Krankenhaus schon angerufen. Ich raste zurück. Als ich mit dem Auto auf den Parkplatz des Krankenhauses einbog, sah ich meinen Vater: Wie ein eingesperrter Tiger lief er unruhig hin und her. Er hielt den Kopf gesenkt und kämpfte mit den Tränen. Er sah todtraurig aus, so weit weg, dass es mir fast das Herz zerriss. In seinem Blick lagen unendlich viel Schmerz und Trauer, auf seinem Gesicht zeichneten sich dreißig Ehejahre ab, die nun ein Ende gefunden hatten. Ich wollte ihn in den Arm nehmen. Doch selbst im Moment dieses heftigen Schmerzes fiel es ihm schwer, Körperlichkeit herzustellen.

Vor zwei Tagen besuchte er mich das letzte Mal in Berlin. Seit einigen Jahren lebe ich hier. Mein Vater kam mit seiner neuen Lebensgefährtin, die er einige Jahre nach Mutters Tod wieder traf. Sie war seine große Jugendliebe. Doch als mein Vater mit seinen Eltern in den letzten Kriegstagen aus dem Ort in Ostpreußen fliehen musste, in dem sich beide kennen gelernt hatten, verloren sie sich aus den Augen. Zufällig begegneten sie sich in einem Urlaubsort wieder. Sie erkannten sich sofort. Es schien, als lägen nicht zwei Ehen zwischen ihnen, als gäbe es keine erwachsenen Kinder, keine vergangenen Jahrzehnte.

Wir verbrachten ein Wochenende in Harmonie und Vertrautheit. Abends nach dem Essen ging die Frau meines Vaters recht schnell ins Bett, Vater und ich saßen noch stundenlang bei mehreren Flaschen Wein zusammen. So hatte ich es mir früher immer gewünscht. Mein Vater war eine Person zum Anfassen und Reden, zum Spielen und Diskutieren. Ein Mann, der sich nicht durch Abwesenheit einbringt, sondern durch Präsenz. Auch wenn ein Junge nicht stündlich den Kontakt zu seinem Vater sucht, so sollte er wissen, dass er jederzeit an seine Tür klopfen kann, wenn er ihn braucht. Dieser Umstand trat für mich erst ein, nachdem ich den Kinderschuhen längst entwachsen war. Zu spät suchten wir den wahren Kontakt zueinander, zu spät fanden wir uns. Zum Abschied umarmte mich mein Vater. Ich hatte das Gefühl, als sei es das erste Mal gewesen. Mein Vater hatte seine Körperlosigkeit mir gegenüber überwunden.

Als Mann prägte mich mein Vater nicht. Etwas nicht oder kaum Vorhandenes kann nicht prägen, es kann höchstens Verlustängste auslösen oder Leerstellen benennen. Geprägt hat mich meine Mutter. Sie hat mir beigebracht, allein zu kämpfen. Sie kannte das Gefühl der Einsamkeit und die Last des Alleinseins, aber sie biss sich durch. Mein Vater war für mich auch kein Vorbild, so wie andere

Kinder in ihren Eltern Vorbilder oder Menschen sehen, denen sie nacheifern wollen. Wenngleich ich ihn immer liebte, seine Nähe herbeisehnte und stolz auf ihn war.

Vielleicht aber hat er indirekt mein Männerbild bestimmt. Durch seine Abwesenheit suchte ich früh nach einer Antwort auf die Frage, wie Männer sind, wie sie sein sollen oder sein müssen. Irgendwann werde auch ich ein Mann werden, wusste ich. Wie soll ich mich dann verhalten, welche Verhaltensregeln an den Tag legen, welche Dinge tun, welche nicht tun? Diese Unklarheiten trieben mich lange um. In meiner Umgebung gab es keine Männer, die sich für die Rolle eines Vorbilds eigneten. Ich formte mir mein Männerbild nach meinen eigenen Vorstellungen, mein Mann war eine Mischung aus Teddybär, Beschützer, Liebhaber, Alphatier und Bestimmer. Als ich während des Studiums in Osnabrück mein Coming out hatte, suchte ich mir stets Männer aus, die einem bestimmten Bild entsprachen: harte, starke, große Mannen, bei denen ich mich anlehnen konnte. Ich suchte bei ihnen unbegrenzten Schutz und unaufhörliche Geborgenheit, ich wollte mich bei ihnen ankuscheln und unter ihnen wegtauchen. Doch nach zwei oder drei Monaten stellte ich jedes Mal von neuem fest: Sie waren Menschen aus Fleisch und Blut, konnten schlechte Laune und keine Lust auf mich haben, sie plagten sich mit Ängsten und negativen Gefühlen und waren keineswegs ohne Unterlass stark. Im Gegenteil, sehr oft waren sie sehr schwach, mitunter schwächer als ich, und mit Fehlern behaftet, mit denen ich nicht umgehen konnte.

Noch immer sehne ich mich nach Männern, bei denen ich mich anlehnen kann, die dominant sind und bestimmen, wo es lang geht. Ich finde Männer attraktiv, die kräftig und unübersehbar sind, die etwas darstellen und sich nicht so leicht umpusten lassen. Die das sind, was mein Vater nie war und meine Mutter mir vorlebte. Als ich als pubertierender Knabe in einen Jungen in der Nachbarschaft verliebt war, drängte mich alles danach, ihn beim Baden zu berühren, seine nackte und nasse Haut unter meinen Fingern zu spüren. Doch ich verbot mir mein Drängen und Sehnen: Unsere heile Welt hätte einstürzen, unsere Freundschaft in die Brüche gehen können. Ich hielt meine Gedanken und meine Hände zurück. Auch

Helmut L., 36

heute weiche ich vor Konflikten aus und versuche stets, Probleme mit dem möglichst geringen Auseinandersetzungspotenzial zu lösen.

Erst mit meinem jetzigen Partner verlasse ich langsam die Fahrrinne des Ausweichens und Abbiegens. Hans ringt mir Standhaftigkeit in Konfliktmomenten ab, er lehrt mich, Widerstände auszuhalten und nicht vor ihnen davonzulaufen. In der Mitte meines Lebens wendet sich mein Leben. Dies macht sich allein in Äußerlichkeiten bemerkbar: Hans ist kein großer, eindrucksvoller Kraftprotz, sondern genau das Gegenteil: ein sanftes, zartes Wesen, das man auf den ersten Blick übersieht. Auf der Straße würde ich an ihm vorbeilaufen, ohne ihn überhaupt bemerkt zu haben. Zu Beginn unserer Beziehung erging es mir dennoch so wie mit den anderen Männern: Ich sah in ihm den unfehlbaren, tadellosen Macher, der mich beschützt und mir Ratschläge gibt. Nach wenigen Monaten bemerkte ich auch an ihm Fehler. Doch im Gegensatz zu meinen anderen Verhältnissen verlor sich meine Liebe nicht irgendwo im Nichts. Sie hielt sich. Hans schaffte es, uns zusammen zu halten.

Wenn ich früher mit meinen Liebhabern stritt, fühlte ich mich stets abgelehnt und ungeliebt. Stand der erste der überall üblichen Haushaltsstreitigkeiten an, bockte es in meinem Hirn: Nun ist unsere Zeit vorüber, morgen wird er mich verlassen. Unerträglich war es für mich, nach einer Auseinandersetzung ins Bett zu gehen und sich vorher nicht versöhnt zu haben. Er liebt mich nicht mehr, ich bin erneut allein. Hans verhalf mir zu mehr Selbstvertrauen und Eigenliebe. Auseinandersetzungen müssen sein, sonst lebt man ohne Spannung. Und ohne Spannung zusammen zu sein bedeutet, nebeneinander her zu existieren.

Lange Zeit fragte ich mich, warum Sex für mich eine überaus große Rolle spielt in meinem Leben. Nach einigem Überlegen wurde mir klar, dass mein Vater und meine Mutter keine Sexualität ausstrahlten. Stets erschienen sie mir als asexuelle Wesen. Die machen so etwas nicht, sagte ich mir. Und kam mir schmutzig und schäbig vor, wenn meine Gedanken auf eine erotische Bahn schwenkten. Heute sind die Gespräche mit meinem Vater von einer intimen Offenheit geprägt. Er scheint ein ausgeprägtes Sexleben zu haben. Seine Lebenspartnerin strahlt Vitalität aus, ihr ist anzusehen, dass sie sich mit einem sexlosen Langweiler nie abgeben würde.

Früher hätte ich mir nie vorstellen können, dass mein Vater mit seiner Frau ins Bett geht, geschweige denn, dass er darüber spricht. Sex hat auch mit Gefühlen und Äußerungen über sie zu tun – und die verbot er sich. So ging ich zuerst zu meiner Mutter, als ich wusste, ich bin schwul. Doch sie reagierte entgegen meinen Erwartungen überaus hysterisch. »Das geht doch nicht, das kann nicht sein«, schrie sie und fuchtelte wild mit ihren Armen. Mich erschreckte ihre Verständnislosigkeit: Meine Mutter, die sonst für alles ein offenes Ohr hatte und da war, wenn ich sie brauchte. Meinem Vater hingegen traute ich Verständnis für meine Situation kaum zu. Doch er erwies sich als besserer Gesprächspartner. Allerdings nur begrenzt, wie ich später erkennen musste. Insgeheim hoffte er, irgendwann würde ich bekehrt. Immer wieder fragte er mich, ob ich es mit Frauen nicht noch einmal versuchen wolle. Immer gab ich ihm dieselbe Antwort: »Papa, ich bin schwul. Da ist nichts dran zu drehen.«

Vor einigen Jahren hätte ich den Kontakt zu ihm fast abgebrochen. Während unserer Telefongespräche, bei Treffen – stets ignorierte er die Existenz meines Partners. Ich erzählte von mir, meinen Erlebnissen, auch denen in der Partnerschaft. Er wechselte abrupt das Thema. Meine sexuelle Andersartigkeit vermochte er nicht zu akzeptieren. Er schaute über sie hinweg und tat so, als gäbe es da nichts, worüber man reden müsse. Er hielt sich wie ein Kleinkind die Augen zu: Wenn ich die anderen nicht mehr sehe, werde ich auch nicht gesehen. Wahrscheinlich dachte er: Wenn ich das Thema Homosexualität nicht zulasse, verliert es sich in Inexistenz, dann ist mein Sohn auch nicht »so einer«. Doch ich zwang ihn, sich diesem »Problem« zu stellen. Das erste Mal in meinem Leben, wahrscheinlich, weil es so stark an meiner Existenz rührte, dass es für mich Wert machte, debattiert zu werden.

Heute können wir sogar offen über Aids reden. Er weist meine Ängste und Gefühle nicht mehr zurück, im Gegenteil, er greift sie auf und zeigt Verständnis dafür. Er zeigt mir, dass er Angst um mich hat. Ich erinnere mich an eine sehr intime Fahrt in seinem Auto, als

Helmut L., 36

er mich vor Jahren in Berlin besuchte. Kurz zuvor war ich bei einem One-Night-Stand unvorsichtig, hatte einen Aids-Test gemacht und bangte nun um das Ergebnis. Mein Vater war besser über die Immunschwächekrankheit informiert, als ich jemals geahnt hätte.

Inzwischen akzeptiert er meine Männer und erzählt zu Hause, dass ich in einer festen Beziehung mit Hans lebe. Ich glaube, es ist ihm wichtig zu zeigen, dass ich so »normal« wie andere, dass ich bindungs- und beziehungsfähig bin wie jeder Heterosexuelle auch. Er möchte stolz auf mich sein. Und ich möchte, dass er stolz auf mich ist. Ich kann mir den Glanz in seinen Augen regelrecht vorstellen, wenn er darüber plaudert, dass sein Sohn bei Zeitungen und in Verlagen arbeitet. Dass es kleine Verlage und unbedeutende Zeitungen sind, spielt dabei keine Rolle.

Seit zehn Jahren bemühen wir uns nun umeinander und versuchen, ein Verhältnis zu finden. Bis jetzt ist uns der Versuch geglückt. Ich bin froh, meinen Vater erkannt und gefunden zu haben. Als er das letzte Mal in Berlin war, waren wir oft zu viert unterwegs: mein Vater, seine Freundin, mein Freund und ich. Mein Vater und ich scherzten und lachten viel, es ging uns sichtlich gut miteinander. Das erste Mal erlebte ich, dass jemand auf mich neidisch war: mein Freund. Er beobachtete uns genau, und hin und wieder entdeckte ich in seinem Gesicht einen Anflug von Neid. Keine Missgunst, die auf negativen Bahnen pendelt, sondern eher mit dem Nachsatz: So hätte ich das auch gern. Hans lebt in einem schwierigen Verhältnis zu seinem Vater.

Die Suche nach dem Vater kostet viel Kraft und Zeit. Doch sie lohnt sich. Es ist ein Geben und Nehmen. Seit mein Vater sich das Rentnerdasein gönnt, ist er sichtlich entspannter und gelöster. Er reist viel und lässt es sich gut gehen. Früher tat er das nie. Ich glaube, das habe ich ihm ein wenig beigebracht: Dass das Leben nicht nur aus Arbeit besteht, sondern auch aus Loslassen von der Erwerbstätigkeit. Dass man sich ab und zu auch mal was »gönnen« muss, dass Leben lebenswert sein kann. Und dass es nicht planbar und berechenbar ist. Mein Vater und ich haben umeinander gekämpft und tun es immer noch. Wenn auch mit einiger Verspätung. Sind wir zusammen, verspüre ich neben all der Freude und dem Glück auch den Schmerz der Vergänglichkeit. Dann wird mir bewusst, dass wir kostbare Jahre unwiederbringlich verschenkt haben. Doch besser zu spät als nie.

Er war immer mein Freund

Stephan Z. kennt keinen Streit mit seinem Vater

Eines Tages führte mein Vater einen Kunden die Treppe zu meinem Zimmer hinauf, stieß die Tür auf, machte eine ausholende Armbewegung und sagte: »Nun schauen Sie sich das an. Das ist doch nicht normal, oder?« Der Kunde blickte stumm in meine Dachkammer und dachte vermutlich dasselbe wie mein Vater: Ein Jugendlicher, der sich sein Zimmer mit antiken und Jugendstilmöbeln, alten Lampen und düsteren Bildern einrichtet, tickt nicht richtig. Die Jugendzimmer der Siebziger in einer ostdeutschen Kleinstadt wie Apolda sahen anders aus: blaue, grüne oder rote Sprelakartschrankwände, dazu eine passende Liege und ein Bücherregal. Über dem Bett das Poster der Lieblingsteenieband und vor den Fenstern bestickte Gardinen. Ich hörte damals schon Jazz und Klassik und bewunderte Marilyn Monroe. Und sammelte Schmetterlinge, Schallplatten und schönen Schnickschnack. Fußball war mir so egal wie unser PA-Unterricht, Technik konnte ich buchstabieren, aber nicht mit ihr umgehen. Ich pubertierte nicht und hatte mit 20 meine erste Freundin. In der Schule galt ich als still, unauffällig und unbemerkbar. Mein Vater hatte Recht: Ich war anders als die anderen. Und das habe ich vor allem ihm zu verdanken.

Er ließ mir alle Freiheiten und Freiräume, mich so zu entwickeln, wie es für mich passte. Er gängelte nie, drängte mich nicht zu etwas, das ich nicht wollte, und überließ mich meinen Neigungen. Auch wenn das, was ich tat, nicht vollständig mit seinen Idealen übereinstimmte. Mein Vater besaß die nötige Klugheit und Weisheit, die allen Vätern eigen sein sollte, die sie aber nur selten besitzen: Er ließ seinen Sohn so sein, wie er war, und projizierte auf ihn nicht eigene unerfüllte Träume. Er erkannte, dass ich ein anderer

Mensch war als er, jemand, der anders denkt, fühlt und handelt als er. Als im Familienrat beschlossen wurde, dass ich ein eigenes Zimmer bekomme, sagte mein Vater: »Du kannst dir dein Zimmer einrichten, wie du willst. Schließlich gehört es dir, dir muss es gefallen.« Ich griff sofort zum Anzeigenteil der nächsten Zeitung und ließ meine Finger die Spalten und Zeilen hinabgleiten, die alte Schränke offerierten. »Ich bezahle die Einrichtung«, erklärte mein Vater, »aber du suchst sie aus.«

Mein Vater kannte die Erfahrung, etwas tun zu müssen, was einem völlig widerstrebte. Er musste Klavier spielen, obwohl er das Instrument hasste. Er musste das Geschäft seines Vaters übernehmen, obwohl er lieber einen anderen beruflichen Weg eingeschlagen hätte. Er wurde nicht danach gefragt, was er wollte oder nicht. Er hatte das zu tun, was die Umstände forderten. Seine Eltern – meine Großeltern – betrieben eine Auto-Werkstatt. In ihrer Generation war es üblich, das Geschäft vom Vater auf den Sohn zu übertragen. Dass mein Vater diese mittelständische Erbfolge heiligt, war so selbstverständlich wie der Wechsel der Jahreszeiten. Vielleicht hätte es mein Vater gern gesehen, wenn auch ich die Familienfirma weiterführte. Aber im Gegensatz zu ihm besitze ich weder technisches Verständnis noch hege ich diesbezügliche Neigungen. Schon als Junge malte ich und wälzte dicke Kunstbände, analysierte Vorgänge in der Natur und erforschte kleine Tiere. Nach meiner Lehre als Keramformer studierte ich Industriedesign. Heute bin ich Porzellandesigner und betreibe mit einem Freund zusammen eine Manufaktur in der Nähe von Potsdam. In diesem Punkt mache ich es meinem Vater gleich: Ich wurde ebenfalls Geschäftsmann.

Er unterstützte mich in allem, was ich tat: Er half mir bei der Suche nach einer geeigneten Lehrstelle, befürwortete mein Studium, begrüßte meinen Einstieg ins Unternehmertum. Trotzdem war er »taktierend« genug, um sich das Vaterzepter nicht aus der Hand nehmen zu lassen. Während meines Studiums erhielt ich neben meinem Stipendium eine kleine finanzielle Unterstützung von meinen Eltern. Die bekamen Kommilitonen ebenso, aber auf ihr Konto überwiesen. Dagegen sträubte sich mein Vater. Wenn ich das Geld haben wollte, musste ich nach Hause kommen. So formte er – ganz unbemerkt – ununterbrochene Kommunikation und beständigen Kontakt.

Auch heute ist mein Vater da, wenn ich ihn brauche. Einmal im Sommer veranstaltet unsere Manufaktur einen Tag der offenen Tür. Jedes Mal ist es ein schönes Fest für die Mitarbeiter, Freunde und ihre Familien und ein Event im Ort. Die Werkstatt kann besichtigt und Geschirr gekauft werden. Die Kinder können sich im Modellieren und Brennen ihrer kleinen Kunstwerke üben, meist spielt eine Jazz-Band, es gibt etwas zu trinken und zu essen. Mein Vater übernimmt gern die Funktion des Grillmeisters. Den ganzen Tag steht er in der glühenden Hitze am qualmenden Grill und wendet Würstchen und Steaks. Einmal war er so stark in seine Aufgabe vertieft, dass er nicht bemerkte, wie sich das Feuer seines Körpers bemächtigte.

Fesselt ihn etwas, ist er schwer zu bremsen. Dafür bezahlte er unter anderem mit einem verbrannten Bauch. Oder einem verrenkten Rücken. Vor Jahren rächten sich sein Arbeitseifer und sein Enthusiasmus mit einem breiten Grinsen und schubsten ihn für eine Woche ins Krankenhaus. Es war nach Feierabend, seine Angestellten waren längst zu Hause, der Hof und die Werkstatt waren wie leer gefegt. Mein Vater hatte sich in den Kopf gesetzt, unbedingt einen Motor aus einem Auto zu heben, um ihn am nächsten Morgen gleich als erstes zu reparieren. Natürlich hätte er auch bis zum kommenden Tag warten können, wenn die anderen Männer erschienen und alle gemeinsam anpacken konnten. Aber mein Vater war so besessen von seiner Idee, das schwere Teil noch am Abend zurecht zu legen. Er schniefte und schnaufte, der Schweiß rann ihm die Schläfen herunter, als er den Motor aus dem Wagen stemmte. Das Ergebnis war perfekt, aber sein Rücken defekt. Diesen Eifer büßte er bitter. Und behielt ihn als warnendes Signal dauerhaft im Gedächtnis.

Seitdem beruhigt ihn sein Gewissen meist von allein: Fast alle Aufgaben können einen Tag warten, wenn sie einem allein zu viel Kraft abringen. Das ist eine der wichtigsten Lebenslehren, die mir mein Vater unausgesprochen mit auf den Weg gab. Mein Vater führte mir vor, dass es eine Trennung von Privat- und Berufsleben durchaus geben kann und der Arbeitstag begrenzt ist. Dieses Vorbild übernahm ich wie selbstverständlich. Neigt sich meine tägliche Arbeitszeit dem Ende, packe ich zusammen, steige ins Auto und fahre vom Hof. Seit mein Sohn Paul auf der Welt ist, achte ich streng auf mein Zeitbudget und pflege es wie eine alte Marotte. Als Unternehmer könnte ich ununterbrochen arbeiten. Viele tun das. Auch mein Vater hätte es tun können. Aber er stellte sich sein Leben anders vor, als es in der Werkstatt mit Motoren und kaputten Autos zu teilen. Er hatte eine Familie.

Wir lebten in einem großen Haus, zu dem ein geräumiger Hof gehörte, auf dem sich seine Werkstatt befand. Er reparierte ausschließlich Moskwitschs. Ein Junge aus meiner Klasse sagte einmal, das seien doch die ollen Russen-Autos, die ständig kaputt gingen. Das erzählte ich meinem Vater und war ganz gespannt, wie er wohl diese Kritik aufnehmen würde. Doch der lächelte nur wissend und amüsiert: »Deshalb geht es uns ja so gut.« Geldsorgen kannten wir nie.

Mein Vater liebte seinen geregelten Tagesablauf. Morgens um sieben öffnete er seine Werkstatt, um zwölf gab es Mittag, nachmittags um fünf war Feierabend. Den Rest des Tages widmete er seiner Familie: seiner Frau, den beiden Kindern und seiner Mutter. Die lebte mit im Haus, die Werkstatt hatte vorher ihrem Mann gehört, meinem Großvater. Obwohl mein Vater viel und hart arbeitete und ich ihn tagsüber selten zu Gesicht bekam, war er ständig präsent. Die Mahlzeiten waren feste Riten, die zum Familiendasein gehörten wie der Wein zum Essen. Der Tisch war unsere Kommunikationsplattform. Kamen meine Schwester und ich mittags aus der Schule, schmissen wir unsere Schulerlebnisse auf unsere Teller. Es wurde viel gelacht und gescherzt. Andere Mitschüler langweilten sich im Hort oder blieben allein zu Haus. Obwohl die gemeinsamen Stunden begrenzt waren, erlebte ich meinen Vater intensiv. So blieben ausreichend Raum und Zeit, um mich zu prägen. Seine Wertmaßstäbe vermittelte er nicht in einer ausgeprägten Bewusstheit, nicht mit geradliniger Strenge und Akkuratesse, sondern mit einer unmerklichen Leichtigkeit. Im Gegensatz zu anderen Kindern erdrückten mich nie das unangenehme Gefühl und das Wissen, erzogen zu werden. Mein Vater lebte mir seine Ideale vor, ich musste nur genau hinschauen.

Seine Art und Weise, als Mann und Ehemann zu agieren, war von einmaliger Feinfühligkeit und stilvoller Vornehmheit. Es wurde nie über die Ehe meiner Eltern gesprochen, auch erklärte mir niemand, wie man eine gute Ehe führt. Ich beobachtete nur – und lernte daraus. Meine Eltern pflegten einen harmonischen und ausgeglichenen Umgang. Sie besprachen alles und verhandelten ihre Probleme bis zur Lösung. Eine funktionierende Ehe bekommt man nicht geschenkt, hakte sich in meinem Kopf eine Grundvoraussetzung für ein geordnetes Leben fest, man muss sie sich täglich neu erarbeiten. Mit dem Liebsten, was man besitzt, sollte man sehr vorsichtig umgehen. So wie meine Eltern führe auch ich eine ruhige, in sich ruhende Beziehung. Meine Frau und ich reden über alles und gönnen uns unsere Eigenheiten wie Freiheiten. Wir vertrauen uns und hegen keinerlei Misstrauen. Seit fast 20 Jahren sind wir zusammen.

Das Zusammenleben dreier Generationen unter einem Dach birgt in der Regel reichlich Sprengstoff. Das Konfliktpotenzial unserer Familie taugte nicht für eine »never ending story«. Hin und wieder wurde meinem Vater die Rolle des Vermittlers übergestülpt, wenn meine Mutter und ihre Schwiegermutter wegen nichtiger Kleinigkeiten aneinander gerieten. Mit beharrlicher Souveränität stellte er zwischen den beiden Frauen wieder das Gleichgewicht her.

Mein Vater war kein typischer Mann seiner Zeit. In fast jeder Beziehung fiel er »aus dem Rahmen«. Als Geschäftsmann und »Herr im Hause« hätte er es nicht nötig gehabt, sich in den Haushalt einzubringen. Seine Frau und seine Mutter waren Hausfrauen und gewährleisteten den Alltag. Er hätte den Pascha geben und sagen können: »Ich arbeite den ganzen Tag und verdiene das Geld. Also können die Frauen dafür sorgen, dass es mir gut geht und sie mir zur Verfügung stehen, wenn ich es verlange.« Doch solche Gedanken verschwendete mein Vater nicht. Ihm kam es nicht mal in den Sinn, sich über seine Frau und seine Mutter zu erheben, einzig und allein aus der biologischen Tatsache heraus, als Mann geboren zu sein. Andere Männer taten das, sie begründeten ihr Verhalten mit einer Vormachtstellung, die ihnen Rechte ohne Pflichten verliehe. Mein

Vater wischte Staub und die Treppe im Haus. Regelmäßig, ohne dass er beauftragt oder gebeten worden war. Jeden Freitag griff er mit Verve zu Eimer und Schrubber und erledigte stoisch seinen »inneren Auftrag«. Ich hackte Holz und trug es ins Haus, um damit die Öfen anzufeuern.

Als meine fünf Jahre jüngere Schwester geboren wurde, schob mein Vater den Kinderwagen durch den Ort. Nicht selten erntete er fragende Blicke: Wieso geht der mit dem Baby allein spazieren? Warum macht das nicht die Frau? Alle in Apolda und der näheren Umgebung kannten meinen Vater. Er führte die einzige Vertragswerkstatt für Moskwitschs in der Region. Und alle zollten ihm Respekt: Als Autoreparateur war er eine bedeutende und unentbehrliche Person, er verdiente viel Geld und war darüber hinaus ein liebenswürdiger Mensch. Er wurde von allen gemocht. Und nun das: Der angesehene Mann kümmert sich um das Baby, »männliche« Autorität spielt mit dem »Weiblichen«. Damals klang das Wort Gleichberechtigung in den Ohren vieler Leute wie feindlicher Feminismus und ließ lila Halstücher flattern. Gleichberechtigung – eine Bedrohung.

Nur in unserem Hause nicht, dort wurde sie selbstverständlich gelebt. Und ich richtete mich an ihr aus, unbewusst und umstandslos. So wie ich erzogen wurde, so lebe ich heute: Familienarbeit und Haushalt werden geteilt. Dreimal in der Woche hole ich meinen inzwischen vierjährigen Sohn aus der Kita ab, zweimal bringe ich ihn morgens dorthin. An diesen Tagen komme ich später in die Manufaktur und verlasse sie früher. Das gereicht meinem Kollegen und Mitbesitzer der Manufaktur zu einer täglichen spitzen Bemerkung, doch sie ist stets ironisch und selbstironisch gemeint. Im Grunde akzeptiert er mein verändertes Arbeitszeitverhalten.

An dem Tag, als mein Sohn geboren wurde, hatte ich Dienst in der Galerie in Kleinmachnow, die wir neben unserer Manufaktur betreiben. Dort verkaufen wir unsere Stücke sowie Kunstwerke verschiedener Künstler aus der ganzen Welt. Meine Frau rief mich vormittags übers Handy an und sagte den allseits bekannten Satz: »Es geht los.« Ich griff sofort zum Telefon, um in der Manufaktur Bescheid zu geben und Ersatz für mich in der Galerie zu organisieren.

Stephan Z., 40

Mein Kollege aber fragte: »Was geht los?« »Na, das Kind wird geboren«, antwortete ich etwas ungeduldig. »O Gott, was machen wir jetzt«, verfiel mein Kollege in leichte Panik. »Bleib ganz ruhig. Du tust jetzt Folgendes: Du hängst ein Schild ins Fenster, wo drauf steht ›Werde Vater. Bin gleich wieder da‹, schließt ab und gehst.« Mit 36 Jahren war ich ein »später« Vater. Die Entscheidung für ein Kind fällten meine Frau und ich bewusst. Lange Jahre lebten wir glücklich kinderlos. Durch die Existenz meines Sohnes reflektierte ich über meine Kindertage. Und eher unbewusst als genau bedacht, hatte ich die Empfindung: Von deinen Eltern, von deinem Vater hast du viel gelernt. Ebenso viel willst du deinem Sohn geben, vor allem die Toleranz, Güte und Liebe, die du geschenkt bekamst.

Komme ich nach Hause, beginne ich zu kochen. Jeden Tag. Dabei entspanne ich und lasse den Tag Revue passieren. Manchmal muss meine Frau nicht mehr tun, als sich an den gedeckten Tisch zu setzen. Kochen gehört zu meinem Tagesrhythmus wie Waschen und Essen. Es ist nicht nur die Vorbereitung auf einen kulinarischen Akt, sondern ebenso eine soziale Handlung. Als mein Sohn geboren wurde, tauchten in mir plötzlich Fragen auf: an meinen Vater, an mich, an unser Verhältnis, als ich Kind war, an unsere Familie. Wie erging es ihm als Vater? Machte er einen Unterschied zwischen seiner Tochter und seinem Sohn? Wie vereinbarte er Beruf und Familie? Was wollte ich als Kind wissen? All diese Fragen, hinter denen sich Lebenszusammenhänge und Wertvorstellungen verbergen, übertrug ich ihm, in der Hoffnung, er hätte darauf eine Antwort. Doch er hatte keine. Da stand mit einem Mal die Erkenntnis vor uns, dass Vater zwar öfter zu Hause war als andere Väter, dass er für mich präsent war, aber immer noch zu selten, als dass wir sagen können: Ich kenne meinen Sohn genau, und ich kenne meinen Vater genau. Meine Mutter und meine Großmutter hätten unsere Wissens- und Erfahrungslücken füllen können, sie hätten uns die Erklärungen geben können, die wir suchten. Doch wir konnten sie nicht mehr fragen, zu diesem Zeitpunkt waren sie schon tot.

Wie die ersten Stunden des Abends waren auch die Wochenenden der Familie vorbehalten. Jeden Samstag und Sonntag waren wir unterwegs: Wir fuhren zum Picknick in den Wald oder in den Garten. Von einem Garten träumte Vater viele Jahre. Als meine Eltern schließlich einen eigenen kauften, versenkte er sich darin wie ein Tiefseetaucher in der Dunkelheit des Wassers. Mit Hingabe pflanzte er, beschnitt und wässerte. Und genoss. Er ist ein naturverbundener Mensch. Der Garten war seine zweite Heimat. Heute verkommt das Grundstück. Weil es niemand mehr pflegt. Seit dem Tod meiner Mutter mag mein Vater nicht mehr dort sein. Zu stark tauchen die Erinnerungen an gemeinsame Stunden vor seinen Augen auf, zu heftig fühlt er die jüngste Vergangenheit.

Meine Mutter starb vor vier Jahren an Darmkrebs. Sie war 59. Von den ersten Anzeichen bis zu ihrem Tod vergingen lediglich acht Wochen. Es war Herbst, als sich die Krankheit meldete. Meine Frau, mein Sohn und ich fuhren an einem Wochenende nach Apolda, um den Geburtstag meiner Großmutter zu feiern. Meine Mutter, die solche Feiern immer vergnügt und lustig genoss, saß gequält an der langen und reich gedeckten Kaffeetafel. Sie sprach kaum, mochte nichts trinken und nichts essen, nicht mal ihren selbstgebackenen Kuchen probieren.

Wenige Tage später rief ich bei meinen Eltern an und fragte, ob die Mama wieder wohlauf sei. »Ihr geht es nicht gut«, antwortete mein Vater, »sie liegt im Bett.« Kurz darauf telefonierte ich erneut mit meinem Vater. Meiner Mutter ging es immer noch nicht besser. »Die Mama muss ins Krankenhaus«, sagte ich etwas schroffer. Offensichtlich konnte ihr die Hausärztin nicht helfen, die war inzwischen auch weit über 60. »Ich weiß schon, was ich tue und was gut für die Mama ist«, erwiderte mein Vater, nicht weniger barsch. Er war stur wie ein alter Esel. »Du bringst sie jetzt sofort ins Krankenhaus«, befahl ich. »Sie braucht einen Ultraschall, damit überhaupt jemand herausbekommt, was sie hat.« Dieser Disput war der erste und bislang einzige Streit, den ich mit meinem Vater in meinem ganzen Leben geführt habe. All die 36 Jahre vorher fanden wir nie einen Grund, uns auseinanderzusetzen. Selbst in meiner Pubertät, die viele Eltern und Kinder auseinanderbringt, fremdelten wir kaum. Aber meine Reifezeit verlief weder trotzig und aufbegehrend, noch mit einem Gefühl, mich abnabeln zu müssen. Mein Vater war immer mein Freund.

Stephan Z., 40

Aus Angst, seine Frau verlässt ihn, verdrängte mein Vater die Krankheit, die sich in meiner Mutter ausbreitete wie ein Buschfeuer. Auch später, als sie im Krankenhaus lag, überspielte er seine Angst und sagte Sätze wie: »Schatz, wie siehst du denn heute aus? Du bist ja nicht mal gekämmt.« Das war der familieneigene Humor und die fröhliche Grundstimmung auch in ernsten Situationen, die auf andere vielleicht befremdlich wirken mag. Sie bekam Chemotherapie, ihr gesamter Körper bestand aus Metastasen. Die Chance auf Heilung tendierte gegen Null. Auf ihren eigenen Wunsch wurde sie einen Tag vor Weihnachten aus der Klinik entlassen. Die Festtage erlebte sie bei Bewusstsein. Wir bereiteten ihr ein schönes Fest. Die letzten Tage glichen einem Dahindämmern. Am 27. Dezember schlief sie nach der Tagesschau für immer ein. Mein Vater war bei ihr. Es war seine Frau, die er betrauerte, er war die ihr am nächsten stehende Person. Erst dann kommen die Kinder.

Der Moment der Todesnachricht war schrecklich. Die Tür vom Schlafzimmer ging auf, heraus trat ein gebeugter Mann und sagte: »Sie ist eingeschlafen.« Und dann weinte er. Ich umarmte ihn und ließ die Tränen ebenfalls laufen. Plötzlich aber, als gäbe er sich einen Ruck, als wolle er sich sein Leben erhalten, richtete er sich auf und erklärte: »Entschuldigt, aber seid mir nicht böse, wenn ich mir wieder eine andere Frau nehme.«

Dieser Satz sollte wohl eine Illusion bleiben. Mein Vater verkroch sich in seinen vier Wänden und lehnte alle Einladungen ab. Er versagte sich alle Freuden des Lebens und zog sich in sich selbst zurück. Ich wünschte, er hätte die Kraft für und die Lust auf eine neue Frau. Aber es fehlt das Feuer, wie er selbst sagt. Freunde kümmerten sich rührend um ihn nach dem Tod seiner Frau. Aber er reagierte stets abweisend und grummelig, so dass bald niemand mehr wagte, ihn anzusprechen. Auch die besten Freunde ziehen sich irgendwann zurück, wenn sie nur Ablehnung als Antwort erhalten und ihnen Bissigkeit entgegen geschleudert wird. Erst vor wenigen Monaten ging er das erste Mal nach dem Tod meiner Mutter aus. Mit einer Frau. Es sei schön gewesen, erzählte er, aber nicht voller Leichtigkeit und Unbeschwertheit, wie er es sich gewünscht hätte. Vielleicht ging ihm das Leben in Bezug auf Frauen verloren.

Wenigstens eine Leidenschaft blieb ihm erhalten: Autos und Motorräder. Erst kürzlich kaufte er sich eine BMW, eine große, schwere Maschine, die seinem Alter, seinem Stil und seiner Mentalität entspricht. Große und behäbige Maschinen symbolisieren Kraft, Autorität und Reife. Die kleinen japanischen, die von Jugendlichen gern gefahren werden, sind flink und zügig im Anzug. Schnelligkeit bleibt der Jugend vorbehalten, Gestandenheit dem Alter. So sucht sich jede Generation einen eigenen Ausdruck in Fahrzeugen. Mein Vater war 61, als er sich wieder auf ein Motorrad setzte. Obwohl er sich Jahre zuvor geschworen hatte, es nie wieder zu tun. Mit 52 wurde ihm das Motorradfahren verleidet. Damals, kurz nach der Wende, erfüllte er sich einen Traum und kaufte sich eine Suzuki. Als junger Mann war er Motocross gefahren, gab den Sport aber wegen der Familie und der Arbeit auf. Als der Job ihm nicht mehr so viel Kraft und Zeit abverlangte wie noch vor Jahren, besann er sich auf seine alte Leidenschaft. Stolz führte er die Maschine aus dem Geschäft und meiner Mutter vor. Die schüttelte nur mit dem Kopf, ließ ihm aber seinen Überschwang. An einem Samstag im Frühsommer verschwand er gleich nach dem Frühstück in der Werkstatt und wurde den ganzen Tag nicht mehr gesehen. Er putzte, schraubte und baute am Fahrzeug. Er schien die Welt vergessen zu haben. Erst als meine Mutter ihn am Abend zum Essen rief, besann er sich seiner sozialen Kontakte, aber vermochte nicht, sein Verlangen zu beherrschen. »Ich möchte nur noch einmal ihren Klang hören«, rief er ins Haus hinein. Er stellte sich neben die Maschine, trat sie an und wurde mit einem plötzlichen Ruck zurückgerissen, dass er sich hinter dem Motorrad auf dem Hintern sitzend wiederfand. Bevor er begriff, was geschehen war, spürte er einen stechenden Schmerz im rechten Fußgelenk. Benommen versuchte er aufzustehen, es gelang ihm aber nicht. Seine Frau und seine Mutter eilten hinaus und brachten ihn später in die Unfallstation. Seine Achillessehne war gerissen. Trotz seines technischen Verständnisses und seiner Kenntnisse in der Maschinenkunde hatte er ein wichtiges Detail der Funktionsweise von Motorrädern vergessen: den Rückstoß. Dieser offenbarte sich bei der Suzuki als so stark, dass er selbst einen Mann wie meinen Vater in die Knie zwang.

Stephan Z., 40

In allen Lebenslagen bewahrt Vater Contenance und Stil. Er legte und legt größten Wert auf ein tadelloses Äußeres. Für Kleidung aus bestem Tuch gab und gibt er viel Geld aus. Er kauft nie von der Stange, sondern lässt nähen. Jeder Anzug, den er trägt, jedes Sakko, das er besitzt, jede Hose, die er ausbeult, stammt aus den Händen eines Schneiders. So war mein Vater auch in jenen Zeiten bestens und unübersehbar gekleidet, als es für seine Maße nichts Passendes zu kaufen gab. Vor etwa zwanzig Jahren schleppte er ein erhebliches Übergewicht mit sich herum. Er wog mehr als 106 Kilo. Meine Mutter und er waren in einem Weinlokal in Apolda essen. Mein Vater trug einen Smoking, der seine Fülle zwar bedeckte, aber nicht versteckte. Als meine Eltern das Restaurant betraten, begrüßten sie einige Bekannte, Leute aus dem Dorf nickten ihnen zu. Plötzlich stand eine Frau auf, trat auf die beiden zu und sagte: »Herr Z., das muss ich Ihnen mal sagen: Der Frack sitzt an Ihnen so gut, als sei er extra für Sie maßgeschneidert.«

Heute ist mein Vater ein einsamer Mann, der manchmal schon am Morgen weiß, wie sein Tag enden wird. Dann hat er das ganze Haus geputzt und seinen Plan für morgen aufgestellt. Er beschäftigt sich unaufhörlich, um nicht schweren Gedanken verfallen zu müssen. Dann befürchte ich, einen Puffer bilden zu müssen, um all das abzufangen, was er gerade nicht bewältigt. Davor habe ich Angst, weil es unser ausgezeichnetes Verhältnis stören könnte. Jeden zweiten Monat fährt meine Familie nach Apolda, um nach dem Rechten zu sehen. Mein Sohn ist dann immer sehr aufgeregt, weil er weiß, dass er mit dem Opa über Technik und Autos fachsimpeln kann. Er kennt mehr Automarken als ich. Im Gegensatz zu mir besitzt er technisches Talent. So spannt sich der Bogen vom Großvater zum Enkel. Ein wenig bekümmert ist mein Sohn, dass sein Opa ihm nicht die Werkstatt zeigen kann, da sie nicht mehr existiert. Da mein Vater noch immer der Trauer über den Tod seiner Frau erliegt und ihm beide Frauen in praktischen Dingen fehlen, übernehme ich in meinem Elternhaus die Rolle, die früher ihm zugedacht war: Ich kümmere mich. Ich koche ihm alle seine Lieblingsgerichte, so viele, dass sie eine Woche lang reichen, und friere sie ein. Er muss sie nur auftauen, wenn er etwas essen will. Ich frage ihn, wie es ihm geht, und ermuntere ihn auszugehen. Ich lasse ihn erzählen und höre geduldig zu, fange seine Melancholie und Schwermut ab und versuche ihn aufzurichten. Mein Vater war sein Leben lang ein starker Mann, seine Kraft und seinen Lebensmut vererbte er mir. Nur jetzt verlässt ihn manchmal die Lust am Leben. Ich möchte sie ihm gern zurückgeben.

Heute fasst mich niemand mehr an

Eike S. wurde von seinem Vater bis aufs Blut geprügelt

Mitten in der Nacht legte mich meine Mutter vor die Wohnungstür meines Vaters. Sie deponierte mich dort, einen Knaben von eineinhalb Jahren, sagte kein einziges Wort und verschwand. Vielleicht drehte sie sich noch einmal um und strich mir zum »Abschied« über den Kopf. Vielleicht hallten ihre Schritte nach, weil sie Schuhe mit Absätzen trug, vielleicht aber hatte sie extra »Schleicher« angezogen, um unhörbar zu sein. Möglich auch, dass sie mir etwas Brot in die Jackentasche gesteckt hatte oder eine Flasche mit Wasser. Wahrscheinlich aber hat sie an all das gar nicht gedacht, weil sie das Haus so schnell wie möglich verlassen, weil sie ungeschehen machen wollte, was sie gerade getan hatte. Und wahrscheinlich sah sie in ihrer Tat, mich zu einem »falschen Findelkind« zu machen, eine letzte Rettung: für sich und für mich. Vor allem für mich. Wenige Wochen, nachdem sie mich abgegeben hatte, landete sie in einer psychiatrischen Anstalt.

Nachbarn fanden mich am nächsten Morgen und übergaben mich meinem Vater. Der trug mich in die Wohnung, wird mich wahrscheinlich ratlos angesehen und gefragt haben: »Wie kommst du denn hierher?« Und vermutlich ratterte sein Hirn vor Ratlosigkeit: Was soll ich plötzlich mit meinem Sohn anfangen, den ich seit Monaten nicht gesehen habe? Wie organisiere ich fortan mein Leben? Meine Eltern hatten sich wenige Monate nach meiner Geburt getrennt, meine Mutter zog nach Berlin, mein Vater blieb in Leipzig.

Die Antwort war schneller gefunden als die Frage offen ausgesprochen: Mein Vater steckte mich in eine Wochenkrippe und schob mich damit aus seinem Alltag fort. Von Montag bis Freitag lebte ich in einem Heim mit unzähligen anderen Kindern, deren Eltern nur am Wochenende Zeit für ihre Söhne und Töchter hatten. Mein Vater holte mich am Freitagabend ab und brachte mich am Sonntagnachmittag wieder zurück. Damit begann für mich eine Odyssee, die noch heute in meinen Knochen steckt.

An die Stunden, die er damals mit mir verbrachte, erinnere ich mich nicht. Sie sind aus meinem Gedächtnis gestrichen wie die Gefühle an meine Mutter. Erzähle ich von ihr, erscheint es mir, als berichte ich von einer Unbekannten, von einer Person, die mit mir nicht viel zu tun hat, so als sei es die Geschichte einer fremden Frau, die ich irgendwo gehört oder gelesen habe. Aber ich erinnere mich an meinen Vater von damals, einen Menschen, den ich liebte und anhimmelte. In jener Zeit sah ich in ihm einen großen, starken, klugen und tugendhaften Menschen, einen Mann, der mich von allem Übel erlöste und mich beschützte. Er war die wichtigste Person in meinem Leben. Alles, was er tat, empfand ich als richtig und als logische Folge vorangegangener Abläufe. Egal, was er tat, er hatte immer Recht.

Irgendwann damals muss es begonnen haben. In irgendeiner Nacht muss er das erste Mal nach mir gegriffen und mich benutzt haben als Ventil für seine Unfähigkeit, sein Leben zu beherrschen. Es muss so lange her und ich so klein gewesen sein, dass ich mich an das »erste Mal« nicht erinnere. Oder es glücklich verdrängte. Mein Vater schlug auf mich ein, verdrosch mich, ließ mich seine gesamte Lebenswut, seinen Ärger, seinen Hass auf alles und jeden körperlich spüren. Er benutze mich als Prügelbock, ich war Amboss, er der Hammer. Das »erste Mal« löste bei ihm vermutlich eine Schraube, die den Wagen der Gewalt schließlich mit enormer Geschwindigkeit talwärts rollen ließ. Mit dem »ersten Mal« verschaffte er sich die Legitimation, es wieder tun zu dürfen, entlud er sich seine Hemmungen und setzte seinen gewalttätigen Weg unbeirrbar fort. Solange ich im Hause meines Vater lebte, solange war ich seinen Schlägen ausgesetzt, solange sah er in mir das Ziel seiner Ausbrüche und solange reagierte er sich an mir ab.

Als mein Vater das zweite Mal heiratete, bekam ich eine neue Mutter. Die neue Frau schlüpfte in diese Rolle und bekam selbst noch ein Baby. Ich war etwa drei Jahre alt, doch ein Gefühl für eine »richtige« Familie sollte ich nicht bekommen. Unheil lag über dieser neuen Verbindung, es entlud sich mit einem heftigen Donner. Meine »zweite« Mutter war herzkrank. Vater und seine Frau stritten viel, jede Menge Alkohol unterstützte die Atmosphäre gereizter Anspannung, mein Vater schlug seine Frau. Eines Abends, nachdem viel Schnaps durch ihre Kehlen geronnen war, nahm die Frau Schlaftabletten. Mehr als jeder gesunde Mensch vertragen hätte. Und mehr als ihrem Leben gut tat. Ihr Herzfehler verbot jegliche Medikamente, die nicht kompatibel mit den Dauerpräparaten waren, die sie regelmäßig einnahm. Schlaftabletten waren es mitnichten. Mein Vater wusste, dass sie mit den Pillen den Tod schluckte. Er wusste es – und tat nichts, um sie daran zu hindern. Sie legte sich ins Bett und er sich daneben. Am Morgen war sie steif und kalt. Sie starb einen leisen und schmerzlosen Tod, mehrere Stunden lag mein Vater neben einer Sterbenden, danach neben einer Toten. Als die Polizei kam und die Tote wegtrug, weinte und schluchzte er. Bis zum nächsten Morgen. Dann wurde er verhaftet und ich ins Kinderheim gebracht.

Es war ein Heim für Schwererziehbare. Kinder von Mördern und Eltern, die eines Verbrechens beschuldigt worden waren, gehörten in kein anderes Heim, nicht etwa in eines für Waisen. Nein, Mörderkinder müssen sozial und seelisch geschädigt sein, das war damals so klar wie der Tod meiner »zweiten« Mutter. Und so lautete seinerzeit die »Zuordnungs- und Erziehungsformel« für Kinder wie mich. Drei Jahre lebte ich in diesem Heim und lernte schnell die ungeschriebenen Regeln und Normen, um unter diesen Umständen zu überleben. Die Heimordnung galt als Gesetz, die zwischenmenschlichen Gesetze machten wir Kinder selbst. Es galt, so viel Liebe und Zuneigung zu bekommen wie nur möglich, von den Erziehern, Lehrern und anderen Kindern. Aber immer wieder begriffen wir Kinder, dass Liebe nichts Konkretes war, dass sie uns nicht geschenkt wird, höchstens geliehen, und dass wir immer wieder um sie betrogen wurden. Die Zeit damals hatte keine Zeit, ich konnte sie nicht messen und »verrechnen«. Es war, als stünde ich neben mir und beobachtete mich, als sähe ich einen anderen Jungen, nur nicht mich. Die Jahre im Kinderheim waren unwirklich, grausam und absolut ausweglos. Aber bar genug, um mir Verletzungen und Narben zu versetzen, die ich heute noch spüre. Meine Kindheit bestand aus unzähligen Beziehungsabbrüchen, die ich weder verhindern noch lenken konnte. Ich wurde nicht mal nach ihnen gefragt. Noch heute ist es so, dass eine Beziehung, die endet, für mich einem schweren Abbruch gleichkommt, einer Amputation, die ununterbrochen ihren Phantomschmerz auf die Reise schickt.

Als ich sechs Jahre alt war, heiratete mein Vater erneut und holte mich aus dem Heim nach Hause. Seine dritte Frau war wesentlich jünger als er, eine Lehrerin, die wiederum für mich eine Mutter wurde. Meine dritte. Sie war eine gute Frau, von der ich glaubte, sie werde alles richten, sie würde meinen Vater und mich lieben und uns glücklich machen. Vier Jahre erlebte ich eine Familie, vier Jahre, in denen ich ein »normaler« Junge sein durfte, ein Kind, das nicht als Heimkind verlacht wurde, ein Junge, der voller Stolz sagen konnte: »Ich gehe jetzt nach Hause.« Wer nie in einem Heim gewesen ist, weiß nicht, wie glücklich solche Worte machen können.

Eines Tages kaufte mein Vater mehrere Holzblöcke und eine riesige Holzplatte. Er hievte alles in die Küche, kramte seinen alten Fuchsschwanz hervor und verkündete: »Ich baue einen Esstisch.« »Aber warum denn?« fragte ich voller Erstaunen und Neugier. »Die Mama bekommt ein Baby und dann hole ich noch deine Schwester.« Mir schwindelte ob dieser Nachrichten: Ein Baby, ja, das war gut. Und das verstand ich gerade noch. Dass Kinder im Bauch von Frauen wachsen, hatte ich vor kurzem gelernt. Aber eine Schwester? Woher sollte die so plötzlich kommen? Was faselte mein Vater da?

Meine Schwester kam – wie ich – aus einem Kinderheim, Vater holte sie von dort. Sie wurde in der ersten Ehe meines Vaters geboren. Kurz nachdem ich auf der Welt war, wurde meine leibliche Mutter erneut schwanger. Von der Existenz meiner leiblichen Schwester hatte ich bis dahin nicht einmal etwas geahnt, und nun sollte ich von einem Tag zum anderen eine richtig große Familie bekommen. Die noch größer werden sollte, nachdem meine dritte Mutter ein zweites Baby bekam. Wir waren eine ganz normale Familie: mit Vater, Mutter und vier Kindern.

Ich wünschte mir nichts mehr als diese Ordnung, die ich als normal und gut ansah. Dass mein Vater um sich schlug, wenn er mit sich selbst nicht fertig wurde, sah ich nicht, ich wollte es nicht sehen. Und konnte es nicht, dazu war ich zu jung. Mein Vater schlug auch seine Frau, meine Schwester aber rührte er nicht an. Vielleicht lag in seiner »Auswahl« so etwas wie eine Geschlechterhierarchie: Jungs sind enger mit Gewalt »verwandt«, sie prügeln sich untereinander, Mädchen tun so etwas nicht, Mädchen sind brav. Warum er aber seine Frau schlug, dafür habe ich keine Erklärung. Er prügelte sich seine Verzweiflung aus dem Leibe, wenn er an einen Punkt gelangte, an dem er nicht mehr weiter wusste. Einmal stürmte er wie ein angestochener Bulle aus der Stierkampfarena durch die Wohnung, wollte seine Frau packen und wieder einmal seine Ratlosigkeit auf sie niederschmettern. Sie flüchtete zu mir ins Kinderzimmer und verkroch sich wimmernd in einer Ecke. Ich stemmte mich von innen gegen die Tür und stützte die Türklinke mit einem Besenstiel ab. Mein Vater drückte von außen dagegen. Er war eine Bedrohung, eine Gewalt, die über uns kam, sobald er sich vergaß. Nicht selten versenkte er sich im Alkohol und verlor jegliche Kontrolle über sich und seine Handlungen. Fand er danach seine Fassung wieder und besann sich, drückte sein schlechtes Gewissen auf seine Seele. Das Jammern nach seiner gewaltsamen Rastlosigkeit war fast noch schlimmer zu ertragen als seine Schläge.

Meine Sehnsucht nach der heilen Familie erfüllte ich mir selbst, als ich gerade 20 war. Mein Instinkt bahnte sich wie von selbst seinen eigenen Weg: Ich heiratete und wurde jung Vater. Meine große Tochter ist heute 16, mein ältester Sohn 14. Die Zeit zwischen 20 und 30 genoss ich auf eine besondere Weise, es war das einzige Leben, das ich damals führen konnte. Meine Frau und ich spielten Mutter, Vater, Kinder, so gut wir es konnten und so sehr wir uns genügten. Dass unsere Ehe nicht von Bestand war, ist niemandem vorzuwerfen. Es ist der Lauf der Dinge: Man lernt sich jung kennen und lieben, zieht Kinder groß und achtet sich. Dabei verliert sich mitunter die Leidenschaft, nach der jede Beziehung dürstet. Irgendwann stellten meine Frau und ich fest, dass wir sehr gute Freunde, aber kein verlangendes Liebespaar mehr sind. Trifft Menschen eine solche Erkenntnis, trennen sie sich meist. Vor Trennungen jedoch schrecke ich zurück wie der Teufel vor dem Weihwasser. Zu oft habe ich erfahren müssen, wie schmerzhaft Trennungen verlaufen, zu oft wurde ich Menschen entrissen, die ich liebte. Mein früher Verlustschmerz ist noch längst nicht verheilt. Droht mir heute jemand damit, mich zu verlassen, sehe ich mich einem extremen Druck ausgesetzt, und ich setze alles daran, diese Beziehung zu erhalten. So schaffte ich es nicht, mich von meiner Frau loszusagen und die Kinder aufzugeben. Eine endgültige Trennung, wie auch immer sie ausgesehen hätte, hätte mich zerstört. Ich erhielt das Band zwischen meiner Frau und mir und ließ es flattern. Unterdessen lernte ich eine neue Frau kennen, ich verliebte mich und wollte mit ihr meinen Alltag verbringen. Ein gemeinsames Leben wollte ich aber auch mit meiner anderen Frau und meinen Kindern führen. Ich schlug beiden Frauen vor zusammenzuziehen. Und so lebten wir als Familienkommune in einer gemeinsamen Wohnung: ein Mann, zwei Frauen, drei Kinder. Meine zweite Frau brachte ihr Kind aus erster Ehe mit. Später, als ich geschieden war, bekam sie von mir noch einmal zwei Kinder.

Meine »dritte« Mutter verlor ich ebenso plötzlich wie ich sie gewann. Von einem zum anderen Tag packte sie ihre Koffer, griff ihre beiden Kinder und verschwand. So verlor ich nicht nur meine beiden Brüder, meine Mutter und die Ordnung, die mein Leben instand hielt, sondern vor allem das Glück, das in mein Dasein eingekehrt war. Und wieder wurde ich nicht gefragt, wieder hatte ich all das zu ertragen, was Erwachsene sich für sich und ihre Kinder ausdenken. Zunächst wusste ich nicht einmal, was geschehen war. Die Geschichte setzte ich mir Stück für Stück wie ein Puzzle zusammen: Mit einer Vier in Betragen brachte ich mein Endjahreszeugnis nach Hause. Vater tobte und erklärte nur kurz und knapp: »Als Strafe darfst du nicht mit in den Urlaub.« Eine Strafe, wie sie härter nicht sein konnte: Meine Familie fuhr ohne mich in den Sommerurlaub, Mutter und die Brüder. Vater blieb mit mir daheim. Doch er verfolgte einen anderen Plan. Meine »Strafe« nutzte er nicht, um mir damit etwas zu erklären, sondern einzig und allein, um einer heimlichen Liebschaft zu folgen. Ich, sein Sohn, musste herhalten für seine Untreue. Wenige Monate später bekam die »Liebschaft« von meinem Vater ein Kind.

Mein Vater hatte alles kaputtgemacht: seine Ehe und unsere Familie. Die Mutter war weg und mit ihr die Geschwister. Vater suchte Trost und Schutz im Alkohol, versuchte, sich mit Wodka zu betäuben. Er ging nicht mehr regelmäßig arbeiten und brachte kaum Geld nach Hause. Meine Schwester und ich blieben wochenlang uns selbst überlassen und lebten vom »Flaschengeld«. Wir sammelten Altstoffe, das waren Stapel aus alten Zeitungen und jede Menge leerer Gläser und Flaschen, für die es damals einige Pfennige gab, wenn man sie zur Sero-Annahmestelle brachte. Ganze Nachmittage verbrachten wir damit, für unseren Unterhalt von Haustür zu Haustür zu ziehen und darauf zu hoffen, dass jemand zu bequem war, die Altstoffe selbst zu entsorgen. Am Abend spürten wir unsere müden Kinderknochen, die gerade noch das Nötigste an Nahrung schleppen konnten.

In dieser Zeit begann ich meinen Vater zu hassen, dafür, dass er alles zerstörte, was das Leben zusammenhielt, dafür, dass er unfähig war, sein Dasein zu organisieren, dafür, dass er uns vergaß. Und dass er uns für seine eigene Unfähigkeit bestrafte. Schnell begriff ich die Gesetze des Klauens. Ich griff überall dort zu, wo ich sicher sein konnte, nicht erwischt zu werden. Und überall dort, wo ich mich im Recht fühlte, weil ich es auf andere Weise nicht bekam. Ich klaute Brot, Käse, Schokolade und entwickelte dabei Techniken, die jedes Kleptomanenherz höher schlagen lassen. Damit sicherte ich das Überleben für meine Schwester und mich. Manchmal dachte ich gar nicht darüber nach, dass ich stahl, es war zum Automatismus geworden. Auch dann noch, als mein Vater mir eines Tages etwas Geld in die Hand drückte und sagte: »Eike, geh doch mal Milch kaufen.« Ich schlüpfte in meine Jacke und stiefelte in den Laden. Doch die Milch kaufte ich nicht, sondern steckte sie ohne zu bezahlen unter meinen Anorak. Vielleicht ließ mich auch mein Sicherheitssinn die Milch stehlen, weil ich das Geld für schlechte Zeiten aufsparen wollte. Zu Hause gab ich meinem Vater den Milchbeutel und verschwand im Kinderzimmer. Dort spielte ich mit meiner Schwester Einkaufen. Wir tauschten ständig die Rollen: Einmal war sie die Verkäuferin und ich kaufte etwas ein, dann stand ich hinter dem provisorischen Ladentisch. Wir konnten sogar bezahlen, wir besaßen Kleingeld. Gewöhnlich nahm uns Vater beim Spiel nicht wahr, aber in dem Moment, als er die Münzen blitzen sah, merkte er auf. »Woher kommt das Geld?« fragte er in strengem Ton. »Wir haben Altstoffe gesammelt«, fühlte ich mich ertappt. »Du lügst, das ist das Geld, das ich dir gerade zum Einkaufen gegeben habe. Du hast die Milch geklaut«, wütete er los. Und ehe ich mich's versah, flog ich durchs Kinderzimmer wie ein Luftballon. Ich schaffte es nicht einmal aufzublicken, so schnell prügelte er mich die Hausflurtreppe hinunter. Danach war mein Körper mit unzähligen faustgroßen Prellungen und tiefblauen Flecken übersät, glich mein Gesicht einer einzigen Gewaltausübung und schienen meine Extremitäten gebrechliche Überreste zu sein. So sehr, dass mich die Lehrer in der Schule voller Entsetzen zum Arzt schickten. Im Krankenhaus wurden die Flecken abgedeckt und die blutenden Wunden desinfiziert. Aber kein Arzt fragte, keine Schwester wollte wissen, was geschehen war, niemand kümmerte sich darum, dass ein Kind bis zur Unkenntlichkeit misshandelt wurde. Auch die Lehrer schauten darüber hinweg und mieden die Recherche nach den Ursachen. Mit körperlicher Gewalt, mit schlagenden Familien wollte in den siebziger und achtziger Jahren in der DDR niemand etwas zu tun haben.

Größer als der Hass auf meinen Vater war meine Angst vor ihm. Manchmal wagte ich mich nicht nach Hause, weil ich fürchtete, der personifizierten Gewalt zu begegnen. Ich fürchtete Vaters Hände, die grausamer als Schlagstöcke sein konnten. Ich fürchtete sein Nervenkostüm, das so empfindlich war wie ein Seidenkokon. Und ich fürchtete seinen Anblick, wenn er und die Schnapsflaschen miteinander verschmolzen. In seiner Wut und seiner Trunksucht war mein Vater unberechenbar und unkontrolliert. Niemand vermochte es, seine Raserei im Voraus zu ermitteln, seine Angriffe kamen so unangekündigt und plötzlich wie ein Wirbelsturm in der Wüste. Nur manchmal ahnte ich, dass ein Gewaltgewitter aufzog, immer dann, wenn ich selbst Anlass dazu bot. Ich log, kam später als verabredet nach Hause, klaute, war frech, widersetzte mich. Eine kindliche Kompensation der frühen Erlebnisse, ein stummer Schrei nach väterlicher Liebe und Aufmerksamkeit, den mein Vater aber nicht hörte, sondern nur wegprügelte. Doch die Schuld seiner Brachialität suchte und sah ich nicht in ihm, sondern allein in mir: Weil ich böse und ungehorsam war, verprügelte mich mein Vater. Weil ich log und klaute, hatte er mit seinen Schlägen Recht. Ich »verdiente« meine Strafe. So dachte ich. Dieses Schicksal, sich selbst für familiäre Gewalt verantwortlich zu machen, teilte ich mit allen Kindern, die Ähnliches erlebten. Kinder nehmen immer die Schuld ihrer Eltern auf sich, sie sind nicht in der Lage, eine solche Situation real einzuschätzen und zu bewerten. Eher verstümmeln sie sich, als dass sie an ihren Eltern zweifeln. Und mögen die Schläge noch so steinern und der Liebesentzug noch so bitter sein.

Im Gegensatz zu vielen anderen Kindern geriet ich nie in die Lage, mich von meinem übermächtigen Vater zu befreien. Ich vermochte es leider nicht, aus der Märchenposition auszusteigen, meinem Vater selbstbewusst gegenüber zu treten und ihm seine Androhungen potenziert zurückzugeben. Im Märchen wird die drohende Vaterfigur durch einen Riesen symbolisiert, vor dem sich ein kleiner Junge stets verängstigt verkriecht. Unter dem Tisch, um dort vor seinen Angriffen sicher zu sein. Doch der Riese findet den Knaben und lässt jeden Tag seine unbarmherzige Keule auf seinen Kopf niederprasseln. Der Junge leidet, erträgt es aber stoisch. Bis sich in ihm eines Tages genügend Wut und Kraft angestaut haben, sein Leidensdruck groß genug ist und er die Keule mit einer Hand fängt und voller Überzeugung spricht: »Du schlägst mich nie wieder.«

Nur einmal widersetzte ich mich erfolgreich. Grundlos riss mich mein Vater eines Nachts aus dem Tiefschlaf. Er zerrte an mir und fauchte immer wieder: »Wir gehen jetzt.« Ich wollte nicht aus dem Bett, ich wusste nicht, was passiert war, und hatte keine Ahnung, was er nun wieder anstellte und was ich damit zu tun hatte. Laut schrie ich: »Nein.« Doch das interessierte ihn nicht, er zwängte mich in meine Hose, stülpte mir einen Pullover über und schob mich vor sich her ins Treppenhaus. Ich heulte und schrie jämmerlich, das ganze Viertel hätte wach sein müssen. Doch kein Türspalt öffnete sich, niemand scherte sich darum, dass ein Vater zum wiederholten Male seinem Kind Gewalt antat. Er stieß und zerrte mich die Treppe hinunter, ich stemmte mich gegen seinen Körper und klammerte mich an das Treppengeländer. Stufe für Stufe prügelte er mich hinab, ich aber krallte mich förmlich ins Holz des Geländers und entwickelte in diesen Minuten eine ungeheure Kraft und einen Willen, nicht in die Nacht hinausgedrängt zu werden. Ich rettete mich selbst. Nach zwei Treppen gab mein Vater auf und brachte mich zurück in die Wohnung. Am nächsten Morgen drückte er mir jede Menge Schokolade in die Hand und tat so, als sei die Nacht nie geschehen. Genüsslich stopfte ich die Süßigkeit in mich hinein, und die Welt hatte ihre Ordnung wieder.

Oft wünschte ich, ich wäre der kleine Junge aus dem Märchen gewesen, ich träumte davon, mich von meinem Vater loszusagen und autark zu sein. Aber ich verwünschte und verfluchte ihn nur, ich ging ihm nur aus dem Wege. Zwanzig Jahre haben wir uns nicht gesehen. Nachdem seine dritte Frau die Flucht ergriffen hatte und er mit meiner Schwester und mir allein blieb, war er nicht nur vollkommen überfordert und hilflos, sondern zudem unsäglich einsam. Mit uns Kindern kam er nicht zurecht, das Leben überlastete ihn. Einen anderen Ausweg, als uns erneut ins Heim zu stecken, sah er nicht.

Doch er besaß nicht den Mut, uns seine Hilflosigkeit und Schwäche zu offenbaren. Stattdessen log er und spielte uns einen tapferen, starken und großartigen Mann vor, der seine Kinder nur vorübergehend im Heim abgeben müsse, weil besondere Aufgaben auf ihn warten. Im Herbst führte er uns an das große Tor, hinter dem sich für uns Gewohntes und Höllenhaftes zugleich verbarg. Wir fürchteten das Heimleben, fühlten uns andererseits geborgen, weil wir wussten, was uns empfängt. Vater verabschiedete sich mit den Worten: »Weihnachten hole ich euch wieder ab, dann sind wir wieder eine Familie.« Die Feiertage rückten heran, unsere Nerven brannten und unsere Seelen flackerten. Doch das Telefon blieb still, die Türklingel schrillte nicht. Als der erste Weihnachtstag verstrich, machten wir uns gegenseitig Mut, als sich der zweite dem Ende neigte, wagte keiner von uns beiden, seine Gewissheit auszusprechen. So verloren wir unseren Vater für die nächsten Jahre.

Vor drei Jahren fand ich genügend Kraft und Mut, mich meinem Vater zu stellen, und suchte ihn. Ich erwartete den großen, starken Mann meiner frühesten Kindheit. Ihm wollte ich auf gleicher Augenhöhe gegenübertreten – und verzeihen. Doch ich traf auf ein altes, gebrechliches und in sich zusammengesunkenes Wrack voller Schuldgefühle. Mein großherziger Versuch, ihm zu vergeben, half ihm nicht, sondern hetzte ihn nur noch höher auf den »Schuldenberg«. Beständig sprach er davon, was er falsch gemacht habe und wie schuldig er sich fühle. So entzog er sich wieder, ohne überhaupt den Versuch einer Annäherung unternommen zu haben. Er konnte noch immer nicht zuhören und nahm sein Gegenüber nicht wahr. Seinen Sohn, dessen Kindheit und Jugend er auf dem Gewissen hatte, begriff er nicht. Ich hatte einen Fehler gemacht, ich hätte wohl, anstatt ihm verzeihen zu wollen, ihm von vornherein all meine Wut und meine Enttäuschung entgegenschleudern und alles aus mir herausholen sollen, um endlich damit fertig zu werden. Doch angesichts des verzweifelten und hilflosen Mannes tat sich lediglich Angst auf, ihn mit einem Wort umzupusten. Ich hätte ihn nur noch weiter aus den Angeln gehoben.

Ich kann meinem Vater nicht vergeben und würde es so gern tun. Ich kann ihm nicht vergeben, weil er es nicht schaffte, sein wahres Gesicht zu zeigen. Wenn er nur einmal gesagt hätte, er sei stets unfähig und kraftlos gewesen, wenn er gesehen hätte, dass er schlug, weil er sich selbst quälte, wenn er nur einmal zugegeben hätte, dass das Leben nie so lief, wie er es wollte, hätte ich Nachsicht üben können. Aber weil er immer nur sich und die Welt betrog, hatte er mich auch um meinen letzten Wunsch ihm gegenüber betrogen. Mit dem Anspruch, Frieden zu schließen, fuhr ich zu meinem Vater. Mit dem Gefühl, nichts ist besser und alles nur noch schlimmer geworden, verließ ich ihn wieder. Ich fühlte mich, als sei ich vor einen fahrenden Bus gerannt.

Meine Mutter sah ich nur einmal in meinem Leben. Ich war ungefähr neun Jahre alt, als es an unserer Tür klingelte und eine kleine, schmale Frau, ganz in Schwarz gekleidet, in unseren Flur trat. Mein Vater bat sie ins Wohnzimmer, in dem sie sich verloren umschaute. Mich starrte sie minutenlang schweigend an, bis sie vorwurfsvoll zu meinem Vater sagte: »Das ist nicht mein Sohn. Was hast du aus meinem Sohn gemacht?« Dann schob mich mein Vater eilig aus dem Raum. Das war also meine Mutter, die Frau, die mich geboren und verlassen hatte. Die Frau, die jegliche Bindung zu mir aufgegeben, nach der ich gesucht, die ich aber nie gefunden hatte. Die wenigen Minuten ließen mich monatelang nicht los. Ich stellte mir vor, wie es wäre, wenn sie bei uns bliebe und ich eine richtige Mutter hätte. Ich malte mir aus, wie sie Stullen schmierte und die Betten aufschüttelte. Tausend Bilder flogen durch meinen Kopf, aber keines verweilte länger als kurze Sekunden. Ich konnte meine Mutter nicht festhalten, sie war nicht real. Vor wenigen Jahren hörte ich, sie sei in einer geschlossenen Anstalt. Ich versuchte, sie zu finden, doch ich wurde überall abgewiesen, niemand gab mir konkrete Auskünfte. Ich weiß nicht einmal, ob sie noch lebt. So wird meine Mutter für mich immer ein Phantom bleiben.

Seit meinem 30. Lebensjahr beginne ich wahrzunehmen und zu akzeptieren, wie tief die Schläge in und der Verrat an meiner Kindheit sind. Langsam lerne ich, die Einsamkeit meiner Kindertage anzusehen. Mir wichtige Personen haben mir dabei geholfen: Männer, Frauen, die ich liebte und von denen ich mich trennte, die Frau, die ich heute liebe, meine Kinder, Menschen, mit denen ich arbeite, mein Familientherapeut. Aber die Fragen und Zweifel, die Anfälle von Trauer und Schmerz kommen immer wieder. Nun werde ich an einer Familienaufstellung teilnehmen. Das ist eine Therapieform, bei der der Betroffene seine Familie mit den Mitgliedern der Therapiegruppe zusammenstellt und dadurch einen anderen Blick für seine Situation gewinnt. Er sieht plötzlich Charaktere und Verhaltensmuster, durchschaut Zusammenhänge und versteht besser, was geschah. Seit langem beschäftige ich mich intensiv mit der Familienaufstellung und beginne allmählich, meinen tief verborgenen Schmerz zuzulassen, den ich jahrzehntelang erfolgreich verdrängte. Da, wo Platz für meinen Vater wäre, thronte stets ein dumpfes Gefühl, eine Stimmung, die ich weder benennen noch empfinden kann. Eine kalte, unberührbare Leere. Ich will sie füllen, egal wie, egal mit welchen Emotionen, aber das Loch muss weg. Sonst drehe ich mich weiter im Kreis. Ich bin jetzt 38 Jahre alt und beginne langsam, ein Gefühl für meinen Vater zu entwickeln. Noch kann ich es nicht definieren, noch begreife ich nicht, was es mit mir anstellt, noch ahne ich nicht, wohin es mich treibt. Aber ich hoffe, dass sich bald der Frieden einstellt, nach dem ich mich sehne. Um weiter in die Welt zu gehen, ist es wichtig, mit seiner Vergangenheit friedfertig umzugehen und in sich eine große Ruhe zu spüren. Das Ziel jeder Beziehung zwischen Eltern und ihren Kindern ist Aussöhnung. In homöopathischen Dosen verabreiche ich mir Linderung und finde allmählich Zugang zu Tiefen in mir, die ich erfolgreich abgedeckt hatte.

Lediglich einen Schutzmantel gegen Gewalt ließ das tote Gefühl heraus. Seit meiner Jugend befinde ich mich unentwegt in einer Hab-Acht-Position. Mein Körper drückt mit jeder seiner Faser aus: Lass mich in Ruhe, fass mich nicht an. Bislang hat es niemand gewagt, mich ungefragt zu berühren. Nur einmal trat in einer Kneipe ein Mann von hinten auf mich zu und griff mir um die Taille. Wie ein tollwütiger Fuchs schnellte ich herum und begab mich in eine kampfbereite Stellung. »Nimm ja deine Hände weg«, zischte ich nur, und der Mann tat langsam einige Schritte rückwärts und beschwichtigte mich mit seinen Händen. Gewalt fürchte ich nicht mehr, weil es niemand mehr wagt, mich anzugreifen. Aber Körperkontakt muss noch immer von mir ausgehen, ich muss ihn unter Kontrolle haben. Dieser Reflex ist – neben der inneren Verteidigungsbereitschaft und der Angst vor dem Verlassenwerden – mein ständiger und mächtiger Begleiter. Ich hatte Sex mit Frauen, wenn sie ihn wünschten, mir aber nicht danach war. Ich wagte nicht, Nein zusagen. Mit dem Vordringen zum verborgenen Vater-Gefühl lerne ich, Angebote abzulehnen. Ich bekomme ein Gespür dafür, wie es ist, Kämpfe auszutragen und sich nicht nur von der Angst leiten zu lassen, bei Weigerung verlassen zu werden. Wer fürchtet, verlassen zu werden, sagt nicht leichtfertig »Nein«, der lässt oft Dinge zu, für die er nicht bereit ist.

Meine Kinder kennen meine Vergangenheit, ich erzähle ihnen davon und betrachte es als Weitergabe von persönlicher Geschichte. Nie würde ich meine Hand gegen sie erheben, nie würde ich ihre Integrität außer Kraft setzen, weder körperlich noch seelisch. Im

Gegenteil: Früher war alles, was ich tat, für meine Kinder gedacht, stets handelte ich mit der Überzeugung, alles würde gut für sie, wenn ich alles anders machte, als ich es bei meinem Vater erlebte. Heute löse ich mich langsam davon, weil ich begriff, dass ich auf der Strecke bleibe, wenn sich alles nur um die Kinder dreht. Und meinen Kindern kann es nur gut gehen, wenn ich mich wohl und ausgeglichen fühle.

Vermutlich werden mich mein Leben lang Fragen quälen: Warum legte mich meine Mutter mitten in der Nacht vor die Tür meines Vaters, warum verließ sie mich? Warum steckte mich mein Vater immer wieder ins Heim? Warum schlug und demütigte er mich? Warum hielt er nie, was er versprach? Gleichzeitig fühle ich mich zu Dank verpflichtet, dass ich trotz allem der geworden bin, als der ich jetzt existiere. Andere Kinder mit einer ähnlichen Biographie entwickelten sich zu Straftätern oder landeten in der Psychiatrie.

Meine Kinder sollen meine Bitterkeit und meine Narben zwar empfinden können, aber nie ihre Auswirkungen zu spüren bekommen. Sie sollen eine Chance auf ein eigenes Leben und eine eigene Biographie bekommen. Als ich kürzlich mit meiner neuen Freundin und ihren Kindern, meinen beiden Kindern aus erster Ehe und den beiden Kleinen aus der zweiten Beziehung aus dem Urlaub kam, rückte es mir überdeutlich ins Bewusstsein. Wir lagen auf unseren Pritschen in einem Nachtzug und hatten unendlich Zeit für uns. Wir ließen den Urlaub Revue passieren und erinnerten uns schöner Erlebnisse. Plötzlich sagten meine vier Kinder: »Es war ein wunderschöner Urlaub. Aber jetzt freuen wir uns doch auf die Mama.« Diese Worte trafen mich zunächst wie ein Messerstich mitten ins Herz, doch dann besann ich mich und erwiderte: »Das ist schön. Ein solches Gefühl kannte ich leider nie.«

Im Garten hinterm Haus baute er Marihuana an

Florian J. ist Sohn eines 68er Vaters

Immer, wenn jemand aus meiner Klasse zu mir nach Hause kam, war er irritiert: Hühner gackerten durch unseren Garten, Kaninchen mümmelten sich durchs Gemüsebeet. Ich suchte frische Eier, die die Hühner überall in unserem Garten ablegten, oder pflückte ein paar grüne Bohnen. Unser Garten war keine gemähte Liegefläche für Sonnenanbeter und gesittete Kaffeerunden, sondern Nutzterrain. Hier wuchsen Kohl, Salat, Erdbeeren und Möhren, die wir selbst anbauten, und Apfel-, Kirsch- und Birnenbäume. Mitten in der Stadt, in der Großstadt, in Berlin. Wir wohnten in Reinickendorf, einer Gegend, in der sich das Establishment nach und nach ansiedelte und vor deren gepflegten Häusern der Mercedes Benz parkte und im Schuppen der Rasenmäher. Meine Eltern lehnten es ab, ein Auto zu haben. Das sei unökologisch und sinnlos in einer Stadt wie Berlin, sagten sie immer. Man komme überall mit Bussen und Bahnen hin. Wir waren die einzige Familie im gesamten Viertel, die kein Auto besaß. Und wenn die Siedlung am Wochenende Mittag aß, kochten meine Eltern gähnend ihren ersten Morgenkaffee. Und drehten die Musik lauter: Jazz, Rock, Klassik. Die Nachbarschaft hörte zurückhaltend Schlager.

Meine Eltern waren anders. Im Viertel eilte ihnen der Ruf voraus, durchgeknallte, ausgeflippte und alternative Öko-Freaks zu sein, die keine Regeln und keine Normen kannten und diese komische neue Partei wählten, die Grünen. In den Augen der spießigen, angepassten Biedermeier im spießigen, angepassten Reinickendorf war unsere Familie unnormal. Für Kreuzberger Verhältnisse jedoch

– in Kreuzberg wohnten wir vorher – waren wir Durchschnitt. Mein Vater ist ein Kind der 68er Generation. Er trug lange Haare, Mao-Hemden und rote Fahnen auf Demos. Er war Mitglied der DKP West und konnte das Marxistische Manifest singen. Er abonnierte die erste Naturzeitschrift, die es gab, und unterstützt Greenpeace noch heute. Mein Vater unterschied streng zwischen Gut und Böse – für die Vereinigung bedrohter Völker spendete er, das Rote Kreuz hätte er nie unterstützt. Meine Eltern trennten ihren Müll bereits, als die Wörter Sonderdeponie und Mülltrennung noch zu den Unworten des Jahres gekürt worden wären. Eines Tages pflückte mein Vater den Fernseher auseinander, entsorgte alle Teile ordnungsgemäß in Sonder- und verwertbaren Müll und schmiss das Gehäuse in die Tonne. Seine Kinder sollten nicht stundenlang vor diesem dämlichen Gerät hocken und sich verblöden lassen von Serien wie »Fury« oder »Flipper«. Seine Kinder sollten lesen und sich mit den ernsthaften Dingen des Lebens beschäftigen.

Viele Jahre baute mein Vater im Garten hinterm Haus Marihuana an, es waren richtige kleine Plantagen. Er erntete das Zeug, rauchte es mit meiner Mutter oder mit Freunden und verschenkte es. Kiloweise. Das meiste nahm Samson mit, ein Afrikaner, der Percussion spielte. Samson trug Berge von dem Stoff davon, schenkte es seinen Landsleuten oder verscherbelte es. Er kam oft zu uns und mein Vater und er improvisierten wild drauf los. Mein Vater ist Musiker, Samson war es auch. Vater spielte Saxophon und Flöten, Samson trommelte. Oft stundenlang, manchmal den ganzen Tag. Dabei kifften sie und erweiterten ihr Bewusstsein. Dann kamen ihnen die besten Ideen, und die eindrucksvollsten Tonfolgen flogen nur so aus ihren Instrumenten.

Was andere sagten und dachten in der Reinickendorfer Siedlung, war und ist ihm egal. Nur was man selbst will und vor sich und anderen vertreten kann, solle man tun, brachte er mir bei. In dem Haus in Reinickendorf wohnten wir nur, weil es meine Großeltern, die Eltern meines Vaters, unserer Familie geschenkt hatten. Als meine Schwester geboren wurde, meinten meine Großeltern, wir könnten nicht länger in der Kreuzberger Wohnung leben, die sei zu klein und zu ungemütlich. Meine Schwester ist ein Jahr jünger als ich.

Florian J., 25

Also zogen wir in das Haus nach Reinickendorf. Und schockierten seitdem das Bürgertum.

Nur die Alten zeigten Verständnis für unsere Familie. Zwar fanden auch sie meine Eltern etwas wunderlich, unterhielten sich aber gern mit ihnen, da ihre Lebensweise sie stets an vergangene Zeiten erinnerte. Früher lag Reinickendorf abseits der Stadt und war im wahrsten Sinne des Wortes ein kleines Dörfchen auf einer weiten Wiese. Mit Gemüseanbau und Viehzucht – so wie es meine Eltern eben auch betrieben. Doch wir schrieben nicht die zwanziger und dreißiger Jahre des vergangenen Jahrhunderts, sondern Anfang der Achtziger.

Meine Eltern lebten so frei und unkonventionell, wie die Leute, die sich zur 68er Generation zählten, eben lebten. Sie ließen sich nichts vorschreiben und schon gar nicht belehren – weder von der Politik noch von Nachbarn oder vermeintlichen Konventionen. Egal, ob wir zu Hause unter uns waren oder ich Besuch hatte – mein Vater stiefelte trotzdem nackt durchs Haus. »Guten Morgen«, grummelte er, wenn er gegen Mittag aus seinem Zimmer kam und ins Bad ging. Manche meiner Freunde waren schockiert. Viele hatten ihre Eltern noch nie nackt gesehen. Unser Lebenswandel muss ihnen wie Sodom und Gomorrha vorgekommen sein.

Was meinen Freunden unnormal und als etwas Besonderes erschien, war für mich normal und keineswegs außergewöhnlich. Eher empfand ich als ungewöhnlich und beklemmend, wenn ich bei anderen zu Besuch war. Oft wusste ich nicht, wie ich mich verhalten sollte. Ich musste die Eltern meiner Freunde immer siezen, bei uns wurde jeder mit »Du« angesprochen, egal, wie alt er war, egal, woher er kam, egal, wie oft er bei uns bei war. Bei den Eltern meiner ersten Freundin versuchte ich dieses Problem geschickt zu umschiffen, indem ich sie indirekt ansprach. Ich sagte nicht: »Würden Sie bitte mal ...?« oder »Darf ich dich etwas fragen?«, sondern »Ist es gewünscht, dass ich ...« Das klang immer gestelzt und unpersönlich und eigentlich ziemlich blöde. Aber die Eltern machten mir kein Angebot, wie ich sie ansprechen sollte, sie bemerkten meine Bemühungen und Zungenbrecher nicht einmal. Bei einer anderen Freundin duzte ich die Eltern automatisch, weil ich es so gewöhnt war und nicht daran dachte, dass es in ihren Augen vielleicht unhöflich oder gar frech erscheinen könnte. Als ich weg war, regten sie sich wahnsinnig über mich auf, wie ich es wagen könnte, sie einfach zu duzen. Ob ich denn keine Achtung und Ehrfurcht vor ihnen hätte?

Bei uns zu Hause lief immer alles locker und unkompliziert ab. Jeder machte seins, niemand wurde gegängelt, es gab keine festen Essenszeiten und keine Reglementierungen. Jeder durfte und sollte sagen, was er dachte, über alles wurde geredet – offen und ehrlich, wenn auch oft kontrovers. Da flogen auch schon mal die Fetzen, wenn wir nicht einer Meinung waren. Aber auf diese Weise konnten alle alles rauslassen, wir schluckten nichts und sprachen aus, was uns ärgerte und beschäftigte. Bei anderen aus meiner Klasse kam der Vater nach Hause, verzog sein Gesicht, wenn er roch, dass seine Frau wieder nicht das kochte, was er sich am Morgen gewünscht hatte. Dann fläzte er sich beleidigt in den Sessel, hielt seine Zeitung vors Gesicht und seine Klappe. Schweigend gedachte er, das Problem auszusitzen. Die Rollenaufteilung war klar und klassisch: Der Mann geht arbeiten und schafft das Geld ran, die Frau bleibt zu Hause und kümmert sich um Kinder und Küche. Sie hatte sich unterzuordnen. Und die meisten Mütter meiner Klassenkameraden taten das auch, gaben klein bei oder sagten gar nichts mehr, wenn der Mann nach Hause kam. Jedes Mal, wenn ich in eine solche Situation hineingeriet, spürte ich die angestaute Aggression, die sich darin breitmachte, und das Bedürfnis, sofort zu gehen.

Bei uns gab es im Wohnzimmer eine große Wand, die zur Projektionsfläche unserer Befindlichkeiten mutierte. Wir pinnten Sprüche, Wünsche, Losungen, Bilder, Noten daran, einfach alles, was uns bewegte oder wir für wichtig genug hielten, es den anderen mitzuteilen. Die Wand war Spiegelbild unseres Lebens. Bei anderen in unserem Viertel hingen die üblichen Kunstdrucke über der üblichen Ledercouch.

Die Organisation unserer Familie war basisdemokratisch. Eine Rangfolge gab es nicht, jeder hatte die gleichen Rechte und die gleichen Pflichten. Wir Kinder mussten abwaschen – eine Geschirrspülmaschine lehnten meine Eltern ab –, wir lernten frühzeitig kochen und Wäsche waschen. Unsere Mutter war nicht unsere Dienstmagd, sondern unsere Mutter.

Als Familie waren wir eng miteinander verzahnt. Während es in anderen Familien eine strikte Trennung zwischen Eltern- und Kind-Bereichen gab, waren bei uns alle Räume und alle Themen offen für jede und jeden. Sätze wie »Gehst du mal in dein Zimmer, Papa und ich haben etwas zu besprechen«, hörte ich bei uns nie. Unsere Eltern bezogen uns stets mit ein, egal, um was es sich handelte. Sie nahmen uns als ihresgleichen an und stellten keine Hierarchie auf. Im Gegensatz zu anderen Eltern beschäftigten sie sich mit uns. Schon als kleiner Junge ging ich mit zu Proben und Konzerten, mein Vater erklärte mir Musik und Geschichte. Wir Kinder besaßen keinen Gameboy und wuchsen nicht mit »Wetten, dass ...« auf. Wir feierten Fasching in Familie. Meine Eltern schminkten sich und uns, wir tanzten durch das Haus und drehten die Musik noch einen Tick lauter. Ich bastelte mir eine Gitarre aus Pappe und war der beste Luftgitarrist aller Zeiten. Eine Zeit lang spielten meine Schwester und ich Indianer. Tagelang liefen wir im Lendenschurz und mit Federschmuck herum. Niemand nahm daran Anstoß. Im Gegenteil, unsere Eltern bestärkten uns in unserer Kreativität und versuchten stets, noch weitere Ideen aus uns herauszukitzeln.

Trotz unserer Gemeinschaftlichkeit besaß jeder sein eigenes Zimmer, auch Mutter und Vater hatten jeweils ein eigenes. Über die Ablehnung der bürgerlichen Raumaufteilung in Wohn-, Schlaf- und Kinderzimmer wunderten sich meine Freunde, ich hätte mir nie etwas anderes vorstellen können. Die Vereinbarkeit aus Nähe und Abstand in unserer Familie erlebte ich als etwas Wunderbares und Unabdingbares, heute kann ich mir nichts anderes vorstellen. Sie lässt Sicherheit und Vertrautheit zu und wagt Vertrauen, wo es bei anderen Verbote hagelte. Mit 14 durfte ich nach der Disko um vier Uhr nachts nach Hause kommen, meine Eltern hatten keine Angst, dass ich etwas anstelle oder ihre Großzügigkeit missbrauche. Ich durfte ja machen, was ich wollte – in bestimmten Grenzen. Andere aus meiner Klasse mussten vor Mitternacht zu Hause sein und handelten sich Ärger ein, wenn sie sich den elterlichen Vorgaben widersetzten. Das Prinzip, dass etwas besonders reizvoll ist, wenn es mit Verboten behaftet ist, studierte ich an meinen Freunden. Aus der Ferne.

Und dann war da noch die Sache mit dem Sex. Erotik war nichts, was meine Eltern für versteckenswert hielten. Spielten meine Schwester und ich als kleine Kinder »Kindermachen« und legten uns nackt übereinander, wie das die Erwachsenen gewöhnlich auch tun, ließen uns unsere Eltern gewähren und erklärten uns alles. Als ich das mit einer Freundin bei ihr zu Hause spielte, durfte ich nicht mehr zu ihr gehen. Wir waren sieben Jahre alt. Andere Mädchen wurden verprügelt, wurden sie »dabei« erwischt. Schwirrte mir eine Frage im Kopf herum, stellte ich diese meinem Vater, und er beantwortete sie mir, ohne rot zu werden. Warum und wie man Kondome benutzt, wusste ich bereits, als andere sich mit zarten Schritten dem Wissen der menschlichen Fortpflanzung näherten. Der Sexualkundeunterricht in der Schule war lächerlich und urkomisch zugleich. Der Biologie-Lehrer wurde rot wie eine Tomate, als er erklärte, wie Sex funktioniert. Lange begriff ich nicht, was das Wort »jugendfrei« bedeutete. Für mich und meine Eltern gab es keine Tabus. Wir sprachen über alles. Geschadet hat es mir offensichtlich nicht. Als meine erste Freundin das erste Mal bei uns übernachtete, musste ich das nicht tagelang vorher ankündigen oder um Erlaubnis betteln. Ich stellte sie vor, und wir verschwanden in meinem Zimmer. Was wir dort machten, war unsere Sache. Ich war aufgeklärt und alt genug, um zu wissen, was ich verantworten kann, dessen konnten meine Eltern sicher sein. Außerdem wog ihr Vertrauen.

Was sich bei uns Leben nannte, hieß bei anderen Regime. Am Wochenende und in den Ferien konnten wir so lange schlafen, wie wir wollten. Die meisten meiner Freunde wurden früh aus dem Bett geschmissen. »Es ist schon acht, steh auf, du Faulenzer.« Ordnung beginnt mit einem frühen Morgen. Bei uns wäre solche Strenge undenkbar gewesen. Meine Eltern schliefen ja selbst bis Mittag. Wenn wir zu früh auf den Beinen waren, gab es nur unnötig Unruhe. Meine Eltern führten ein eigenes Leben, gingen aber nicht automatisch davon aus, dass andere Menschen es genauso hielten. Anderen Eltern erschien es offensichtlich als völlig selbstverständlich, dass al-

Florian J., 25

le ebenso uniform lebten wie sie und es keine Unterschiede gibt. Manchmal riefen sie bei uns am Sonntag morgens um neun Uhr an. Um diese Zeit hatten die schon längst gefrühstückt und kochten an ihrem Mittagessen. Bei uns regte sich niemand, höchstens die Toilettentür knarrte kurz. Und mein Vater knurrte ins Telefon: »Wenn Sie noch mal so früh anrufen, gibt's Ärger.«

Die meisten in meiner Klasse fanden nicht nur meine Eltern merkwürdig, sondern auch mich. Sie konnten nicht damit umgehen, dass ich mich der Schule verweigerte und ständig mit den Lehrern diskutierte. Ich hatte meine eigenen Regeln, die anderen die ihrer Eltern. Ich lernte zwar leicht, sah aber nicht ein, bestimmte Dinge machen zu müssen, die mir sinnlos erschienen. Beispielsweise immer den gleichen Satz zehnmal zu Papier zu bringen. Warum? Das ist pure Zeit- und Kraftverschwendung. So war ich nicht erzogen worden, sondern zu Selbstständigkeit und freiem Denken. Plötzlich schrieb mir jemand vor, was ich zu denken und wie ich bestimmte Dinge zu sehen hatte. Das lehnte ich zutiefst ab. Im Kinderladen, in den ich als kleiner Junge ging, lief alles demokratisch und selbstbestimmt ab. Wir Kinder entschieden, was wir machen und spielen wollten. Niemand gab etwas vor, niemand kommandierte herum. Wir hatten unsere Kuschel- und Kissenecken. Wenn jemand mal keine Lust auf Bewegung hatte, legte er sich einfach hin.

Eigentlich wollte mein Vater Lehrer werden. Er begann ein Studium der Erziehungswissenschaften. Voller Enthusiasmus und Energie, er wollte das gesamte Bildungssystem auf den Kopf und den Menschen in den Mittelpunkt des Geschehens stellen. Er selbst hatte Lehrer erlebt, die entweder alte Nazis oder kriegstraumatisierte Invaliden waren. Einer klammerte sich an seinem Lehrerpult fest, als draußen Feuerwehrautos vorbeijagten, deren Sirenen heulten. »Jetzt kommen sie wieder und holen uns alle ab«, stammelte er völlig verstört, »der Krieg geht wieder los.« Der Beginn einer neuen, offenen Bildung und der Ansatz für ein neues Menschenbild liegen in einer modernen Erziehung, lautete der Grundsatz der revolutionären 68er. Da wollte mein Vater mitmachen, da wollte er mit dabei sein. Doch nach kurzer Zeit wurde ihm klar, dass die Lehrinhalte, die Studieneinrichtungen und die Lehrkräfte so veraltet waren wie vor dem Krieg. Nichts hatte sich verändert. Unter diesen Voraussetzungen, erklärte mein Vater, könne man kein neues Menschenbild schaffen, zumindest nicht gesamtgesellschaftlich, sondern nur privat. Er schmiss das Studium und wurde Musiker. Er schimpfte über die Schule und ließ an den Methoden meiner Lehrer kein gutes Haar. Ich hörte interessiert zu, gab ihm in vielen Punkten Recht – und bekam Ärger. In der Schule. Ich diskutierte mit den Lehrern und hatte keine Lust, in die Schule zu gehen. In der Pubertät schwänzte ich viel und blieb in der 10. Klasse sitzen. Der blaue Brief landete an unserer Wand im Wohnzimmer. Einige Lehrer schlugen die Hände über dem Kopf zusammen: »So ein begabter Junge mit so viel Allgemeinwissen und dann so was ...«

Zu Hause sprachen wir viel über Politik und debattierten alles: Bundestag, drittes Reich, Frauenbewegung. Ich wurde in einem offenen Geist und zu einem offenen Menschen erzogen. Wenn andere aus meiner Klasse die »Simpsons« guckten, scharte Vater uns Kinder um sich und kramte aus dem Regal ein Buch über den Holocaust hervor: »Hier, Florian, lies das mal laut vor.« Ich las von Gaskammern, Massenmorden, Judenvernichtung. Das ging an die Nieren wie kaum etwas zuvor. Auf diese Weise erfuhr ich an einem Abend mehr über den Nationalsozialismus als in meiner gesamten Schulzeit. Einen Großteil meines Wissens verdanke ich meinem Vater. Als kleiner Junge fragte ich ihn: »Was ist Krieg?« Er nahm einen Hammer und mein Spielzeugauto und zertrümmerte das Auto. »Das ist Krieg«, sagte er und legte den Hammer beiseite.

Vater war Mitglied der DKP Westberlin, klebte nachts Flugblätter und rief Arbeiter vor ihren Werktoren zu Demos gegen den Kapitalismus auf. Lange Jahre war er davon überzeugt, dass die DDR der bessere Teil Deutschlands war. Oft reisten wir in den Osten. Im Kofferraum unseres Autos stets jede Menge Zeitschriften, Zeitungen, Bücher. Wir besuchten Freunde und wurden immer kontrolliert. Die Zöllner nahmen unser Auto bis zur letzten Schraube auseinander. Mein Vater ließ sich dadurch nicht beirren. Bis er eines Tages an die Grenzen seiner Gutmütigkeit, Überzeugung und Geduld kam. Meine Mutter, die gerade schwanger war, und mein Vater standen vor dem Grenzübergang und merkten, dass sie noch DDR-Geld in ihren Taschen hatten. Da sie es nicht mit rüber nehmen durften, kehrten sie in der erstbesten Kneipe ein und fragten einen Mann, ob er die letzten Mark haben möchte. Der Mann schüttelte den Kopf, der Wirt wollte das Geld auch nicht. Meine Eltern fragten auch den Zöllner am Grenzübergang, aber er lehnte das Geld ebenfalls ab. »Also wenn keiner die paar Mark will«, war mein Vater wütend, »dann braucht sie offensichtlich niemand.« Und zerriss vor den Augen der Grenzpolizisten einen Schein in lauter kleine Schnipsel. Für die Männer an der Grenze Grund genug, meinen Vater abzuführen und fünf Stunden lang festzuhalten. Meine Mutter durfte schon rüber, weil sie schwanger war. Beim Verhör wurden meinem Vater die dämlichsten Fragen gestellt, so als ob er ein Schwerverbrecher sei.

Er antwortete mit Gegenfragen und schlug die Beamten mit ihren eigenen Waffen: mit den Schriften von Engels, Marx und Lenin. Er zitierte aus deren Werken, von denen die Männer ihm gegenüber nicht einmal etwas gehört hatten. Bis meinem Vater der Geduldsfaden riss und er nach einem Offizier verlangte, der ihm mit seinem Intellekt das Wasser reichen konnte. Nach fünf Stunden wurde er wieder auf freien Fuß gesetzt und erhielt zehn Jahre Einreiseverbot. Wenige Wochen später meldete sich bei ihm in der Musikschule, in der er als Flötenlehrer arbeitete, ein Mann zum Unterricht an. Der Mann kam immer im Trabant und hatte für eine Flöte viel zu dicke Finger. Fortan war das Bild des »besseren« Deutschlands ein anderes: »Die DDR ist unmusikalisch.«

Immer, wenn ich früher solche Geschichten von meinem Vater erzählte, schwoll meine Brust vor Stolz. Mein Vater war für mich Vorbild, ich versuchte, ihm nachzueifern: Ich engagierte mich bei Greenpeace und beteiligte mich bei den Anti-Olympia-Kampagnen. Es waren Versuche politischen Handelns, die ich nach wie vor für richtig halte. Ihnen fehlte jedoch die Nachhaltigkeit, die denen meines Vaters immanent war. Generell ist mein Vater besessener, bei allem, was er tut. Wie ein Verrückter übte er Flöte und Saxophon, als er die Musik für sich entdeckte. Manchmal über zwölf Stunden am Tag. Diese Vehemenz fehlt mir.

Mein Vater lebte und lebt in Extremen. Das hängt mit seiner Kindheit zusammen. Der Vater meines Vaters war Retuscheur und einer der angesehensten Fachleute auf seinem Gebiet. Er war die Inkarnation der Genauigkeit. Die Bilder, die er in seiner Freizeit malte, sahen aus wie Fotos. Für meine Großeltern war wichtig, dass aus ihrem Sohn etwas »Anständiges« wird. Ihr Traum war der Bankangestellte, ein krisensicherer Job mit der Aussicht auf ein gutes Einkommen. Doch mein Vater war anders. Er wollte keine Bank und keine Anstellung. Im Grundschulalter entdeckte er die Musik für sich. Er begann Flöte zu spielen und war bald Mitglied in einem Blockflötenorchester. Doch er musste aufhören zu üben, sobald sein Vater von der Arbeit nach Hause kam. Der wollte seine Ruhe haben und nicht von dem unsäglichen Krach gestört werden. Meine Großeltern erkannten die wahre Identität ihres Sohnes nicht und förderten ihn nicht. Mein Vater erarbeitete sich alles selbst. Und er schaffte es. Deshalb setzte er in uns Kinder stets das Vertrauen und den Glauben, wir würden unseren Weg schon gehen. Weil er autoritär erzogen wurde, lehnte er jegliche Art von Autorität ab – für sich und für seine Kinder. Deshalb durften wir uns so entwickeln, wie es unseren Eigenheiten und unserem Wesen entsprach. Den stärksten Halt fand mein Vater nicht in seinem Elternhaus, sondern in seinem kreativen Umfeld: zunächst bei seinen Musiklehrern, dann im Orchester, später in seinen Bands und der Musikschule, an der er arbeitete. Seine Eltern beachteten seine Bemühungen, Musik zu machen, kaum. Als er einen Flöten-Wettbewerb gewann, sagte seine Mutter zu der Musiklehrerin: »Das haben Sie aber gut hingekriegt mit meinem Sohn.« Die Lehrerin antwortete nur: »Das hat Ihr Sohn ganz allein geschafft.«

Als in Berlin die ersten Krawalle Schlagzeilen machten, spielte mein Vater mit Freunden viel Free Jazz, vor allem im »Quasimodo«, das gerade gegründet worden war. Musik war das Medium, das ihm Kraft gab, die Sphäre, in der er sich ausleben konnte. Die Musiker soffen, kifften, nahmen LSD und improvisierten viel, manchmal schrien sie auch nur. Mitunter eine Stunde lang. Die Drogen veränderten das Bewusstsein so stark, dass mein Vater teilweise nicht mehr zu unterscheiden vermochte, was Realität war und was Erscheinung. Einmal kaufte er sich während eines Trips ein Brathähnchen, das er zu Hause, als er es auspackte, voller Ekel in den Mülleimer schmiss. Das Hühnchen hatte noch alle Federn. Die gingen auch nicht ab, als mein Vater wie ein Berserker daran herumschnippelte.

Ein anderes Mal unterhielt er sich mit zwei Blümchen im Garten. Oft malte er Bilder, wenn er auf Droge war. Die Bilder waren eine wilde Kombination aus Farben, Formen, Linien und Mustern. Sie hatten nichts mit den fotoartigen Produkten seines Vaters zu tun. Auch als ich und meine Schwester auf der Welt waren, kiffte mein Vater noch. Einmal schliefen meine Mutter und ich in einem großen Bett, mein Vater hatte eine geraucht und er sah über meinem Köpfchen einen Heiligenschein. Mein Vater hatte enorm viel Energie, die musste sich irgendwo und irgendwie entladen. Das Übermaß an Dynamik und Vitalität hatte sich in seiner Kindheit angestaut, weil er nie machen durfte, was er eigentlich wollte.

Eines Tages gab er die Drogen auf. Das ganze Zeug wurde ihm zu langweilig. Irgendwann hatte er alles gesehen, was sein erweitertes Bewusstsein ihm zu bieten hatte, und alles ausprobiert, was es auszuprobieren gab. Die Grenzen waren ausgereizt, nun musste etwas anderes folgen. Das »Andere« war Ernsthaftigkeit. Doch da zogen manche seiner Freunde nicht mit. Kreuzte er mit Noten bei ihnen auf, die er mit ihnen gemeinsam spielen wollte, konnten die die Noten nicht lesen, weil sie so bekifft waren. Das lehnte mein Vater ab. Er ist ein Arbeitstier. Einige seiner damaligen Freunde dröhnen sich heute immer noch mit Drogen zu.

Für mich sind Drogen völlig uninteressant. Es genügt mir, dass mein Vater mir alles darüber erzählte und sich daran erinnerte, wie LSD ihn veränderte, welche Erfüllungen er durch Marihuana fand, welche Kreativität er mit den Stoffen entwickelte. Ich brauche sie nicht, um Musik machen zu können, und bin lieber Zuschauer in einem Drogenfilm als Akteur.

Selbst damals unterschied mein Vater zwischen den »wahren« 68ern und den Losern, den Hippies. Hippies und die autonome Szene lehnte mein Vater ab. Die Hippies waren in seinen Augen eine Modeerscheinung, die in Amerika ihre Berechtigung hatte, aber in Deutschland wurzellos blieb. »Das sind alles Schlaffis«, sagte er. »Die hängen rum, machen nichts und ändern dadurch nichts. Im Grunde wollen die es auch nicht.« Und die autonome Szene war ihm zu gewalttätig, Gewalt lehnte er grundsätzlich ab. Die »wahren« 68er hatten mit den Hippies und den Autonomen nichts gemein. Im Grunde war die 68er Gemeinde in Berlin recht begrenzt und bei weitem nicht so groß, wie es der Mythos bis heute überliefert. Mein Vater kannte sie alle, und mit Fritz Teufel hat er zusammen gekifft.

Seinen politischen Grundsätzen blieb mein Vater stets treu. Bis auf eine Ausnahme. Ich hatte mich entschlossen, Posaunist zu werden. Den Wehrdienst hatte ich verweigert, also hätte ich meinen Zivildienst antreten müssen. Das jedoch hätte bedeutet, in einem Altenheim oder im Krankenhaus täglich neun bis zehn Stunden Dienst zu schieben. Dann bliebe keine Zeit zum Üben. Mein Vater rief beim Musikcorps der Bundeswehr an und erklärte den Offizieren, dass sein Sohn unbedingt dort mitmachen müsse, da er Musiker werden wolle. Nach einem Vorspiel haben die mich genommen. »Prinzipien sind immer dann zum Durchbrechen da«, erklärte mein Vater, »wenn sie beginnen, das Leben zu behindern.«

Ich bin meinem Vater sehr ähnlich. Ich verhalte mich oft wie er, denke wie er, reagiere wie er, ich wählte den gleichen Beruf. Manche meiner Freundinnen sagen, oft hören sie meinen Vater aus meinem Mund sprechen. Ebenso wie ihm fällt es mir schwer, Kompromisse einzugehen, ebenso wie er möchte ich die ganze Welt und nicht nur die halbe. Viele seiner Ansichten teile ich uneingeschränkt. Er hat mich geprägt und mich geformt. Darüber bin ich froh. Ich hätte nie in einer anderen Familie leben wollen. Auch wenn ich vielfach abgelehnt wurde und ein Außenseiter war. Doch das Leben der anderen, die im Mainstream schwammen, hätte ich nie führen wollen. Ich danke meinem Vater sehr für das, was er mir gegeben hat. Nur in einem Punkt kritisiere ich ihn: Er hätte mehr Nachdruck zeigen und mich in meinem Wunsch bestärken sollen, Musiker werden zu wollen. Er drängte nicht darauf, dass ich mehr übe und mich noch mehr der Musik widme, als ich es ohnehin schon tat. Er ging von sich und seinem Werdegang aus: Er erarbeitete sich viele Dinge selbst, also würde auch sein Sohn, so dachte er, seinen Weg selbst finden. Doch mein Vater und ich haben unterschiedliche Familienhintergründe. Vater wurde von seinen Eltern behindert, also musste er kämpfen. Ich hatte alle Möglichkeiten und durfte wählen, also musste ich geführt und bestärkt werden. Allein in diesem Punkt behindert mich meine freie offene Erziehung: Viele meiner Kommilitonen sind musikalisch weiter als ich.

Ich bewundere meinen Vater. Sein Dasein aber möchte ich nicht führen. Er bevorzugt ein Leben in Gegensätzen. Ich habe gesehen, welche Auswirkungen das haben kann. Stets hatte er viele Liebhaberinnen, meine Mutter wusste davon und nahm sich ebenfalls Liebhaber. Sie führten eine offene Ehe, trotzdem gab es viele Tränen. Von beiden. Ständig pendelten sie zwischen Nähe und Distanz, Treue und Eifersucht. Zwar begriff ich früh, dass so genannte Seitensprünge und Fremdgehen keine Ehe zerstören müssen, dass Sex nur Sex ist. Aber mein Leben soll ruhiger verlaufen und weniger geschüttelt. In jeder Beziehung.

Manchmal gehe ich mit Vater spazieren – und trage meinen Busen vor mir her

Einst als Sohn geboren, ist Karin T. heute eine Tochter

Schon nach kurzer Zeit setzte die Wirkung der Spritze ein. Ich fühlte mich plötzlich leichter und unbeschwerter, der unsägliche Druck, der seit Jahrzehnten auf meinen Schultern lag, der mich einschnürte wie eine Schraubzwinge, schien zu entweichen. Das erste Mal seit Jahren hatte ich das Gefühl, frei atmen zu können. Es war, als würde ich noch einmal geboren, als würde mein Leben jetzt losgehen. Diese Spritze war gut, sie kam einem Wunder gleich. Und dieser ersten Spritze würden weitere folgen. Ich wollte das so, mein bisheriges Dasein sollte endlich ein Ende haben, mein Dasein als Andreas, der ich nie wirklich war, für den mich aber alle hielten. Und den ich allen vorgespielt hatte.

Als ich wusste, dass ich von nun an meinen Weg unbeirrbar gehen würde – egal, was passiert, egal, was kommt –, setzte ich mich ins Auto und fuhr zu meinen Eltern. Sie leben in einem kleinen Ort unweit der Stadt, in der ich wohne. Ich stellte das Radio laut, um meine Angst zu übertönen vor dem, was kommen würde, um meinen Herzschlag unhörbar zu machen, um mich zu betäuben. Ich fuhr meiner Offenbarung entgegen, ich musste meinen Eltern erklären, dass sie sich in ihrem Sohn getäuscht hatten. All das hätte ich ihnen lieber erspart, gern hätte ich ihr Leben unberührt gelassen und sie aus meinem herausgehalten. Doch um die Wahrheit, der ich ins Auge blicken musste, um mich nicht zu verlieren, wären auch sie nicht herum gekommen, auch sie mussten sich meiner Geschichte stellen. Und damit auch ihrer.

Mein Herz flatterte, als ich den Klingelknopf drückte, fast schien meine Stimme zu versagen. Und plötzlich war sie wieder da, die Keule, die die vergangenen Jahrzehnte auf mich einhämmerte und mein Leben formte, das nicht meines war. Plötzlich spürte ich sie wieder und es traf mich noch einmal wie ein Blitz: Du musst es ihnen sagen, heute und jetzt, und du wirst es ihnen sagen, egal, wie sie schauen werden, egal, was sie antworten. Heute rennst du nicht mehr weg, du kannst es nicht mehr aufschieben. Irgendwann erfahren sie es ohnehin, an der Wirklichkeit führt kein Weg vorbei. Fast knickten mir die Knie weg, als Vater die Tür öffnete, ich über die Schwelle trat, dann in zwei fragende Augenpaare blickte und mir wie gehetzt mein einstudierter Satz entfloh: »Ich muss euch etwas sagen. Etwas Schlimmes.« Vor diesem Moment fürchtete ich mich mein Leben lang, diesen Moment malte ich mir in den verschiedensten Farben aus, die sich meist vermischten zu einem Gebilde aus Wunsch, Wahn und Wahrheit. Ich wünschte mir, meine Eltern würden mich nach meiner Offenbarung in den Arm nehmen und sagen: »Das haben wir schon lange geahnt, gut, dass es endlich ausgesprochen ist.« Wahn, weil ich mich in eine Idee hineinsteigerte, deren Selbstlauf ich irgendwann nicht mehr aufhalten konnte. Und Wahrheit, ja Wahrheit, die nackte Wahrheit traf mich ebenso hart und unberechenbar, wie ich sie stets verdrängt hatte. »Du bist nicht mehr unser Kind«, sagte mein Vater. Ein knapper Satz, eine Guillotine, ein Todesstoß.

Ich hing in der Couch und besaß nicht die Kraft aufzustehen. Mein Vater und meine Mutter wollten nicht mehr meine Eltern sein, sie verstießen mich, weil ich gewagt hatte, mein Leben zu korrigieren und ihres damit durcheinander zu würfeln. Das schmerzte mehr als das Versteckspielen und das frühere Leiden. Dabei verstand ich sie: Wie hätte ich wohl reagiert, wenn mein Sohn eines Tages nach Hause kommt und mir eröffnet, er möchte von nun an Gabi oder Petra oder Birgit genannt werden? Nicht aus einer Laune heraus oder weil es gerade chic war. Nein, weil er fortan eine Frau sein wollte. Und es ist. Ich habe meinen Eltern sagen müssen, dass sie einst einen Sohn geboren hatten und heute eine Tochter haben. Eine Tochter, die eigentlich schon immer eine Tochter und kein

Sohn war. Nur dass es niemand wusste, wissen konnte, weil ich mein Geheimnis gut verbarg und niemandem den Weg zum Versteck zeigte.

Bereits im Alter von sieben Jahren ahnte ich, dass ich im falschen Körper stecke. Ich schlich mich heimlich auf den Dachboden unseres Hauses und schlüpfte in die Kleider meiner Mutter. Die Sachen, die sie nicht ständig trug, lagerten dort in einer Truhe. Streifte ich ein Kleid, ein Negligé oder einen Rock über, überkam mich eine unbeschreibliche Ruhe. Ich fühlte, dass ich das Richtige tat, aber ich schämte mich dafür, weil ich doch ein Junge war. Ein Junge trägt Hosen und keine Kleider. Intuitiv wusste ich, dass ich von meinen heimlichen Verkleidungen niemandem erzählen durfte, dass ich etwas »Verbotenes« tat, etwas Abnormes in den Augen der anderen. Fortan führte ich ein Doppelleben: Ich war Andreas und ich war Karin. Für beide Rollen zahlte ich einen hohen Preis, den Preis des verfluchten und verschenkten Lebens.

Dass es Transsexualität und Transidentität gibt wie Homo- und Bisexualität, dass sie eine Form der körperlichen Liebe ist wie jede andere auch, davon hatte ich als Kind natürlich keine Ahnung. Niemand klärte mich darüber auf, schon gar nicht in meinem Alter und schon gar nicht in unserem kleinen Ort. Immer wenn sich die Nacht über unser Forsthaus legte oder eine große Ruhe in das Haus zog, begab ich mich auf meine heimliche Mission. Die Kleider waren viel zu groß für meinen schmächtigen Körper, aber ich kuschelte und rollte mich in ihnen ein und empfand meinen falschen Leib in jenem Moment als meinen wahren Körper. Meine Seele hatte eine Heimat gefunden. Damals wusste ich nicht, was es ist, was mit mir passierte, ich konnte es nicht benennen. Das Einzige, was ich wusste, dass ich niemals davon erzählen durfte, weil ich etwas fühlte, das nicht »normal« war. Und normal wollte ich sein, auch schon als Siebenjähriger.

Auch mein Vater suchte nach einer Normalität, die sein Leben zusammenhält. »So etwas gibt es nicht«, schmetterte er mir entgegen, als ich gestand, dass ich mich nicht als Mann, sondern als Frau fühle und mein weiteres Leben als solche zu verbringen gedachte. Immerhin hatte ich 30 Jahre ein unwahres, nicht lebbares Leben vorgetäuscht. »Du bist wider die Natur«, führte Vater weiter aus. »Das ist nicht normal.« Fast wollte er mich aus dem Haus werfen. Mit Tränen in den Augen fuhr ich davon. Und ließ während der Fahrt den Abend noch einmal Revue passieren: Ich hatte meine Eltern in ihren Grundfesten erschüttert, es war für sie ein Schlag ins Genick. Auf sie donnerte nun jene Keule nieder, die mich seit Jahrzehnten malträtierte. Gleichwohl schienen sie sich Sorgen um mich zu machen. »Vielleicht wartest du mit der Operation, bis du einen festen Job gefunden hast. Als Frau bekommst du doch nie wieder eine Arbeit«, warnte mein Vater, der meine damalige Arbeitslosigkeit wahrscheinlich als das weitaus größere Übel ansah. Meine Argumente, dass genau der andere Weg der richtige sei, wollte er nicht hören. Lange vorher beschäftigte ich mich mit dem »Problem« Transidentität – wenn eine Frau in einem Männerkörper steckt beziehungsweise eine Frau eigentlich ein Mann ist. Ich wälzte Broschüren und Bücher, suchte Rat bei Psychologen und Fachärzten. Ich wusste, dass es besser ist, erst den Weg durch die »Instanzen« zu gehen und die Geschlechtsumwandlung zu vollführen und dann mit einer neuen, der richtigen Identität in ein neues Leben zu tauchen. Ich wollte erst wieder als Frau, als Karin, nach einem Job Ausschau halten.

»Du musst zu einem Mackendoktor«, flehte mein Vater. »Da war ich bereits«, gab ich zurück. Wichtiger jedoch sei, versuchte ich zu erklären, dass sich auch sie, meine Eltern, mit ihm, dem »Mackendoktor«, unterhielten. »Ich habe Angst, euch zu verlieren«, bekräftigte ich mein Angebot, mit ihnen zu ihm zu fahren. Und schob hinterher: »Die Transformation vom Sohn, den ihr einst hattet, zu einer Tochter, die ihr künftig haben werdet, ist mein Weg. Und der ist nicht mehr aufzuhalten. Egal, was noch kommen mag.« Die Fahrt in die Stadt, wo sich der Arzt befand, war sehr gespannt. Keiner von uns sprach ein Wort, die Stimmung war verkrampft. Jeder hing seinen Gedanken hinterher und suchte nach Antworten auf so viele Fragen, für die es wahrscheinlich keine oder nur vage Antworten gibt. Eine lange, kaum enden wollende Stunde sprach der Psychologe mit meinen Eltern. Ich wartete draußen vor der Tür, voller Unruhe und Neugierde, wie sie aussehen würden, wenn sie herauskommen, welches ihre ersten Worte sein würden. Sie sagten zunächst nichts, als sich die Tür öffnete, ich blieb ebenfalls stumm. Erst später erklärten sie, dass sie mein neues Wesen zwar akzeptieren, aber nicht verstehen würden. Vermutlich würden sie nie nachvollziehen können, was mit mir passierte.

Ich habe nie erfahren, was der Arzt ihnen gesagt hat, aber ich ahne, wovon er gesprochen haben könnte: Dass Transsexualität eine Spielart der Natur sei, dass die Ursachen nach wie vor ungeklärt seien und dass es wichtig sei, Vater und Mutter stets an seiner Seite zu wissen, vor allem, wenn es schwierig wird. Er wird ihnen klar gemacht haben, dass die Selbstmordgefahr enorm steigt, wenn Betroffene der Wahrheit nicht ins Gesicht blicken oder sie verdrängten, wenn sie ihr eigentliches Geschlecht nicht akzeptierten oder sich nicht operieren lassen, obgleich alles in ihnen danach schreit, das andere, bislang verborgene Geschlecht auch nach außen zu zeigen. Mit einem Mal muss ihnen bewusst geworden sein, dass ich mein Leben lang unter meiner versteckten Identität litt, aber dass ich auch nie imstande war, ihnen etwas zu sagen. Eines Tages fragte mein Vater: »Warum hast du denn nicht früher mal was gesagt?« Meine einzige Entgegnung, die ich nicht näher zu erklären vermochte, war: »Ich konnte nicht, ich konnte einfach nicht.« Zu groß war die Scham, anders, »abartig« zu sein, zu groß die Angst vor dem, was kommt, zu groß die Furcht vor Isolation. Und: Was hätte es geändert, wenn ich mit der Wahrheit früher herausgerückt wäre?

Heute, ein Jahr nach meiner Operation, die aus meinem Männerkörper den einer Frau machte, bin ich dankbar für alles, was mit meiner Geschlechtsumwandlung zusammenhängt: Ich habe mich gefunden, mein Freundeskreis hellte sich auf, ich fand einen neuen Job. Aber das Wunderbarste ist: Mir wurden meine Eltern ein zweites Mal »geschenkt«. Ich habe sie als Tochter nicht verloren, nein, ich habe sie jetzt erst richtig bekommen. Wir haben uns getroffen und gemeinsam ein emotionales Feld betreten, wo einst nur praktische Dinge verhandelt wurden.

Als ich klein war, wohnten wir in einem Forsthaus und besaßen einen Bauernhof, der uns eine Reihe von Aufgaben aufbürdete. Kein Tag ohne Arbeit: Holz hacken und stapeln, Gemüsebeete sprengen,

Kaninchen füttern, Schweineställe ausmisten. Schien alles erledigt zu sein, fraß sich plötzlich ein Loch in den Hundezwinger oder brach das Taubenhaus auseinander. Wir waren ein Männerhaushalt, ich habe zwei große Brüder, die neun und fünf Jahre älter sind. Ich war das Nesthäkchen, stets von der Mutter umsorgt. Mein Vater war Jäger und viel unterwegs. In den Sommermonaten bekam ich ihn oft nicht zu Gesicht. Das Jagen war seine Leidenschaft, die er schließlich zum Beruf machte. Im Winter war er mir näher, wenn er sich Zeit nahm und mit mir meine Modelleisenbahnanlage aufbaute. Stundenlang verschwanden wir in meinem Zimmer und bastelten an Schienen und Weichen, stellten Bahnwärterhäuschen auf und verkabelten Schrankenanlagen. Wir tauchten ab in eine Welt, die für die anderen unerschlossen blieb. Das waren die Stunden, die nur meinem Vater und mir gehörten. In dieser Zeit »übernahm« ich eine erste Eigenschaft von ihm: ein Hobby zur Berufung werden zu lassen. Später wurde ich Lokführer.

Damals fühlten sich meine Eltern schuldig, weil sie so wenig Zeit für ihre Kinder hatten. Bei mir glichen sie ihre Schuldgefühle durch Geschenke aus. Oft fand ich ein sehr teures Eisenbahnbuch oder eine neue Lok neben meinem Frühstücksteller. Meine Brüder wurden nicht so heftig verwöhnt. Als ich zur Welt kam, verdienten meine Eltern bereits mehr Geld und konnten großzügiger sein. Jeder meiner Wünsche wurde mir erfüllt.

Vater und Mutter lebten in ihrer eigenen Welt, die ihre klaren Grenzen hatte und nicht sonderlich groß war. Vater war Waldarbeiter und Jäger, Mutter Verkäuferin. Sie gingen kaum aus und befassten sich nicht mit Dingen, die außerhalb ihrer Weltsicht lagen. So vermochten sie es nicht, mir zu zeigen, dass es noch andere Lebensformen gibt außer derjenigen, die sie mir vorführten. Erst als ich in die Lehre ging, tat sich mir ein erweiterter Horizont auf, der mir anfänglich unendlich schien. Plötzlich wusste ich, dass ich anders bin als meine Eltern, dass mich entgegengesetzte Sehnsüchte, Gedanken und Leiden treiben, dass ich nie so leben könnte wie sie. Mit meinen Eisenbahnen fuhr ich in eine neue Welt, eine, die unbegrenzt und voller Abenteuer schien, eine, so hoffte ich, in der es doch irgendwo auch einen Platz für mich geben wird. Wohin mich meine Reise führen würde, davon indes hatte ich keine Ahnung. Ich erträumte mir, die Schienen flüsterten mir eine Antwort zu.

Einige meiner Kollegen waren schwul. Ich lernte sie alle kennen, die verschiedenen Typen schwuler Männer: Da gab es den Scheinschwulen, der seine Homosexualität versteckt und trotzdem erkannt wird, egal, wie sehr er sich bemüht, einen heterosexuellen Anschein zu erwecken. Die Tucken hatten den erotischsten Hüftschwung und klimperten mit ihren künstlichen Wimpern um die Wette: Spieglein, Spieglein an der Wand, wer ist die Schönste im ganzen Land? Und dann noch der Stino, dem man auf den ersten Blick nicht ansieht, dass er Männerkörper liebt. Oft blieb ich nach meinen Fahrten im Stellwerk und trank mit ihnen stundenlang Kaffee und rauchte. Die Nähe der »Außerirdischen« suchte ich bewusst – ich wollte meinem Wesen auf den Grund gehen. Doch je stärker ich an sie heranrückte, desto deutlicher spürte ich, dass ich nicht schwul bin, dass ihre Welt nicht meine ist. Auf ein Coming out würde ich vergeblich warten. Der einzige Ausschnitt ihrer Wirklichkeit, der mich anzog, war die Tuntenszene, die das Weib im Manne zelebrierte. Doch es war nicht die Körperlichkeit, die mich interessierte, nicht der Sex, sondern das Äußere, das Verkleiden und sich Schmücken. Aber nie hätte ich gewagt, in die Szene einzutauchen und mich in ihr auszuprobieren, zu prüfen, ob ich mich in ihr aufgehoben und sicher fühle.

Auf meiner Suche nach einem Lebensideal traf ich auf einen scheinbar unlösbaren Widerspruch: So wie meine Eltern wollte ich nicht sein, nicht werden, aber niemals auch grundsätzlich »anders«, sondern einfach immer nur »normal« und unauffällig. Wie stellt man es an, gleichermaßen mit den anderen Schritt zu halten und sich von ihnen dennoch zu unterscheiden? Und wie klärt man sein Verhältnis zu seinen Eltern, von denen man sich abzugrenzen versucht und es ihnen gleichzeitig doch recht machen möchte?

Von meinen Streifzügen und meinen Seelenqualen erzählte ich meinem Vater nie etwas. Ich schloss alle meine Erlebnisse und meine Gedanken in meinem Herzen und schuf mir zwei Gefängnisse: die Arbeit und das Elternhaus. Immer öfter blieb ich länger nach Schichtschluss im Stellwerk, redete mit den anderen und trank tausend Tassen Kaffee. War ich unter Menschen, lenkte ich mich ab und musste nicht über mich nachdenken. Ich kompensierte und verdrängte und suchte nicht nach einem Freundeskreis, in dem ich Gefahr lief, mich zu »verraten«. Vor Freunden hätte ich irgendwann nicht mehr schweigen können, irgendwann wäre das Geheimnis geplatzt und ich »enttarnt«. Das Risiko erschien mir als zu groß.

Mein Elternhaus sperrte mich ein, weil ich dort erst mit 27 auszog. Als Nesthäkchen brauchte ich keine Legitimation, mir eine eigene Wohnung zu suchen. Sie ergab sich allein aus der Tatsache, dass »der Kleine« immer »der Kleine« bleiben wird, auch wenn er längst Mitte Zwanzig war. Andere Männer in dem Alter waren verheiratet und hatten Kinder, kauften sich Häuser oder wenigstens einen Garten. Ich besaß nicht mehr als meinen Job und meine Liebe zur Eisenbahn. Meinen Eltern fiel nicht auf, dass ich mich nicht um eigene vier Wände bemühte. Das Haus war groß, Platz gab es genug.

Mein Vater spielte damals eine eigenartige Rolle für mich: Er übergab mir seinen Jähzorn und seine Ungeduld. Er prägte mich stärker, als mir seinerzeit bewusst war. Blicke ich heute in sein Gesicht, sehe ich darin seinen früheren Sohn. Bastelte er am Hundezwinger und der Maschendrahtzaun löste sich immer wieder aus der Verankerung, kroch der Jähzorn in ihm hoch und er fluchte wild um sich. Schaffte ich es als Junge nicht, meine Schienen korrekt zu verbinden, flog so manches Bauteil mit Wucht durchs Zimmer. Und ich stieß Flüche aus, die den Himmel verwünschten. Jetzt als Frau spüre ich diese negativen Kräfte noch in mir, aber sie wandelten sich, sie wurden weiblicher. So formte sich aus meinem Jähzorn allmählich Zickigkeit.

In einem Punkt jedoch hätte sich Vater die größte Mühe geben können, es wäre ihm nie gelungen: Er hätte aus mir nie einen Mann machen können. Auch wenn meine weiblichen Anteile für niemanden sichtbar und nur für mich spürbar waren, sie wogen immer um ein Vielfaches stärker als meine männlichen. Auch wenn ich eine Zeit lang einen Vollbart trug und so männlich erschien, wie es nur möglich war. Ich ergriff einen männlich dominierten Beruf, heute bin ich die einzige Lokführerin weit und breit in der Region. Und mein Vater lebte mir ein Männerbild vor, dem ich nie entsprechen konnte: Er war ein strenger Mann, wenngleich ein liebevoller Vater. Er tat das, was Männer gewöhnlich tun: Er versorgte seine Familie und baute an Haus und Hof. Alle vermeintlich weiblichen Tätigkeiten überließ er meiner Mutter: Kinder, Küche, Kleinigkeiten. Vater nahm sich der »wichtigen« Sachen an. Ich trage in mir kein positives Männerbild: In meinem näheren Umfeld kann ich keinen richtigen Mann entdecken, ich sehe nur große Jungs mit Baseballmützen, die versuchen, männlich zu wirken. Und dabei nur lächerlich sind.

Ebenso wenig prägte mein Vater meine Sexualität. Sex spielte in der Ehe meiner Eltern keine vordergründige Rolle, ich entdeckte keine Erotik zwischen ihnen. Auch für mich war Sexualität von geringer Bedeutung. Meine erste intime Begegnung mit einer Frau hatte ich mit 21. Es war ein grausames und mechanisch anmutendes Gerangel, auf das ich künftig gern verzichten konnte. Ich wusste nicht, was ich tun sollte, und kam mit meinem Körper nicht zurecht. Meine Lust war begrenzt, wenngleich ich immer loslegen konnte. ER stand mir immer. Aber ich betrachtete das Ding da an mir dran und fühlte, es gehört nicht zu mir, es wird mir ewig fremd bleiben, ich kann damit nichts anfangen. Also kann es auch weg. Die wenigen sexuellen Erlebnisse – immer mit Frauen – lieferten mir den eindeutigen Beweis.

Seit mein Vater eine Tochter statt eines Sohnes hat, geht er mit mir vorsichtiger um. Vielleicht aus einer unbeholfenen Angst heraus, noch immer nicht recht zu wissen, was geschehen ist, vielleicht aber auch, weil er glaubt, Frauen anders begegnen und anfassen zu müssen: weicher und gefühlvoller. Seit ich seine Tochter bin, erschlossen wir uns Bereiche, die wir früher gegenseitig ausgespart hatten. Heute können wir unsere Gespräche als lebendigen Austausch bezeichnen, sie bergen Tiefe und eine große Ehrlichkeit, heute haben wir uns etwas zu erzählen. Früher mieden wir verbale Berührungen und wichen voreinander aus. Den Abstand zwischen uns legte in erster Linie ich fest. Ich ließ niemanden an mich heran und strahlte eine Abweisung aus, die feste Grenzen setzte: Du kannst mit mir übers Wetter reden oder über das Abendessen, aber was mich in meinem tiefsten Inneren bewegt, das wirst du nie erfahren. Es war mein Selbstschutz, der mich so agieren und reagieren ließ. Um keinen Preis wollte ich verraten, was ich fühlte und wusste. Mit meiner Offenbarung und der Operation fiel die schwere Last von mir ab, die mich umgab wie ein Panzer, so dass nichts nach außen und nichts nach innen dringen konnte. Seitdem verhalten wir uns emotionaler zueinander, als wir es in den 30 Jahren davor insgesamt getan hatten. So erzählte er mir einmal, dass er seine einzige Möglichkeit, mir in meinen Kindertagen seine Liebe zu zeigen, darin sah, mir all die Bücher und Eisenbahnen zu schenken. Nie hätte er seine Liebe in Worte und Berührungen legen können, nie wäre er fähig gewesen, über seinen Schatten zu springen. Wahrscheinlich bedurfte es eines solch gigantischen Ereignisses, um uns zu öffnen, unsere selbst gebundenen Stricke zu zerreißen und unser wahres Gesicht zu zeigen. Hätte mein Vater früher versucht, mir näher zu kommen, wäre ich schnell und heftig zurückgewichen, auch wenn ich mich selbst nach seiner Nähe sehnte. Wir waren unfähig, unsere Gefühle anzunehmen und zu beschreiben. Der Weg zur Offenheit ist steinig und gesetzlos. Wir lassen uns Zeit, unsere Pfade zu finden, aber wir weichen ihnen nicht mehr aus, auch den schwierigen nicht. Wenn wir glauben, einen verkehrten Abzweig genommen zu haben, besitzen wir die Größe, dies auch zuzugeben. Und wir stochern nicht in Wunden und bestehen nicht darauf, Recht zu haben. Unsere Bahnlinie weist in die richtige Richtung, sie führt zu uns.

In meiner Mutter fand ich eine neue Gefährtin und Verbündete. Mit ihr teile ich Erlebnisse und Gespräche, die nur Frauen untereinander begreifen und aus denen Männer ausgeschlossen sind. Meine Mutter fand auch eine Freundin in mir. Es entstehen immer wieder lustige Situationen wie jene, als wir gemeinsam in einer Raststätte auf der übervollen Damentoilette anstanden. Wir sahen uns an, lächelten uns wissend zu und mir platzte es heraus: »Früher war es für mich praktischer, heute muss ich fast immer lange warten auf dem Klo. Außerdem kostet es mehr Geld – weil ich mehr Papier verbrauche.«

Mutter und Vater bestanden darauf, mich mit dem Auto ins Krankenhaus zu fahren, in dem die Operation durchgeführt wurde. Die Stadt liegt in einem anderen Bundesland, elf Tage musste ich in der Klinik bleiben. Jeden zweiten Tag besuchten mich meine Eltern. Als ich aus dem OP geschoben wurde und noch ganz benommen war, saßen sie schon an meinem Krankenbett. Wie im Rausch nahm ich wahr, dass mein Vater sagte: »Hallo, Karin, wir sind's.« Von diesem Tag an nahm er mich als seine Tochter an. Und meine Mutter brachte ihre praktische Art ins Spiel: »Kind, von nun an musst du dich immer schön warm halten – unten rum. Frauen kriegen es so leicht mit der Blase.«

Gern würde ich ihnen erzählen, welche sexuellen Bedürfnisse ich hege. Aber dazu muss unser Vertrauensverhältnis noch wachsen. Ich darf es nicht überstrapazieren. Dass ich unter meiner Beziehungslosigkeit leide, wissen sie. Das ließ ich mir entlocken, ohne dass sie sich große Mühe geben mussten. Ich versuche, mich damit abzufinden, dass ich kein Objekt der Begierde bin, dass ich meine Erotik vermutlich nie vollständig ausleben werde. Für lesbische Frauen und heterosexuelle Männer bin ich zu männlich und für schwule Männer zu weiblich. Ich habe große Brüste, trage lange Haare und meistens Hackenschuhe. Mein Bart ist weg und ich schminke mich betont weiblich. Aber meine Stimme wird vermutlich ewig männlich-sonor klingen.

Manchmal gehe ich mit meinem Vater spazieren oder einkaufen. Im Sommer trage ich hin und wieder hochhackige Pumps und meinen Busen deutlich vor mir her. Die ersten Male fühlten wir uns beobachtet und begutachtet. So manche Hand suchte den Weg zum Mund, der dahinter verborgen leises Erstaunen und vielleicht auch Entsetzen zum Ausdruck brachte. Jedes Mal waren es schlimme Minuten – für mich und meinen Vater. Welcher Vater möchte nicht lieber ein »eindeutiges« Kind und vor allem ein »normales«? Ich verstand seine Unbehaglichkeit in jenen Momenten, aber ich konnte sie ihm nicht abnehmen wie einen Mantel, den man an der Garderobe abgibt und sich damit allen Ballasts entledigt. Seinen Mantel musste er selbst tragen. Aber ich hegte die Hoffnung, dass er ihm irgendwann nicht mehr als Ballast erschien, sondern als gewöhnliches Kleidungsstück. Ich sollte Recht behalten: Mit den Wochen und Monaten wuchs die Kraft meines Vaters, allem und jedem zu trotzen. Er wurde widerstandsfähig gegen die bohrenden Blicke. Und wie unbemerkt passierte es, dass wir selbst das Gefühl verloren für die fragenden Augenpaare auf der Straße, im Bus, im Einkaufszentrum. Dafür zolle ich meinem Vater tiefen Respekt. Und ich weiß, dass ich eine der wenigen transidenten Töchter bin, die einen Vater haben, der sich vor seine »neue« Tochter stellt. Ebenso wie meine Mutter. Die meisten Eltern sagen sich von ihren Kindern los, sobald sie erfahren, dass ihr Sohn, ihre Tochter »spinnt«. Vor allem in kleineren Städten, in denen die Ohren der Bewohner in jeder Häuserritze, auf jedem Pflasterstein, in jeder Hörmuschel hängen. Es erfordert eine enorme emotionale Leistung, einen Sohn zu gebären und dreißig Jahre später eine Tochter zu bekommen. Nach meinem »Geständnis« waren meine Eltern die Personen, die mich auf meinem Weg am intensivsten begleiteten. Ich durfte das große Glück erleben, dass Mutter und Vater die wichtigsten Menschen waren und sein werden in meinem Leben. Ihnen verdanke ich nicht nur die Akzeptanz als Frau, sondern darüber hinaus einen Sprung zur Fähigkeit, verzeihen zu können. Meine Mutter und mein Vater mögen vielleicht einige Defizite in sich tragen, aber ich verzeihe ihnen alles. Weil sie eine Leistung vollbrachten, die ihresgleichen sucht.

... und dann versuchte ich meine Träume umzubringen

*Marcel K. wurde als Kind von
seinem Stiefvater missbraucht*

»49 Mark und 50 Pfennig«, sagt der Verkäufer und bongt die Summe in die Kasse. Mit zittrigen Händen krame ich in meiner Brieftasche nach Münzen. Ich versuche, mich an meiner Geldbörse festzuhalten. Der Mann hinter dem Verkaufstresen soll nicht sehen, wie aufgeregt ich bin. Er soll weder in meinem Gesicht noch an meinen Hände ablesen können, wohin meine Gedanken fliegen, was sie mit mir anstellen, wie sie sich für das rächen, was ich viele Jahre ertragen musste. Ich zahle und befinde mich schon in Trance. Jetzt wird alles gut, wummern meine Gedanken gegen meine Schädeldecke, jetzt legst du deine Vergangenheit ab und korrigierst deine Gegenwart. Ab jetzt soll es dir gut gehen. Das erste Mal in deinem Leben.

Ich lasse die Schreckschusspistole in meine Tasche gleiten. Ich höre mich »Auf Wiedersehen« sagen und denke dabei, wie unsinnig dieser Satz ist. Ich will den Verkäufer nicht wiedersehen, ich will nie wieder in dieses Geschäft kommen, ich will nur einmal abdrücken und damit alles richten. Es ist früher Nachmittag an einem Mittwoch im November. Ein guter Tag zum Sterben. Der Asphalt glänzt, obwohl es nicht geregnet hat. Aber im November glänzt der Asphalt immer. Wegen der Feuchtigkeit, die diese Jahreszeit bestimmt. Es scheint, als könnte ich über die Straße schlittern. Aber ich tue es nicht, ich will nicht auffallen. Niemand soll mich sehen, und ich will niemanden sehen. Ich will nur endlich meine Träume umbringen. Diese Träume rauben mir nachts den Schlaf und am Tage meine Selbstbeherrschung. Manchmal muss ich kotzen, so schlecht wird mir, wenn die Träume mich einholen. Dann hänge ich über der Kloschüssel und presse mir die Seele aus dem Leib. Weil mein Magen leer ist und ich nur noch bittere, gelbe Galle huste. Ich wiege 50 Kilo und sehe aus wie mein eigener Tod. Meine Augen werden von braunen Ringen umrandet, und meine Fingerkuppen gleichen ausgefransten Kratern. Bis aufs Blut beiße ich mir die Fingernägel ab und reiße die Haut herunter. Wenn die Schmerzen unerträglich werden, entspannt sich mein Hirn. Mein Kopf wird leicht, und mein Körper krampft sich zusammen. Ich füge mir selbst Schmerz zu, um den anderen, den früheren nicht zu spüren. Mit mir befreundet zu sein ist eine Kunst. Ich lasse niemanden an mich heran, weil ich Angst habe vor Fragen, die mich wieder auf meine Träume zurückwerfen. Irgendwann aber kommen diese Fragen immer, weil sie unvermeidbar sind. Ich will sie nicht beantworten. Jetzt nicht. Erst wieder, wenn ich traumlos bin.

Ich klingle an der Tür meines Elternhauses und höre, wie kurz darauf Schritte auf der Treppe poltern. Es ist ein Einfamilienhaus am Rande einer hessischen Großstadt. Mit Vorgarten und Garage. Mit Lichterketten in den Fenstern und einem Wetterhahn auf dem Dach. Eine Gegend, in der das Bürgertum zu Hause ist, eine Gegend, die sich ihr Leben etwas kosten lässt. Dieses Leben wird mit Bewegungsmeldern gesichert und durch Rollos abgeschirmt. In dieses Leben dringt von außen nicht ein, der dort nichts zu suchen hat. Außer er verschafft sich gewaltsam Zutritt. Aber das kommt hier selten vor. Die Polizei hat schnelle Autos. Und so wenig wie sich etwas von außen den Weg nach innen bahnen kann, so wenig wird etwas nach außen gelassen, das dieses Außen nichts angeht. Meine Nachmittage als Junge gehören dazu.

Mein Vater öffnet die Tür. Er ist Professor für Kunstgeschichte an der hiesigen Universität. An zwei Nachmittagen in der Woche arbeitet er zu Hause. Ich weiß das ganz genau, es hat sich mir eingebrannt wie ein Siegel, wie eine Narbe, die unaufhörlich schmerzt. Mein Vater trägt einen seiner weinroten Westover, die ich nicht ausstehen kann. Die ich noch nie mochte. Sie verleihen ihm den Ausdruck eines lieben Opas, der keiner Fliege etwas zu Leide tun kann.

Er trägt sie, seit ich ihn kenne. Er ist der zweite Mann meiner Mutter und nicht mein leiblicher Vater. Als ich vier war, hat er meine Mutter geheiratet. Mein leiblicher Vater ist an Krebs gestorben. Die beiden Männer waren wohl auch befreundet. Nun steht der Mann, der mein Vater wurde, da, direkt vor mir, mit seinem weinroten Westover, auf dem sich ein Zopfmuster schlängelt. »Nanu, seltener Besuch«, sagt er, und in seinen Augen funkelt es. Ich sehe ihm an, dass er nicht weiß, warum ich da bin, und warum so plötzlich und ausgerechnet an einem Nachmittag. Seit Jahren war ich nicht hier. Und schon gar, wenn mich nur das Haus und der Mann erwarteten. Diese Dreierkonfiguration – das Haus, der Mann und ich – birgt ein besonderes Geheimnis. Früher suchte der Mann die einsamen Stunden mit mir in diesem Haus. Heute könnten sie ihm Angst machen. Weil er das Geheimnis mitträgt, weil er weiß, was ich weiß. »Komm doch rein«, spricht er weiter, doch ich bewege mich nicht vom Fleck. Wie angewurzelt stehe ich da und versuche mich zu erinnern, warum ich hier stehe. Sein Gesicht, sein Körper, der weinrote Westover, seine Stimme machen, dass ich plötzlich nichts mehr weiß, dass mein Gedächtnis wie ausgelöscht ist. Erst als er seine Aufforderung wiederholt, erinnere ich mich meines Plans. Ich löse meinen Blick von seinem Gesicht, greife in meine Tasche und ziehe die Waffe hervor. Meine Hand zittert so stark, dass ich die Pistole fast fallen lasse. Er schaut mich erschrocken an und scheint so irritiert, dass dieser Blick, diese Angst, die daraus spricht, mir als Genugtuung hätten genügen können. Doch ich habe meinen Plan, und ich will meinen Plan in die Tat umsetzen. Um endlich Frieden zu finden. Ich ziele, drücke ab, ein Schuss kracht. Ein Geschoss, ein Feuerwerksgeschoss, schlägt auf seinem Bauch auf. Der Mann krümmt sich zusammen und hält seine Hände vor seinen Bauch. Er versucht zu schreien, aber es gelingt ihm nicht. Es dauert nur wenige Minuten, bis sich die Nachbarschaft fast vollständig versammelt. Kurz darauf fahren ein Krankenwagen und die Polizei vor.

Auf dem Revier werde ich zunächst in eine Zelle gesperrt. Wie lange ich darin bin, dafür habe ich kein Zeitgefühl. Es können Minuten, aber auch Tage sein. Ich befinde mich in einem zeitlosen

Raum. Alles um mich herum hört auf zu existieren. Bis ich das Bewusstsein verliere.

Ich erwache, als mir jemand auf die Wange schlägt. Es ist ein Arzt. Das erkenne ich an seinem weißen Kittel. »Wo bin ich? Was ist los?« höre ich jemanden fragen. Bis ich begreife, dass es meine Stimme ist, die spricht. Tonlos und etwas heiser. »Sie sind im Krankenhaus der Justizvollzugsanstalt«, erwidert der Arzt. »Sie wurden hier eingeliefert, weil sie in ihrer Zelle zusammengebrochen sind. Sie haben versucht, einen Mann zu töten.« Langsam bauen sich die Bilder der vergangenen Stunden auf, langsam beginne ich zu begreifen. Und langsam löst sich die Verkrampfung, die meinen Magen und meine Gedärme schmerzhaft zusammendrückt. Ja, ich habe versucht, meinen Vater zu erschießen. Warum? Das will ich erklären. Ich muss es tun, nicht um mich rein zu waschen – zu meiner Schuld will ich stehen –, nein, um dem Albtraum ein Ende zu bereiten.

Diese Episode erzähle ich in der Gegenwart, weil sie für mich so präsent ist wie damals vor fünf Jahren, als ich mit der Schreckschusspistole loszog, um mir mein Leben wiederzuholen. Von meinem Vater, der nicht mein Vater war und es nie geworden wäre. Dazu hat er sich zu sehr verstrickt in seine eigenen abtrünnigen Gedanken und Handlungen. Diese Episode schob meine Träume ein Stückchen beiseite, weil sie mich ein wenig von meinem Schmerz befreite. Eine Zeit lang machten sich beide Konkurrenz: meine Träume und die Erinnerung an meinen Schuss. Ich hoffe, dass die Erinnerung siegen wird, dass sie meine Träume verdrängt. Vollständig wird ihr das nicht gelingen, ein Finale wird die Geschichte nie finden.

Mehrere Monate befand ich mich in Untersuchungshaft. Zunächst lag ich einige Wochen in einer psychiatrischen Klinik und bekam zahlreiche Cocktails aus Beruhigungsmitteln und Psychopharmaka verabreicht. Jeden Tag besuchte mich ein Psychologe, der herausfinden sollte, was mit mir los ist. Nur bruchstückhaft konnte ich reden. Damit konnte die Polizei wenig anfangen. Irgendwann fühlte ich mich stark genug, um selbst nach einer Therapie zu fragen. Zeitgleich begannen die Untersuchungen und Befragungen der

Polizei. Es waren nicht viele Verhöre, weil der Tatbestand eindeutig war: Ich habe auf meinen Vater geschossen, ich habe versucht, meinen Vater zu töten. Ich stritt die Tat nicht ab. Bis dahin war für die Polizei alles klar und leicht. Dann kam die Frage nach dem Motiv. Das konnte ich der Polizei zunächst nicht liefern. Doch sie wollte es von mir hören. Da waren die Beamten unerbittlich. Im Beisein meines Therapeuten machte ich meine Aussage, die nicht nur meine Verurteilung nach sich zog, sondern auch die meines Vaters. Das erste Mal in meinem Leben sprach ich über meine Kindheit. Ich wurde verurteilt wegen versuchten Mordes an meinem Stiefvater, er wegen sexuellen Missbrauchs in über hundert Fällen an seinem Stiefsohn. Ich bekam zwei Jahre und acht Monate, davon ein Jahr und sechs Monate auf Bewährung. Das Strafmaß für mich wurde abgemildert, weil mir verminderte Schuldfähigkeit nachgewiesen wurde und ich nicht in vollem Bewusstsein gehandelt habe. Zugute kam mir auch, dass ich mit einer Schreckschusspistole für Feuerwerkskörper schoss. Als ich wie in geistiger Umnachtung die Waffe kaufte, griff ich nach dem billigsten Modell. Und mit einer Schreckschusswaffe kann man keinen Menschen töten. Mein Stiefvater sitzt heute noch im Gefängnis. Ich befinde mich seitdem in Dauertherapie.

Die Therapie hilft mir, mich zurechtzufinden. Stück für Stück entdecke ich das Leben für mich, allmählich lerne ich zu entspannen, mich zu spüren. Von Genuss jedoch bin ich noch meilenweit entfernt. Aber ich wiege heute sieben Kilo mehr als früher. Sehr dünn bin ich aber immer noch. Ich habe aufgehört zu rauchen und zu trinken. Ebenfalls durch eine Therapie. Allein hätte ich das nie geschafft.

Der Mann, der mein Leben zerstörte, ist Kunsthistoriker. Eigentlich ein Beruf, eine intellektuelle Sphäre, in der so etwas – möchte man meinen – nicht vorkommt.

Von einem Professor erwartet man keine Straftaten, sondern eine hohe Moral, ein Verhalten, das übernatürlich ist. Doch jeder Mensch, auch ein Professor, ist nur eine kleine Kreatur, die zu allem fähig sein kann. Meine Geschichte hat mir den Glauben an das Gute im Menschen geraubt.

Ich erinnere mich nicht daran, wie alles begann. Diesen Teil meiner Geschichte hat mein Hirn verbrannt. Aber ich spüre noch heute seine Hände, seine Zunge, sein Glied. Immer wenn Mutter nicht zu Haus war, bettelte er um Körperlichkeiten. Ja, er bettelte. Er kam in mein Zimmer, das in der zweiten Etage unseres Hauses lag. Als ich klein war, nahm er mich auf seinen Schoß und streichelte mich. Später griff er in meine Unterhose und spielte an mir herum. Ich war noch zu klein und wusste nicht, was das bedeutete. Ich spürte nichts, keine Erregung, kein Lustgefühl, nur unangenehm war es. Später drückte er meinen Hintern in seinen Schoß und schob mich hin und her. Einmal, als es mir zu lange dauerte und ich wieder spielen wollte, versuchte ich aufzustehen. Aber er ließ mich nicht los und packte meine Arme fester, als ich weglaufen wollte. Und dann sagte er den Satz, den wahrscheinlich alle Kinder mit einer ähnlichen Biographie zu hören bekommen: »Das ist unser Geheimnis. Das darfst du nicht der Mama erzählen.« Meine Geschichte ist klassisch zu nennen. Sie unterscheidet sich von anderen Missbrauchsbiographien lediglich durch die persönlichen Besonderheiten. Der Mann hat mir nicht nur mein Leben geraubt, sondern auch meine Individualität genommen. Ich muss sie Stück für Stück wiederfinden.

Als ich älter und geschlechtsreif war, ergötzte er sich an meinem steifen Glied. Er begrapschte es, rüttelte daran herum und masturbierte mich. Manchmal betatschte er mich und sich gleichzeitig. Obwohl ich Samenergüsse hatte, erlebte ich sie nicht. Ich empfand keine Lust, keinen Spaß, nur Ekel. Ich zählte die Sekunden, bis es vorbei war. Und starrte dabei, wenn er sich in mein Zimmer schlich, auf das Plakat der damaligen Fußballnationalmannschaft, das an meiner Wand klebte. Noch heute könnte ich es aus dem Kopf zeichnen. Jedes Merkmal jedes einzelnen Spielers prägte sich mir ein wie eine auswendig gelernte Vokabel. Manchmal überraschte er mich in der Küche oder im Bad. Die Fliesen dort hinterließen keine Spuren. Er putzte sie sauber und wischte jeden Tatbestand fort.

Meine Mutter bemerkte nichts. Sie blieb ahnungslos bis zum Schluss. Selbst als ich als Pubertierender tagelang nicht nach Hause kam, fragte sie nicht nach den Ursachen, sondern überschüttete mich mit Vorwürfen und strafte. Ihr kam es nie in den Sinn, dass mit ihrem Mann irgendetwas nicht stimmen, dass er sich an ihrem Sohn vergehen und dadurch auch ihr Leben zerstören könnte. Missbrauch passte nicht in ihre bürgerlich geordnete Welt, in der alles seinen Platz hatte. Ihr Mann war Professor, ein Mann zum Vorzeigen und Präsentieren, ein Mann mit Vermögen und Status. Das brauchte meine Mutter damals, das machte ihn interessant für sie. Mein leiblicher Vater war ebenfalls Akademiker, Ingenieur, aber kein Professor. Ich glaube, er war der Mann, den sie einst liebte, der andere, der zweite, den sie später brauchte, um sich sozial abzusichern. Ohne eine erneute Heirat hätte sie ihren Lebensstandard nicht halten können: Haus, Garten, Auto. Sie arbeitete nicht und hätte es vermutlich nur ungern getan. Ihre zweite Ehe basierte auf einem ökonomischen Vertrag: Er sicherte sie ab, dafür sorgte sie für seinen bürgerlichen Status, zu dem für einen Professor damals eine Gattin gehörte. Das Ehebett habe einem Kühlschrank geglichen, hörte ich während der Verhandlung. Schwul sei er aber nicht, beschwor mein Stiefvater im Gericht.

Warum nahm er sich keine Geliebte, warum ging er nicht in den Puff, warum musste es ein hilfloser Junge sein, fragte ich mich später immer und immer wieder. Das fragte auch der Richter. Auf diese Frage zuckte der Mann nur mit den Schultern, sein Mund blieb verschlossen. Ich fand meine eigene Erklärung: Er hätte gesehen werden können. Ob im Puff oder mit einer Geliebten. Beide Möglichkeiten bargen einen zu großen Unsicherheitsfaktor, ein Risiko wollte er in seiner Stellung nicht eingehen. Der Sohn seiner Frau zu Hause bot alle Sicherheiten, die er für sein Tun brauchte. Der Sohn war verfügbar, ohne große Umstände und ohne jedes Risiko. Niemand schaute zu, niemand hörte zu, niemand verriet ihn.

Das Verhältnis zu meiner Mutter zerbrach, weil sie meine Hilferufe nicht wahrnahm, sondern ihrem Mann beistand. Nicht vordergründig, da sie ja ahnungslos war. Es war, als hatte sie Scheuklappen angelegt. Ihr Interesse galt der Ordnung und Ruhe im Haus. Ihr Leben sollte bleiben, wie es war. Und ist jetzt mehr denn je kaputt. Heute hat sie niemanden mehr: keinen Mann, keinen Sohn, keine Freunde. Ihre Freundinnen wendeten sich von ihr ab, als das

Marcel K., 33

Unfassbare ans Tageslicht kam. Hätte sie damals nur einziges Mal zugehört, hätte sie ihren Sohn erkannt, hätte sie nicht an die Allmacht der vermeintlichen Intelligenz geglaubt – sie hätte den Lauf der Dinge beeinflussen können. Sie hätte ihn nicht retuschieren, nicht rückgängig machen, aber verkürzen und damit nicht nur mein, sondern auch ihr Leben retten können. Aber sie hat nicht ein einziges Mal das Schreckliche in ihre Gedanken aufgenommen.

Ich habe keine Familie, keine Mutter, einen Vater sowieso nicht. Wären da nicht Freunde und Bekannte, ich wäre allein. Einsam fühle ich mich ohnehin, immer wieder. Niemand kann den Schmerz lindern, niemand vermag ihn wegzuzaubern. Auch die besten Freunde ersetzen nicht Mutter und ersetzen nicht Vater. Ich wünsche mir nichts sehnlicher als eine Familie. Doch ich fühle mich unfähig, eine Familie zu halten. Eine Familie stellt Forderungen, hegt Wünsche, Erwartungen und Hoffnungen. Manchmal fühle ich mich stark genug, Erwartungen zu erfüllen, dann wiederum versinke ich in mir selbst und zweifle an allem und jedem. Vor allem an mir. Dann traue ich mich niemandem zu, dann stehe ich mir selbst im Wege. Bislang gelang es mir nicht, eine längere Beziehung aufzubauen. Solange sich mir eine Frau ohne Körperkontakt nähert, verfüge ich über ausreichend Abwehrkräfte, bin ich ihr und dem, was kommt, gewachsen. Doch sobald sie Berührungen einfordert, sobald sie von meinem Körper Besitz zu ergreifen sucht, versteift sich mein Leib und reagiert nicht mehr. Dann fliehe ich, und die Frau weiß nicht, warum. Sie fragt sich, was sie falsch gemacht hat, und findet doch keine Anwort. Sie bleibt ahnungslos, bis ich ihr erzähle, was tief in mir verborgen ist. Nur drei Frauen habe ich mich bisher geöffnet, mit zwei von ihnen wagte ich den Versuch einer Beziehung. Doch jedes Mal krachte ich an eine Mauer aus Unverständnis und Verzweiflung. Die Frauen versuchten mich zu begreifen, sie gaben alles, was sie hatten – und schafften doch nicht, mich über meine Grenzen zu tragen. Heute weiß ich, dass es allein meine Aufgabe ist, mit meiner Biographie zurecht zu kommen. Doch es geht nicht ohne das Wissen, ohne das Verständnis der anderen Seite. Wer mit mir umgeht, braucht große Geduld und jede Menge Einfühlungsvermögen.

Als Kind und als Jugendlicher malte ich, um über mein Leiden hinwegzukommen. Um ausdrücken zu können, was ich verbal nicht wagte und was mir auch nicht gelungen wäre. Dann begann ich Malerei zu studieren. Dort fiel ich mit meinen »Macken« nicht auf. Künstler dürfen alles und können sein, wie sie wollen. Das gehört zu ihrer künstlerischen Freiheit. In mein Studium hinein fiel meine Tat. Damit besiegelte ich mein Studienende. Jetzt gelte ich als vorbestraft. Meine Kommilitonen sah ich nie wieder. Nach dem Knast und einer ersten intensiven Therapie in Freiheit begann ich eine Umschulung zum Grafiker. Heute arbeite ich in einer Werbeagentur als freier Mitarbeiter. Die Agentur mag meine Entwürfe und meine Animationen. Weil sie mich braucht, lässt sie mir die Freiheiten, die ich mir erbeten hatte: Ich kann kommen und gehen, wann ich will. Das ist wichtig für mich, denn manchmal sitze ich am Computer, und mit einem Mal springt mich eine Erinnerung an. Dann kann ich nicht weiter arbeiten, sondern muss allein sein. Meist arbeite ich nachts. Weil ich nachts oft nicht schlafen kann. Die Dunkelheit macht mir Angst. Ist jemand bei mir und »beschützt« mich, geht es besser. Aber ich ertrage so selten jemanden an meiner Seite, besonders nachts. Ich ertrage es nicht, jemanden neben mir schlafen zu sehen, nur ich stapfe durch die Nacht und quäle mich selbst. Sinke ich in den frühen Morgenstunden in eine hoffentlich traumlose Mattigkeit, erhole ich mich etwas und kann wenige Stunden später arbeiten. Dann entstehen meine besten Entwürfe und meine sinnlichsten Bilder. Herbert Feuerstein sagte einmal: »Wer gesund und glücklich ist, geht zur Müllabfuhr. Wer gepeinigt und gequält wird – der ist auf dem besten Weg zum Nobelpreis.«

Im Sommer geht es mir besser, die Sonne zeigt therapeutische Wirkung. Im Winter überfallen mich Depression und Selbstmordgedanken. Zwei Versuche, mir das Leben zu nehmen, liegen hinter mir. Einmal schnitt ich mir die Pulsadern auf, ein anderes Mal schluckte ich Tabletten. Jedes Mal fanden mich Freunde.

Meine »Anfälle« kommen in Schüben. Vor meiner Dauertherapie bestand mein Dasein aus einer einzigen Depression. Heute gelingt es mir ab und zu, das Leben zu sehen und anzunehmen. Und

Marcel K., 33

ich glaube fest daran, dass die Abstände zwischen den Schüben bald länger werden. Manchmal erscheint mir im Schlaf meine Mutter. Ich sehe, wie sie ins Haus kommt und mir ein Geschenk mitbringt: mal einen Drachen, ein anderes Mal ein Buch oder Farben und Papier. Sie streicht mir liebevoll über den Kopf und macht mit dieser Geste alles klar: Sie liebt mich und sie versteht mich. Etwas anderes gibt es nicht zwischen uns. Mein Therapeut nennt diese Bilder posttraumatische Symptome. Missbrauchsopfer, so sagt er, reagieren wie Kriegsopfer: Sie trennen Körper und Empfinden, beides existiert für sie nicht gemeinsam. Sie tun das, um die Schmerzen, die sie ein Leben lang begleiten werden, aushalten zu können. Sie verdrängen damit unbewusst die erlebten Grausamkeiten.

Heute bin ich 33. Der Schritt vom falschen Leben ins richtige liegt fünf Jahre zurück. Ich teile meine Jahre in wahre und unwahre, obgleich die unwahren Jahre immer präsent sein werden. Sie bestimmen alles, was ich tue, was ich denke, sehe und fühle. Sie beeinflussen meinen Sinn für Farben, Töne und Formen. Sie haben Gewalt über mich, mal mehr, mal weniger. Ich hoffe, eines Tages frei sein und irgendwann auch mal meine Seele baumeln lassen zu können. Und doch bin ich stolz auf mich und froh, überhaupt an dieser Stelle meines Lebens zu stehen, ganz gleich, welche Einschränkungen mein Leben zurechtweisen. Es hätte auch anders kommen können: Ich wäre nie in den Laden gegangen, hätte nie eine Schreckschusspistole gekauft, hätte nie auf meinen Peiniger gezielt. Erst während der Vernehmungen und vor Gericht besaß ich die Kraft, mein Innerstes nach außen zu kehren, zu erzählen, was einst passierte. Meine Mutter stritt zunächst alles ab, offenbar aus schierem Unglauben heraus. Hätte der Schmerz damals nicht so tief gesessen, wäre ich nicht so verzweifelt gewesen, dass ich diesen Schritt gehen konnte, ich würde vielleicht nicht mehr leben. Einer der Suizidversuche hätte sicher irgendwann geklappt. Dann hätte niemand die Wahrheit erfahren. Nie. Oder ich hätte mich verstümmelt, und alle hätten mich für verrückt erklärt.

Wenn die Erinnerungen zu qualvoll wurden, ging ich oft in den Park und sammelte spitze Steine. Die klopfte ich mir auf die Fingerkuppen und Knöchel, bis es krachte. Einmal stieg ich mitten im

Winter in einen Teich. Es hatte sich gerade eine hauchdünne Eisdecke gebildet. Ich zog meine Schuhe und Strümpfe aus und stellte mich ans Ufer. Passanten, die vorbeikamen, blieben stehen und schauten fragend. Vielleicht dachten sie, ich wolle mir das Leben nehmen. Weil die Leute nicht gingen, ging ich.

Mein Therapeut riet mir, eine Beratungsgruppe speziell für sexuellen Missbrauch zu besuchen. Davor jedoch scheue ich zurück. Die Stunden mit dem Arzt sind gut und genügen mir. Der Therapeut nimmt mir nach und nach sogar den Hass auf meinen Stiefvater. Hass ist keine Grundlage, wenn man gesund werden will. Auch wenn Hass in einigen Situationen produktiv sein kann, auf die Dauer zerstört er, Hass baut nicht auf.

Ein wenig habe ich über sexuellen Missbrauch gelesen. Daher weiß ich, dass wesentlich mehr Mädchen als Jungen missbraucht werden. Ich möchte nicht in eine Gruppe gehen, in der ich zwischen lauter Frauen sitze. Ich käme mir vor wie am falschen Platz. Ich möchte auch nicht mit Frauen, die ich nicht kenne, über meine Vergangenheit reden. Aber auch nicht mit einem Mann. Außer mit meinem Therapeuten. Männern gegenüber bin ich skeptisch. Ich beobachte sie sehr genau, bevor ich mich mit ihnen einlasse. Anfassen darf mich keiner. Nicht einmal an der Schulter berühren. Nicht einmal meine Freunde. Da sie um meine Geschichte wissen, vermeiden sie Körperkontakte. Manchmal passiert es zufällig, dass mich einer umarmt, weil sich alle umarmen und derjenige in diesem Moment vergisst, dass ich auf körperlichen Abstand beharre. Er bemerkt seinen Fehler gleich, weil ich steif werde und schweige.

Mit einem Freund übte ich Berührungen. Aber die Übungen erreichten das Gegenteil ihrer ursprünglichen Ziele: Ich zog mich nach innen und fühlte mich um Lichtjahre zurückgeworfen. Ich gehe nicht in die Sauna und nicht ins Schwimmbad. Mit nackten Männern zusammen zu sein, nackte Männer einfach nur zu sehen, bereitet mir unsägliche Mühe. Ich bekomme Beklemmungen, die Luft schnürt sich mir ab, ich fühle mich eingesperrt. Meine Augen huschen wie wirr hin und her. Würde ich sie schließen, sähe ich all die Männer auf mich zukommen und nach mir greifen. Dann bleibt mir nur eines: schreien. Im Schwimmbad oder in der Sauna würde niemand begreifen, warum ich schreie. Vor solchen Ereignissen muss ich mich schützen. Und vor mir selbst. Mein Weg ist weit und steinig. Aber am Ende, das weiß ich, werde ich belohnt.

Lehrers Kinder, Pfarrers Vieh ...

*Falk R. fand als Sohn eines Schuldirektors
erst mit 30 Jahren sein eigenes Leben*

Meine Schwester war 16 Jahre alt, da musste sie in der Schule einen Aufsatz schreiben mit dem Titel »Darstellung meiner Entwicklung«. Sie beschrieb sich, wie es von ihr verlangt war, zeichnete aber zusätzlich von unserem Vater ein Bild, das ihm noch Wochen später schwer im Magen lag: Vater, der Tyrann. So hatte er sich selbst nie gesehen. Wer würde schon von sich behaupten, er sei nicht zu genießen und terrorisiere seine Familie? Der Spiegel, den er sich vorhielt, zeigte ihm offensichtlich nicht die Fratze, die meine Schwester sah, sondern einen Mann, der das Gegenteil eines Despoten und Gebieters verkörperte. Die Worte meiner Schwester hatten schwere Folgen: Ihre Deutschlehrerin kam zu uns nach Hause und redete lange mit meinem Vater und ihr hinter verschlossenen Türen. Das hatte nur einen Grund: Mein Vater war der Direktor der Schule meiner Schwester. Und als dieser durfte er es sich nicht leisten, von seiner eigenen Tochter »diffamiert« und der Lächerlichkeit preisgegeben zu werden. Es war eine Erweiterte Oberschule, heute Gymnasium. Nach einigen Tagen entspannte sich die Familienstimmung. Und irgendwann stahl sich das Ereignis unbemerkt aus unseren Gesprächen. Bis ich in das gleiche Alter kam und vor derselben Aufgabe stand.

Den Aufsatz meiner Schwester hatte ich längst vergessen, aber die Einsicht in das Wesen meines Vater, die er mir erlaubte, unterschied sich kaum von der, die meine Schwester drei Jahre zuvor der Öffentlichkeit aushändigte: die eines allmächtigen und unterdrückenden Mannes. Mein Vater hatte alles und jeden in seiner Gewalt – meine Mutter, meine Schwester, mich. Er gab den Ton an und sorgte dafür, dass getan wurde, was er anordnete. Mitunter glich mein Elternhaus einem strengen Regime, in dem Gehorsam die einzige Möglichkeit war, sich in ihm zu bewegen. Jegliche Lebensfreude und Lebendigkeit begrub das Regime, Impulsivität, Schwunghaftigkeit und Farbe verbot es.

Als Kind war ich sehr neugierig, schon immer wollte ich hinter die Dinge blicken, sie erkennen und erspüren, für mich erfahrbar machen. Waren die Dinge ungreifbar, weil sie Abstrakta waren, musste ich meine Suche nach ihrem Kern auf später verschieben. Boten sie mir aber den Versuch, in sie hineinzuschauen, nutzte ich die Chance – so baute ich einmal ein Radio auseinander. Irgendwie muss so ein Gerät, das Musik und Hörspiele in sich trägt, doch funktionieren, fragte ich mich. Irgendwoher müssen die Töne und Stimmen doch kommen? Welche Teile sind dafür verantwortlich, dass mein Ohr etwas aufnimmt, was sich nicht neben mir abspielt? Ich zerlegte das Radio, das damals in den Siebzigern eine teure Anschaffung war, sorgfältig in alle Einzelteile. Obwohl ich mir einprägen wollte, in welcher Reihenfolge ich die Schrauben, Muttern, Platten, Röhren und Leitungen aus dem ominösen Holzgehäuse herausdrehte, und sogar eine dilettantische Zeichnung anfertigte, blieben immer einige Teile übrig, nachdem ich das Radio mehrmals auseinander- und wieder zusammengeschraubt hatte. Ich verglich die Teile mit meiner Zeichnung und meinem Gedächtnis und schraubte den Kasten immer wieder auf und zu. Fand ich für ein Teil einen Platz, blieb dafür ein anderes übrig. Je öfter ich am Radio operierte, desto chaotischer sah sein Innenleben aus. Und desto unruhiger wurde ich. Um alle Schuld von mir zu weisen, stellte ich das Radio an seinen gewohnten Platz zurück und versenkte die »unbrauchbaren« Werkstücke im Mülleimer. Mein Vater drehte einige Male an den wenigen Knöpfen herum und blickte mich mit strengen Augen an: »Warst du das?« Noch Tage später spürte ich die Kraft seiner Hände, die meine Neugier straften.

Mein Vater lebte in einer Welt der Zwanghaftigkeit und Selbsttäuschung. Sein Leben bestand aus einer einzigen Eingebung: Arbeit. Kurz nach dem Krieg wurde er Neulehrer und arbeitete sich rasch hoch. Er trat in die SED ein, übernahm einige Parteiämter und funktionierte. Der Mittelpunkt seines Lebens war die Schule. Von morgens bis abends trieb er sich in ihr herum, zu Hause tauchte er erst auf, wenn der Tag bewältigt war. Ein Lehrer, der in keinen anderen Kategorien denkt als in den schulischen, heiratet nur einen Typ Frau: eine Lehrerin. Meine Schwester und ich sind die Kinder, von denen landläufig behauptet wird: Lehrers Kinder, Pfarrers Vieh gedeihen selten oder nie.

So wie mein Vater schuftete auch meine Mutter viel. Keiner von beiden fand genügend Zeit für die Kinder. Unsere Großmutter kümmerte sich um uns, wenn wir aus der Schule kamen. Sie kochte für uns und spielte mit uns und achtete darauf, dass wir unsere Hausaufgaben erledigten. Wäre unsere Oma nicht gewesen, wären wir womöglich uns selbst überlassen geblieben. Unsere Eltern strebten einem Ziel entgegen: Ihre Kinder sollten so früh wie möglich selbstständig werden. Damit sie noch mehr Zeit in der Schule verbringen konnten und um ihnen das schlechte Gewissen zu nehmen.

Den Maßstab, den mein Vater an sich und seine Arbeit legte, setzte er bei uns mit einer stoischen Selbstverständlichkeit voraus: Lehrers Kinder hatten ebenso zu funktionieren wie die Eltern, sie hatten nicht aus der Reihe zu tanzen, sondern stets das Beste zu bieten. In der Schule durften wir nie laut sein und mussten stets das sagen, was andere Lehrer von uns hören wollten, wir mussten viel lernen, um besser zu sein als andere Kinder. Wir mussten immer ein Stück voraus sein, um Vaters Stellung und seinen Ruf nicht zu gefährden. Vor allem seinen Ruf. Irgendeine Stimme redete ihm ein, dass er und damit auch seine Kinder Vorbild zu sein hatten. Schließlich sah er in seiner Arbeit den hohen Berg, dessen Gipfel erklommen war, wenn er wieder einen Schüler zur sozialistischen Persönlichkeit erzogen hatte. Darin verfugte sich seine Weltsicht, dahin strebte er täglich. Seine Glaubwürdigkeit maß sich auch an seinen Kindern: Solange sie ihre Rolle als »sozialistische Persönlichkeiten« hervorragend aufs Parkett legten, solange blieb ihr Vater der öffentliche Meister. Versagten sie, hatte er versagt.

Mit einem seltsamen Automatismus legte sich Strenge in seine Stimme und sein Verhalten, sobald er davon erfuhr, dass wir seinen Regeln nicht folgten. Er wurde zum Tier, das jede gefühlvolle Regung in seinem Herzen tot biss, wenn wir die Nachbarn nicht grüßten oder mit dem Fahrrad zu flink an ihnen vorbeisausten. Sie beobachteten uns mit Argusaugen und werteten jede Entgleisung untereinander aus. Es dauerte nur wenige Minuten, und unser Vater erfuhr davon. Jeder Aburteilung folgte die monotone Gehirnwäsche: »Seid freundlich zu den Nachbarn, grüßt jeden, dem ihr über den Weg lauft, seid anständig und fallt nicht auf. Ihr seid Kinder eines Direktors, als diese dürft ihr bestimmte Dinge nicht tun und habt Vorbild zu sein. Macht eurem Vater keine Schande!« Wir bezogen Prügel, widersetzten wir uns seinem Verbot, Westfernsehen zu schauen. Erst schalteten wir heimlich den Fernseher ein und verbargen unser Geheimnis streng. Irgendwann ließ es sich aber nicht mehr verheimlichen und Vaters Erziehung glitt ab in Maßnahmen, die er in der Schule sicher verbal abgelehnt hätte. Er verhielt sich wie die Katze, die sich in den Schwanz beißt. Der Grund für seine Attacken war ebenso lächerlich wie armselig: Aus Angst, wir könnten in der Schule erzählen, dass wir den »Feindsender« kennen, fiel ihm keine andere Strafe ein als Schläge.

Doch Vaters Gehirnwäsche und sein Absolutismus zeigten Wirkung: Eltern müssen so sein, glaubte ich, Eltern setzen Grenzen, Eltern haben immer Recht. Kinder müssen sich an ihren Eltern abarbeiten und immer an ihnen scheitern. Den Hass, den ich gegen meinen Vater entwickelte, addierte ich zu den zahlreichen Naturgesetzen, die ich beherrsche wie das kleine und große Einmaleins. Alles ist normal, nichts ist ungewöhnlich, meinte ich.

Solange ich klein war, zuckte ich unter meinem Vater zusammen. Er beherrschte mich und hatte mich unter Kontrolle. Für ihn schien es folgerichtig zu sein, dass Kinder vor ihren Eltern erschaudern und zusammenschrecken, seine Erziehungsmethoden glichen der Zwanghaftigkeit, die er sich selbst auferlegte, und sie entbehrten jeglicher Leichtigkeit. Sein Leben sah er als Kampf, selbst lustigen Situationen rang er stets eine kämpferische Seite ab. Als er an meinem Aufsatz erkannte, dass ihm das Ruder allmählich aus den Händen glitt, fühlte er sich einerseits unter Druck, nicht nur in der Schule bestehen zu müssen, sondern fortan auch noch seine Familie in Schach zu halten. Andererseits fühlte er sich missverstanden von denjenigen, die ihm, wie er glaubte, am nächsten standen, die er am intensivsten erlebte, denen er sein Dasein schenkte, für die er arbeitete. Die Einschätzung, die erst meine Schwester und später ich über ihn trafen, widersprach seiner Optik völlig.

Ebenso wie uns beherrschte er meine Mutter. Sie trug eine leichte, freudvolle und genussträchtige Seite in sich. Zunächst unterdrückte sie sie selbst, später, als sie zunehmend unter meinem Vater litt, versuchte sie einige Male vergeblich, ihr Unglücklichsein zu kompensieren, indem sie tief in ihrer Seele nach ihrem verdrängten Wesen kramte. Doch sie kam nicht mal bis auf den Grund, da stand mein Vater schon vor ihr und war wieder das Tier, das jegliche menschliche Regung tötete. In seiner unbegründeten Eifersucht wurde er rabiat und drängte meine Mutter in eine Ecke, in der ihr nichts anderes übrig blieb, als kampflos aufzugeben. Oder es hätte sie den Rest Gutwillen ihrer Ehe gekostet.

Für sein Lehrer- und Parteidasein opferte Vater seine Familie. Die wenigen Brocken Elternliebe, die wir bekommen konnten, holten wir uns bei unserer Mutter. Niemals, schwor ich mir, niemals wirst du so wie dein Vater. Wie ein eisernes Gesetz erlegte ich mir diesen Vorsatz auf. Aber wie so oft im Leben wich ich schon mit meinen ersten selbstständigen Schritten von meinem Vorhaben ab. Aber diese »Schwäche« ist Ursache und Wirkung gleichermaßen: Mein Elternhaus nahm vorweg, was ich als erwachsener Mann wie als Déjà-vu erlebte. Ich richtete mich nach den Geboten meines Vaters und tat das, was er von mir verlangte – und wurde Berufsoffizier. Erneut ordnete ich mich unter und verdrängte meine authentischen Gefühle. Auf diese Weise prägte mein Vater die ersten dreißig Jahre meines Lebens stärker, als mir lieb ist. Er gab meine Biographie vor, jedoch zu gleichen Teilen wissend und unschuldig, wie mir später klar wurde.

Damals war sein Einfluss auf mein Denken so gewaltig, dass ich ehrlichen Herzens glaubte, nichts anderes werden zu wollen als Berufsoffizier. Als Direktor einer EOS musste mein Vater alljährlich zahlreiche Gespräche mit Eltern von Jungen führen, um sie davon zu überzeugen, eine berufliche Laufbahn bei der Armee einzuschlagen. Jede Schule musste ein bestimmtes Soll erbringen an so genannten Jungkadern. Dieses Los ging auch an meinem Vater nicht vorbei. Und da der Sohn ohnehin immer Vorbild für andere Schüler und Eltern war, warum nicht auch an dieser Stelle? Für meinen Vater gab es nie einen Zweifel, dass ich jemals einen anderen Weg als den vorgegebenen einschlagen könnte. Seine Wünsche hatte ich verinnerlicht wie meine eigenen, seine Ideen als meine akzeptiert. Ich freute mich sogar auf die Zeit bei der Armee. Aus einem einfachen, vielleicht naiven Grunde: Als Schüler war ich Amateurfunker bei der GST, der Gesellschaft für Sport und Technik. Der Verein öffnete mir ein kleines Tor zur großen weiten Welt, die allen anderen im Osten verschlossen blieb. Wir kommunizierten mit Westdeutschen, Amerikanern, Schweizern, Spaniern. Wir hatten zwar kaum etwas zu erzählen, außer dass unsere winzige Funkstation in einer Kleinstadt in der DDR lag und wir noch zur Schule gingen. Aber allein der Fakt, mit Fremden aus der fremden Welt gesprochen zu haben, verschaffte uns ein Stückchen Selbstbewusstsein, das uns abhob von den anderen.

Mit meinem Gang zur Armee wich ich dem kritischen Beobachtungsfeld von Schule und Wohngebiet und damit der Dominanz meines Vaters. Wie Störtebeker konnte mein Vater erhobenen Hauptes an der aufgereihten Menschenmasse vorbeimarschieren: Seht her, mir ist alles gelungen, mein Sohn ist dafür der lebendige Beweis. Er hatte sein Ziel erreicht, es gab keinen Grund mehr, der Welt beweisen zu müssen, dass er der beste Vater und kompetenteste Direktor war. Das gab ihm eine gewisse Erleichterung, die sich in sein ganzes Wesen legte. Er schien gelassener und entspannter zu werden.

Bereits im ersten Jahr bei der Armee klarte sich mein Blick auf für die wahren Zustände in dem Land, in dem ich lebte, insbesondere der Institution Armee. »Hätte ich das vorher gewusst, dass das so ein Sauhaufen ist, wäre ich da nicht hingegangen«, diskutierte ich mit meinem Vater. Eines Nachts erschoss sich ein Soldat, der mit mir zusammen Wache schob. Nur wenige Meter von mir entfernt, versetzte er sich mit seiner Mpi den tödlichen Schuss. Trotz seiner größeren Ruhe, die mein Vater inzwischen zeigte, widersprach er meiner Kritik heftig, hatte er doch eine Idee zu verteidigen, die er zu seiner »Sache« gemacht hatte. Und seine Entscheidungen zu verteidigen, die er für mich getroffen hatte. Ich wehrte mich gegen seine fadenscheinigen und nichtssagenden Argumente, aber in mir brütete eine Wut, die alles schaffte, nur mich nicht gegen meinen Vater zu stellen. Ich durchschaute das Geflecht aus Lügen und Selbstbetrug, hatte ihm aber nichts entgegenzusetzen. Und tat weiterhin nur das, was mein Vater für mich bereitete und von mir erwartete. In unseren Unterhaltungen machte er mich klein und demütigte mich. Unsere Debatten drehten sich stets im Kreise, bis wir irgendwann müde wurden, unsere Kämpfe weiter auszufechten, und uns ermattet geschlagen gaben.

Dass mir nichts gelang von dem, was ich gewollt hatte, war mir damals nicht klar. Allerdings wusste ich nicht genau, was und wohin ich wollte. Ich fristete ein Dasein, wie es für alle Offiziere damals vorgesehen war: Anfang 20 heiratete ich, bekam mit meiner Frau zwei Kinder, zog in eine Neubauwohnung mit drei Zimmern, Bad und Balkon. In einem Neubaublock, in dem nur Armeeangehörige wohnten. Es war ein Leben, das Vater für mich ausgesucht hatte, seine Bestimmung nahm ich als meine an.

Meine Frau lernte ich auf einem so genannten Weihnachtstanz kennen. Ich war jung, sie zehn Jahre älter als ich. Sie war eine unscheinbare Frau, die das Leben bislang nicht sonderlich beschenkte.

Wahrscheinlich suchte ich in Rosi einen Mutterersatz. Meine Mutter war gerade an Krebs gestorben. Ich trauerte um sie und spürte schmerzhaft das Loch, das ihr Tod in mein Herz riss. Ich wollte es so schnell wie möglich stopfen, um die Wehmut nicht so nah an mich heranzulassen. Ich war zu jung, um zu verstehen und zu fühlen, dass es für eine Mutter niemals einen Ersatz geben, dass sich eine Ehefrau in einer solchen Position niemals behaupten kann. Und ich war zu unbedarft und zu naiv und noch immer von meinem Vater umklammert, als dass ich erkennen konnte, dass er selbst in meiner Ehe die Karten mischte. Nach dem Tod meiner Mutter lernte er schnell eine neue Frau kennen – und wir feierten eine Doppelhochzeit. Einige meiner Freunde warnten mich vor diesem ritualisierten Fest. Einer sagte: »Heiraten zwei Paare an ein und demselben Tag, wird ein Paar darunter sein, das seine besten Tage nicht erlebt.«

Die Wahrheit ist mitunter traurig und schlicht. Meine Ehe war eine Katastrophe und wurde nach zwei Jahren geschieden. Ich entfloh ihr, indem ich bis zu zwölf Stunden in der Kaserne blieb. Unabhängig davon wurde von jedem Jungleutnant erwartet, dass er sein Leben der Armee schenkt. Ich lebte ein langweiliges Leben, das dem meines Vaters zum Verwechseln ähnlich war, unsere dienstlichen Biographien waren austauschbar. Doch ich zeigte nicht nur den Mut zur Wiederholung seiner Vita, ich segelte im ersten Jahr mit doppeltem Tempo voran. So schnell, dass sich selbst mein Vater genötigt sah, mich zu bremsen. Trafen wir aufeinander und setzten an, über politische Themen zu reden, begann er mich misstrauisch zu beobachten: Trotz meiner Erlebnisse bei der Armee und meiner Sicht auf sie tönte ich wie ein General, der einen Verteidigungssturm für sein Vaterland vorbereitet. Eines Tages sagte er: »Ist ja alles gut und schön, was du so denkst und glaubst, das habe ich dir ja auch alles beigebracht. Aber ein wenig kritischer könntest du sein.« Meine Ambivalenz gründete sich einzig und allein in meinem Anspruch, es ihm und der Welt zu zeigen, vor allem aber ihm: Ich bin wer, ich kann etwas, und das, was ich mache, mache ich ausgezeichnet.

Eine solche Lebenslüge ist nicht lange aufrecht zu erhalten. Irgendwann klopfte die Ehrlichkeit an die Tür und bestand darauf, gehört zu werden. Die Ehrlichkeit mir selbst gegenüber hatte Fragen: Was machst du eigentlich? Hast du keine anderen Ansprüche an dich, als morgens aufzustehen, in die Kaserne zu fahren und dort dummes Gerede von trunksüchtigen Offizieren zu ertragen? Was tust du in der Familie, in die du dich fügst, warum mit dieser Frau, die da an deiner Seite neben dir her lebt, neben der du her lebst? Dass diese Ehe mir nicht gut tat und mich behinderte, stand nicht mit einer plötzlichen Erkenntnis vor mir, sondern schlich sich leise in meine Wahrnehmung. So still wie die Erkenntnis sich anpirschte, so vorsichtig entzog ich mich Rosi, wenngleich unbewusst, weil sich mit meinem Wissen um die Endlichkeit unserer Beziehung auch mein Engagement für sie ematete. Ich ging den Weg des geringsten Widerstands und regelte die Sache mit mir allein, Rosi zog ich in meine Überlegungen nicht mit ein. Noch nie war ich ein Meister des Nahkampfes, bis heute weiche ich Problemen gern aus und setze auf die Hoffnung, sie würden sich von selbst lösen, sobald ich mich aus ihrem Blickfeld entferne. Aber Frauen tragen eine untrügliche Ahnung in sich, und so spürte Rosi bald, dass ich nicht mehr mitspielte. Sie raste vor Eifersucht und spionierte mir nach. Einmal rief sie in der Bibliothek an, in der ich oft Bücher auslieh. Ich hatte ihr erzählt, dass ich viel Zeit dort verbrachte. Sie glaubte mir nicht und überprüfte mich.

Die Scheidung veränderte mein Leben grundlegend. Mit ihr beendete ich mein erstes Dasein, jene Jahre, die so wenig zu mir gehörten wie die Familie, aus der ich mich löste. Ich brach mit einem Leben, das viel zu lange dauerte und doch wichtig war, um zu erkennen, wer ich war und wohin ich wollte. Plötzlich empfand ich meine Mutter stärker und spürte, dass sie intensiver in mir steckt, als ich bis dahin wahrgenommen hatte. So wie sie es unterdrückt hatte, als Frau durch die Welt zu gehen, deckelte ich meine Bedürfnisse nach Sinneslüsten und Genuss. Beide orientieren wir uns an den Verdikten meines Vaters und wichen uns aus. Von nun an wollte ich es anders machen und begab mich auf die Suche nach mir selbst. Dabei leitete mich ein Grundsatz meiner Mutter, den sie mir kurz vor ihrem Tod mit auf den Weg gab: Bring die Liebe auf die Erde. Ich wollte ihre Mission erfüllen, schaute mich um und entdeckte mit einem Mal Dinge, die mir bislang verborgen geblieben waren: Jugend, Schönheit, Impulsivität, Tatendrang. Ich schlug eine neue Seite in meinem Leben auf.

Die neue Seite hielt zudem eine weitere Überraschung parat: eine Veränderung im Verhältnis zwischen Vater und mir. Noch bevor ich Rosi von meinem Entschluss unterrichtete, mich scheiden zu lassen, sprach ich darüber mit meinem Vater. Noch nie vorher hatte sich irgendjemand in unserer Familie getrennt, das Wort »Scheidung« wurde allenfalls geflüstert. Ich hatte erwartet, mein Vater würde toben und in der ihm immanenten Art ein Trennungsverbot aussprechen. Doch er hörte geduldig zu, nickte zustimmend und sagte mit ruhiger Stimme: »Wenn du meinst, dass es der richtige Schritt ist, dann musst du ihn gehen.« Dieses Gespräch und seine verständnisvollen Reaktionen verunsicherten mich zutiefst, weil ich Einsicht und Toleranz von meinem Vater nicht gewohnt war. Doch es versöhnte mich sofort mit allem, was ich meinem Vater damals vorwarf. Und es brachte mir die Überzeugung, dass man irgendwann aufhören muss, seine Eltern verantwortlich dafür zu machen, was man ist, kann und macht und was man nicht ist, nicht kann und nicht macht. Irgendwann kommt für jeden der Zeitpunkt, an dem er sich um sich selbst kümmern sollte.

Im Wesen meines Vaters bemerkte ich von nun an eine Wandlung und Neuorientierung: Aus dem kompromisslosen Mann und unerbittlichen Klassenkämpfer wurde ein Pazifist und einsichtiger Vater, der begann, sich selbst und seine Biographie zu hinterfragen. Ich fand endlich einen Zugang zu ihm und war dankbar für jedes Gespräch, das wir dann führten. Ich hatte sogar das Gefühl, er war der einzige Mensch, der mich verstand. Offensichtlich hatte er gelernt loszulassen und nahm sich mehr Zeit für sich und opferte sie nicht mehr nur der »Sache«. Er wurde kritischer und betrachtete selbst das, was ich tat, mit Argwohn. Diese »Idylle« währte nicht lange. Er erkrankte an Leukämie und kam rasch ins Krankenhaus. Ich besuchte ihn dort und saß ängstlich an seinem Bett. Einmal – er hatte gerade eine Blutwäsche überstanden – sagten mir die Ärzte, von nun an werde es ihm besser gehen. Am nächsten Tag war er tot.

Der Anruf kam aus dem Krankenhaus, während ich an einem Manöver teilnahm. Ich konnte mich nicht einmal von ihm verabschieden, so eilig stahl er sich aus dem Leben. Schlimmer noch als meine Abwesenheit bei seinem Tod empfand ich mit einem Mal heftiger denn je, was ich bei der Armee tat: Ich spielte mit irgendwelchen anderen Jungs Krieg und unterdessen starben der Reihe nach meine Eltern. Mit einer enormen Wucht baute sich eine Wut vor mir auf, dass ich all die vielen Fragen, die in meinem Kopf umherschwirrten wie verirrte Tauben, nicht mehr stellen konnte. Fragen, die nur mein Vater beantworten konnte. Fragen, für die ich bis heute keine Lösung weiß. Ich fühlte mich einsam, unglücklich und ratlos.

Von Stund an war mir alles egal. In der Kaserne provozierte ich so lange, bis man mich aus dem Dienst entließ. Damals kam das einem Staatsstreich gleich. Und war verbunden mit der Angst, keinen ordentlichen Job mehr zu bekommen. Aber auch das schien mir in jener Zeit nebensächlich. Alles war mir recht, wenn ich nur mein Leben umkrempeln konnte. Ich besetzte eine Wohnung, arbeitete in einer Galerie, mutierte zum Womenizer, bekam mit einer Frau ein drittes Kind, verschwand nach der Wende nach Kalifornien, trommelte und ließ mir Rasta-Zöpfe wachsen. Eine wunderbare Zeit, weil sie einen Gegenentwurf zu meinem ursprünglichen Leben darstellte und all meine Mankos füllte, die sich in mein erstes Leben geschlichen hatten. Ich lernte viele Menschen kennen, mal mehr und mal weniger interessante. Mit allen wollte ich zusammen sein, mit allen wollte ich reden, alle wollte ich von meiner (Mutter)Mission überzeugen und ihnen die Liebe bringen. Erst im Laufe der Zeit bemerkte ich, dass mich dieses scheinbar sorglose und leicht dahin gleitende Leben zwar fesselte wie sonst nichts auf der Welt, aber dass es mich ebenso unruhig machte und durcheinander brachte. Ich begriff, dass ich nicht mit allen Frauen und Männern zusammen sein konnte, wie ich es wollte, sondern dass es naiv ist zu glauben, allein physische Anwesenheit könne etwas in mir und in ihnen bewirken.

Meine Kinder bezahlten mein »Lotterleben« bitter. Ich kümmerte mich nicht mehr um sie und schob jegliche Verantwortung beiseite. An diesem Punkt glitt ich wieder in die Schuhe meines Vaters, wenngleich auf andere Weise: Er sorgte für seine Kinder wenigstens finanziell, das tat ich nicht. Mehrere Jahre verlor ich meine Kinder aus den Augen, weil ich keinen Kontakt zu ihnen hatte. In der Zwischenzeit lernte ich eine Frau kennen, mit der ich seit nunmehr zehn Jahren zusammenlebe. Für ihre beiden Söhne wurde ich ein sozialer Vater. Erst nach und nach wurde mir bewusst, dass das, was ich tat, mehr als nur absurd ist: Meine eigenen Kinder erleben mich nicht, mit den Söhnen der anderen Frau aber bin ich täglich zusammen. Für sie bin ich Vater, meine Kinder müssen auf mich verzichten. Besonders deutlich spürte ich diesen Widerspruch, als wir drei Jahre lang in Portugal lebten. Ich sah die beiden Jungs groß werden, debattierte schlechte Schulnoten und tröstete ersten Liebeskummer. Ich glaubte, wenn ich ihnen meine Liebe schenke, stumpft mein Gefühl für meine leiblichen Kinder nicht ab, spüren sie meine Nähe auch über die Distanz hinweg.

Den Zugang zu meinen beiden »sozialen« Söhnen musste ich mir hart erarbeiten. Als ich sie kennen lernte, ließen sie mich nicht an sich heran und blockten: »Hau ab, du bist nicht unser Vater, du hast uns gar nichts zu sagen. Du kannst uns mal am Arsch lecken.« Das stimmte mich traurig, einerseits weil es mich verletzte, andererseits weil es mir verdeutlichte, dass meine Idee der Großfamilie, in die ich irgendwann auch meine leiblichen Kinder holen wollte, völlig widersprach. Meine leiblichen Kinder musste ich mir »zurückerobern«. Das kostete viel Zeit und Kraft. Und war einzig durch die Einsicht in die Situation möglich, die ich jedoch nur mit »Hilfe von außen« gewann. Ich nahm an einem Persönlichkeitstraining teil, das mir einen ungetrübten Spiegel vorhielt. Darin sah ich einen verantwortungslosen Mann, der das Beste, was er hat, mir nichts dir nichts verschleudert. Wenn ich mich jetzt nicht um meine Töchter und meinen Sohn kümmere, wenn ich sie nicht bald davon überzeuge, dass sie einen Vater haben, der seine Verantwortung künftig wahrnehmen möchte, dann habe ich sie für alle Zeit verloren. Diese Einsicht stand so schattenlos und mächtig vor mir, dass mir fast schwindelte. Das Seminar dauerte drei Tage, ich verließ es gestärkt und mit dem Willen, alles zu richten. Ich sammelte meine drei Kinder um mich, offenbarte mich ihnen und erklärte, warum ich all die Jahre für sie unerreichbar schien, dass ich mich von ihren Müttern, aber nicht von ihnen getrennt hätte, dass meine Zeit in Portugal trotz allem ein wichtiger Abschnitt in meinem Leben bleiben wird. Ich bat sie um Verzeihung für die verlorene Zeit, sagte ihnen aber auch, dass ich jene vertanen Jahre nicht wieder heranholen könne, dass sie ein für alle Mal zerronnen blieben. Aber dass die vor uns liegende Zeit alle Zeit der Welt berge. Sie nahmen meine Erklärungen an und verweben jetzt auf verschiedene Weise ihren Alltag mit meinem.

Heute führe ich das Leben, von dem ich glaube, es wirklich führen zu wollen. Zwar konnte ich selbst bis vor drei Jahren nicht bildhaft benennen, was mich treibt, auf welchen Pfaden ich wandeln möchte, welche Frau mich dauerhaft fesseln könnte, aber jetzt glaube ich angekommen zu sein, angekommen im eigenen Ich, angekommen bei meinen Kindern. Und angekommen bei der Erkenntnis, dass ich trotz allem meinen Eltern dankbar bin dafür, dass es sie gab und dass sie mich so erzogen, wie sie es taten. Mein Vater bot sein Bestes, nur war er manchmal selbst gefangen in seiner Person, in seinen Zwängen, in seiner Umwelt. Er war ein harter Mann, aber hart wurde ich nicht. Im Gegenteil, durch viele weibliche Züge, die ich mitgeliefert bekam, war ich nicht selten als das »Sensibelchen« in der Familie verschrien. Über meine erste Drei in der Schule heulte ich wie ein Schlosshund, meine selbst gewählten langen Haare in der Kindheit waren unbewusster Ausdruck meiner Weiblichkeit, die ich in mir trage und die bereits damals schon nach außen drängte. Der Schritt zum Offizier brach meine Natürlichkeit, widersprach meinem ganzen Wesen und stellte sich letztlich als Fehltritt heraus. Aber vielleicht sollte es so sein, dass ich erst diesen Umweg gehen musste, um zu erkennen, was mich ausmacht. Manchmal muss man erst rückwärts gehen, um einen guten Sprung zu machen. Heute ruhe ich in mir und wünschte, mein Vater hätte das auch von sich sagen können. Oft konnte ich nicht unterscheiden, ob ein Gefühl, das er zeigte, echt oder gespielt war. Und heute darf ich sagen: Ich bin glücklich. Dennoch bleiben Sehnsüchte und Wünsche. Ich möchte, dass auch mein Sohn eines Tages zu mir sagen wird: »Ich bin froh, dass es dich gibt, und froh, einen solchen Vater zu haben.« In meinen Kindern möchte ich weiterleben.

Leben mit einer Legende

*Die Halbbrüder Matthias L. und Markus S. bewegen
sich in Phantasiebildern über ihren unbekannten Vater*

Matthias: Unser Vater ist eine Legende. Für mich war er nie real, ich habe ihn nie gesehen. Ich kenne nur Geschichten und ein Passbild, das ihn in jungen Jahren zeigt. Markus schenkte es mir zu meiner Hochzeit vor fast zehn Jahren. Er hat es kopiert und vergrößert. Das Bild zeigt einen Mann mit dunklem Teint und beginnender Stirnglatze.

Ich träumte stets von meinem Vater. Manchmal vermischten sich Traum und Realität. Oft sah ich Männer, von denen ich glaubte, sie seien mein Vater. Einmal strich mir in der S-Bahn ein fremder Mann unmerklich mit seiner Hand über den Kopf. Bevor ich genau hinschauen konnte, war der Unbekannte entschwunden. So schnell und leicht wie ein Atemhauch. Ein anderes Mal »erkannte« ich ihn in einer Telefonzelle. Ich rannte nach Hause und fragte meine Mutter, ob ER angerufen hätte. Hatte er natürlich nicht. Aber ich bin mir sicher: Ich würde meinen Vater immer erkennen, wenn er vor mir steht.

Markus: Ich habe ihn nur einmal gesehen. Ich war fünf und fuhr mit meiner Mutter in der U-Bahn. Ich erinnere mich an die Situation nicht, aber meine Mutter erzählte die Geschichte: Ein Mann soll auf uns zugetreten sein und »Guten Tag« gesagt haben. Danach soll er ebenso plötzlich, wie er auftauchte, auch wieder weg gewesen sein.

Matthias: Alles, was mit unserem Vater zusammenhängt, beruht auf Mythen und Mutmaßungen. Vor 41 Jahren sollen drei Frauen gleichzeitig von unserem Vater schwanger gewesen sein. Die eine war seine Ehefrau, das war meine Mutter. Die andere seine

Geliebte, das war Markus' Mutter. Und noch eine gemeinsame Freundin. Als sich dies herausstellte, taten sich unsere beiden Mütter zusammen, weil sie erkannten, dass es nichts nützen würde, sich gegenseitig Vorwürfe zu machen und sich weh zu tun. Ihre Stärke, so beschlossen sie, bestehe in ihrem gemeinsamen Schicksal, in ihrem Zusammenhalt. Von diesem Mann, so erkannten sie, hatten sie nicht mehr zu erwarten als Verlogenheit und Verdruss. Und so war es: Er blieb bei keiner Frau, sondern verschwand, bevor eines der Kinder das Licht der Welt erblickte.

Markus: So wurden wir geboren, und zwischen uns liegen nur wenige Monate. Matthias' Mutter war Kinderkrankenschwester und beriet ihre Freundin, meine Mutter, wie sie am besten einen Schwangerschaftsabbruch inszenieren könnte: Rotwein mit Nelken, heiße Bäder, Sprünge vom Tisch. Doch es nutzte nichts. Mein Drang nach Leben war offensichtlich größer als alle Naturheilmittel aus Großmutters Kräuterküche.

Matthias: Auch ich bin eine verpatzte Abtreibung. Geschieden wurden meine Eltern ein Jahr nach meiner Geburt. Die Legende besagt, Vater sei Fluchthelfer gewesen und deshalb zur Arbeit im Kohlebergwerk »Schwarze Pumpe« zwangsverpflichtet worden. Er wollte selbst immer in den Westen, doch konnte nicht dorthin. Dort suchten ihn zwei Brüder einer Frau, die er ebenfalls geschwängert hatte. Heute wissen wir von etwa elf Halbgeschwistern, vielleicht sind es sogar noch mehr.

Markus: Sexuelle Umtriebigkeit hat in der Familie unseres Erzeugers Tradition: Sein Vater, unser Großvater, wurde einst verurteilt wegen sexuellen Missbrauchs an seiner eigenen Tochter. Angezeigt wurde die Tat von einer anderen Tochter, an der er sich auch vergreifen wollte. Auch unser Großvater muss als »Fehltritt« entstanden sein, nicht vom Mann seiner Mutter, sondern von einem Nebenbuhler.

Matthias: Alles, was ich von meinem Vater weiß, kenne ich aus Erzählungen. Der Mann der Schwester meines Vaters, mein Onkel, schilderte ihn durchaus als einen Charismatiker mit physisch und psychisch guten Anlagen. Aber er hat diese offensichtlich nie genutzt und stattdessen alle Chancen verspielt. Durch die offene

Grenze soll er auf dem Schwarzmarkt gehandelt und alles verscherbelt und dadurch eine Menge Geld verdient haben. Meine Mutter besitzt heute noch Tafelsilber, Porzellan und eine sehr wertvolle Vase.

Markus: Unser Erzeuger erhielt einen »Spitznamen«: Pudel. Keiner weiß mehr, weshalb. Aber fortan galt »Pudel« als Strafwort. Eine von unseren Müttern brauchte nur zu sagen: »Du guckst wie Pudel« oder »Das hätte Pudel auch gesagt«, schon fühlten wir uns »erwischt« und setzten alles daran, unser Verhalten zu ändern. Ebenso subtil war die Bezeichnung »euer Erzeuger«. Sprachen unsere Mütter von unserem Vater, hieß es stets nur: »Euer Erzeuger ...« Für uns das unmissverständliche Zeichen einer pädagogischen Gängelung, eines Zurückpfeifens in geordnete Bahnen.

Mit dem Zusammenschluss unserer Mütter wurden wir eine Familie, die zwar nicht in einem Haushalt wohnte, aber so eng zusammenlebte, wie es gewöhnlich »richtige« Familien tun. Unsere Mütter hatten ein »Aufzuchtsarrangement« getroffen. In den Sommermonaten fuhren wir immer in den Garten und bauten dort Indianerhütten und Sandgruben. Im Winter verbrachten wir fast jedes Wochenende gemeinsam. So wuchsen wir wie zwei »richtige« Brüder und nicht nur wie zwei Halbbrüder auf.

Matthias: Das vergrößerte Foto, das mir Markus zur Hochzeit schenkte, rahmte ich und hängte es in meinem Zimmer auf. Meine Mutter war sehr schockiert, als sie das sah. Ich muss ihrem einstigen Mann darauf sehr ähnlich sehen. Einmal sagte ein Freund, der das Bild lange und ausgiebig betrachtete: »Da siehst du aber alt aus.«

Markus: Vater muss sehr klein gewesen sein. Ich bin mit 1,70 Meter nicht sehr groß, meine Mutter ist gerade 1,65. An sie soll er nicht herangereicht haben. Aber Mutter sagte immer, er sei ungeheuer anmutig und sexy gewesen. Offensichtlich hatte sie eine Schwäche für kleine, knuffige Männer. Als ich 13 oder 14 war, gab es in meiner Klasse einen Jungen, der war auch klein und drahtig. Der kriegte jedes Mädchen, das er wollte. Ich verstand das nicht, aber meine Mutter sagte einmal: »Der ist ja eine richtige kleine Sexbombe.«

Matthias: Die Legendenbildung um unseren Vater hörte nie auf. Nicht mal mit seinem Tod vor sieben Jahren. Niemand hatte ihn in den Jahren vor seinem Tod wahrhaftig zu Gesicht bekommen, niemand ahnte, wo er steckt. Einmal hieß es, er arbeite in einem Museum als Aufseher und er sähe verwahrlost und verloren aus. Ein anderes Mal soll er als Kellner in einer heruntergekommenen Kneipe gesichtet worden sein, dick und unzufrieden, dann wiederum soll er bei der Mitropa gearbeitet haben. Zum Schluss habe er Sozialhilfe bezogen, hieß es. Daraus setzte sich das Bild zusammen, das ich schließlich von ihm bekam: Das Gesicht eines Mannes aus einem Werbefilm, ein Weinkenner, der grinsend und feist eine neue Sorte probiert.

Markus: In den wenigen Vorstellungen, die sich in meinem Kopf regten, begegnete ich einem jovialen, leutseligen Nachtmenschen, mit dem man gut trinken kann. Lange Zeit sah ich den Hallodri, den Lebemann, den ich in mir selbst stark gespürt habe. Er soll die Fähigkeit besessen haben, Menschen für sich einzunehmen, sie anzuziehen wie ein Magnet und sie dann doch fallen zu lassen wie eine heiße Kartoffel. Solche Züge trug ich auch, als jüngerer Mann. Ich besaß die Gabe, Menschen ganz nah an mich heranzuziehen und sie dann in ihrer vermeintlichen Vertrautheit schlecht zu behandeln. Und sie haben sich nicht einmal gewehrt.

Von unserem Vater geht die Sage, er habe am offenen Grenzübergang seine eigene Frau mit einer anderen »betrogen«. Auf boshafte und beschämende Weise. Es war noch vor dem Mauerbau, mein Vater, seine Frau und eine weitere Freundin passierten die Grenze von West nach Ost. Erst gingen mein Vater und die Freundin durch die Passkontrolle. Als seine Frau nach den beiden an der Reihe war, stellte der Grenzsoldat auch ihr die allgemein übliche Frage: »Haben Sie Geld dabei?« Sie verneinte, wie es alle taten, auch wenn sie Westgeld »schmuggelten«. Da drehte sich mein Vater um und fragte scheinheilig: »Irrst du dich nicht? Hast du nicht doch welches in der Tasche?« Seine Frau wurde abgeführt und stundenlang festgehalten und verhört. In dieser Zeit vergnügte sich Vater mit der anderen.

Matthias L., 42, und Markus S., 42

Matthias: Mit 14 überkam mich das unbändige Bedürfnis, meinen Vater zu suchen. Ich wollte wissen, woher ich stamme, wo meine Wurzeln liegen, ich wollte ergründen, warum ich so bin, wie ich bin.

Markus: Wir hatten die Idee, an seiner Tür zu klingeln und zu sagen: »Hallo, wir sind deine Söhne. Gehst du mit uns ein Bier trinken?« Von unseren Müttern wurde dieser Gedanke nicht unterstützt.

Matthias: Im Laufe der Jahre verflüchtigte sich der Wunsch, mit meinem Eintritt in die Berufswelt verabschiedete er sich. Ich fuhr zur See und war nur noch unterwegs. Erst als ich mit 25 mein Leben auf dem Wasser aufgab und dauerhaft festen Boden unter den Füßen spüren wollte, tauchte sie wieder auf, die Frage: Wer ist dein Vater? Saß ich mit Markus in der Kneipe zusammen, hing irgendwann der Vorsatz wie ein Gespenst im Raum: Wir sollten ihn suchen!

Markus: Doch es war nicht mehr als eine fixe Idee, ein running Gag, der getränkt war von der Melancholie, die im Alkohol lag, und dem Selbstmitleid, verlassene Söhne zu sein. Wir waren von unserer Suche so weit entfernt wie andere Jungs, die sagen: Man müsste mal zur See fahren.

Matthias: Erst als ich das erste Mal selbst Vater wurde, war »Pudel«, »der Erzeuger«, wieder präsent. Ich hatte so viele Fragen, an ihn, an mich, an uns gemeinsam, ich wünschte, mit ihm in einen Dialog treten zu können. Aber in mir brannten in erster Linie Wut und unangenehme Gefühle. Das war mir nicht bewusst, bis es mir ein Kollege auf sanfte und einfühlsame Art mitteilte. Ich arbeitete damals als Sozialarbeiter in einer WG für Jugendliche, die sich außerhalb des Heims an ein »Leben nach dem Heim« gewöhnen sollten. Ein Jugendlicher hatte ein schlimmes Erlebnis mit seinem Vater, das rief mir meinen Vater erneut ins Gedächtnis und ich schrie im Dienstzimmer: »Das Schwein, das elende Schwein.« Der Kollege sah und hörte mir zu und sagte dann mit leiser Stimme: »Lass es sein, hör auf, auf ihn zu schimpfen. Es tut dir nicht gut, so schlecht über deinen Vater zu reden.« Ich schaute ihn entrückt an, weil er auf meine Härte mit ebenso starker

Emotionalität reagierte. Erst später verstand ich, was er meinte, erst später gingen seine Worte in mir auf wie ein zartes Saatkorn. Seit ich die Botschaft meines Kollegen zu meiner eigenen machen konnte, habe ich Frieden geschlossen und »den Erzeuger« in »Vater« umwandeln können. Seitdem sage ich mir immer wieder: Vaters Geschichte ist seine Biographie, die gehört zu ihm wie seine Arme und seine Beine zu ihm gehören. Alles andere sind Geschichten, ob wahre oder fiktive.

Markus: Ich habe ihn nie vermisst. Vielleicht als kleiner Junge, denn das Foto muss ich irgendwann aus einem ganz bestimmten Grunde aufgehoben haben. Ich erinnere mich nicht, woher ich es habe, wahrscheinlich habe ich es meiner Mutter geklaut. Aber so stark wie Matthias habe ich Vater nie als Leerstelle in mir gespürt, im Gegenteil. Seine Abwesenheit machte mich größer, reifer und hievte mich in die Rolle des gleichberechtigten Partners an der Seite meiner Mutter. Als ich zehn war, heiratete meine Mutter. Sie offenbarte es mir am Abendbrottisch. Meine Antwort war so trotzig wie gemein: »Na, dann hoffe ich, dass das nichts wird.« Die Anwesenheit eines neuen Mannes in unserem Haushalt würde mich degradieren und herabstufen.

Ich fragte nie, warum ich so bin, wie ich bin. Ich erkenne stärker als alles andere meine Mutter in mir. Aber auch das spielt im Grunde keine Rolle. Auf erstaunliche Weise kreisen die meisten Menschen um ihre Geschichte und halten daran fest, als gäbe ihnen das erst eine Identität. Doch das Insistieren auf die eigene Biographie ist ebenso billig wie der Staub, aus dem sie gemacht ist. Nur der Mensch selbst erfindet sich neu, alles andere zählt nicht.

Matthias: Die Bedürftigkeit eines Jungen aus der Jugend-WG, in der ich arbeitete, zeigte mir meine Bedürftigkeit. Es war ein Junge, der wurde als Kleinkind von seinem saufenden Vater fast totgeschlagen. Die Gewalt, die der Mann seinem Sohn antat, prägten das Kind nicht nur seelisch, sondern auch körperlich. Er blieb halbseitig gelähmt. Den Eltern wurde das Sorgerecht aberkannt, der Junge begann eine der vielen traurigen, aber üblichen Heimkarrieren. Aufgrund der damals strengen Gesetze wusste der Junge, dass er seinen Vater nie kennenlernen würde. Ich spürte sein Leiden, las seinen Wunsch jeden Tag in seinen Augen – und beschloss, ihm zu helfen. Ich besorgte mir die Akten und wurde mit einem schlimmen und tragischen Familienschicksal vertraut. Vorsichtig versuchte ich dem Jungen seine Geschichte beizubringen, ihn auf ein Treffen mit seinen Eltern vorzubereiten. Zuerst sollte er seinen Vater sehen, später seine Mutter. Er hat ein Recht darauf, dachte ich. Wenn es sein größter Wunsch ist, so soll er nicht unerfüllt bleiben. Am Tage der Begegnung richtete ich es so ein, dass ich in der WG Dienst hatte. Ich wartete auf ihn, hatte Kaffee gekocht und gehofft, er werde mir vom Treffen erzählen. Doch der Junge stürzte zur Tür herein, über den Gang in sein Zimmer. Als versperrten ihm Scheuklappen jede Sicht zur Seite. Nach wenigen Minuten hörte ich nur heftiges Schluchzen und einen wimmernden, markerschütternden, tiefen Schrei: »Mami.« Diese Situation zerriss mir fast das Herz.

Markus: Auf fatale Weise besaß ich den »Mut«, meinen Vater »auferstehen« zu lassen. Ich wiederholte, was er Jahrzehnte zuvor getan hatte: Mit 20 schwängerte ich eine Frau, meine damalige Freundin. Aber als das Kind, ein Mädchen, vier Monate alt war, verließ ich die Frau. So wurde ich zum Verlasserschwein, so wurde ich mein Vater. Doch ich trug zwei Seelen in mir: Ich beging eine Untat, aber in dem Wissen, es gibt keine andere Möglichkeit. Damals durchlebte ich mein Coming out und wusste: Wenn ich fortan nicht mit Lügen und Selbstbetrug leben will, bleibt mir nichts anderes übrig als zu gehen. Meine Tochter habe ich bis zu ihrem 18. Geburtstag nie mehr gesehen.

Matthias: Als ich zur Armee kam, wünschte ich mir sehr, einen Vater an meiner Seite zu spüren und mit ihm reden zu können. Die Armee war alles andere als heiter für mich, ich wollte sie nicht, ich wollte alles nicht, was damit zusammenhing. Ich war am Ende und wollte mir fast das Leben nehmen. Da schrieb mir Markus einen langen Brief, der mit den Zeilen endete: »Stürzendes Brudertier, entsinne dich deiner Schwingen.«

Später, während meines Studiums, begriff ich, dass zwei Dinge mein Leben fest im Griff hatten: mein Vater und die Armee.

Ich war 35 und glaubte, mich zu kennen und mit mir umgehen zu können. Ich nahm an einem Seminar mit so genannter lebensbiographischer Beratung teil und merkte erst währenddessen, auf welches Minenfeld ich mich begeben hatte. Meine Seele lag brach, meine Emotionen zeigten sich pur, als Fragen kamen wie: »Wer war dein Vater?« »Warum kennst du ihn nicht?« Da spürte ich, wie tief der Stachel saß. Aber in dieser Zeit lernte ich, mir von anderen Männern das zu holen, was ich von meinem Vater nicht bekam.

Markus: Der neue Mann meiner Mutter versuchte 13 Jahre lang, an meines Vaters Stelle zu treten. Aber unser Verhältnis blieb distanziert bis zum Schluss. Mit 56 Jahren starb er an einem Schlaganfall. Die Ehe mit meiner Mutter war seine zweite. Die erste hatte er in den Sand gesetzt, die daraus entstandene Tochter war in den Westen abgehauen. So hegte er eine gewisse Scheu, mit einem neuen Kind umzugehen. Ich lehnte ihn zwar nicht ab, aber ich bemühte mich nicht um ihn, ich wollte ihn nicht in unserem Haus wissen. Er nahm mir etwas weg, was mir gehörte bis zu seinem Erscheinen: meine Mutter. Doch nicht vordergründig, sondern leise und subtil, wie er selbst war. Er hielt meiner Mutter stets vor, dass sie mir zu viele Freiheiten lasse. Mir gegenüber wagte er solche Sätze nicht. Eines Tages nahm mich Mutter beiseite und sagte: »Durch dich ist mein Leben mit Heinz zur Hölle geworden.«

Matthias: Um den neuen Mann seiner Mutter beneidete ich Markus stets. Mein Bruder bekam meinen »Traumvater« an die Seite gestellt – und wusste es nicht zu schätzen. Ihm wurde der Vater geschenkt, der mir stets vorenthalten war. Der »Traumvater« war ein ruhiger Mann, der selbst in den hektischsten Situationen den Überblick und eine gewisse Gelassenheit behielt. Dann stand er da mit seiner Pfeife im Mund und sagte nur: »Naja.«

Markus: Er war freier Werbetexter und verhalf unserer Familie zu etwas mehr Wohlstand. Wir zogen um, und ich bekam ein eigenes Zimmer und eine Musikanlage. Aber ich fand nie Zugang zu ihm. Als sich ein erstes zartes Band zwischen uns knüpfte, starb er. Kur bevor ich zur Armee ging, entwickelte sich eine vorsichtige Kommunikation zwischen zwei Männern, die unterschiedlicher nicht sein können: Er war der Politik des Landes treu ergeben und folgte der vorgegebenen Linie. Ich war ein langhaariger, wilder Anarcho, demonstrativ aufsässig und widersprüchlich. Er lebte in einer Scheinwelt und versank in seiner Bücherwand. Ich holte mir vom wahren Leben alles, was es zu bieten hatte. Und das mit gewaltiger Energie. Einige Male, wenn ich nachts nach Hause kam, war auch er noch wach und klopfte an meine Tür: »Trinken wir noch was zusammen?« Wir diskutierten ausgiebig, doch bevor unsere Diskurse einen gemeinsamen Nenner fanden, stahl er sich davon. Am Tage seines Todes wurde mir schlagartig bewusst, wie sehr er sich in unserem Leben verankert hatte. Mutter und ich kamen zur Mittagszeit nach Hause und schauten uns ratlos an: Wie machen wir das nun mit dem Essen? Gekocht hatte immer Heinz, weder meine Mutter noch ich entwickelten für diese Seite des Lebens eine Leidenschaft.

Matthias: Meine Mutter hatte mehrere Männer. Sechs in fünfzehn Jahren. Die meisten waren schlecht. Nur einer von ihnen war das, was ich in meinem Kopf als positives Vater- und Männerbild herumtrug: Er war groß, hatte ein breites Kreuz und einen Bart, an dem man sich kratzen konnte. Ich war zehn, als dieser Mann uns verließ. Auf heimtückische Weise. Ich kam aus der Schule nach Hause und fand ihn in der Küche. Er lag auf dem Boden und sah merkwürdig aus. Er hatte sich vergast. Das Schicksal hatte mich wieder einmal betrogen.

Die anderen Männer waren teilweise sehr grausam. Einer strafte mich, indem er mich vor sich oder in einer Ecke hinknien ließ. Ein anderer schlug auf mich ein, als sei ich ein Stück Holz. Vermutlich wollte er mich totschlagen. Erst später kam heraus, dass er ein alter Nazi war. Meine Mutter arbeitete damals bei der DSF – der Gesellschaft für deutsch-sowjetische Freundschaft. Sie schenkte mir eine Budjonny-Mütze, die ich mit Hingabe trug. Als dieser Mann das sah, verprügelte er mich so stark, dass nicht mal die Mütze heil blieb. Jahre später sah ich ihn wieder. In einem Café namens »Rosengarten«. Dort saß ein alt gewordener, dicker Mann, der nur noch Elend ausstrahlte. Mein Gefühl, das ich jahrelang pflegte – mich an ihm zu rächen –, verflog bei dem unseligen Anblick wie im Handumdrehen.

Markus: Unsere Geschichte erinnert mich an das Buch »Geliebte Söhne« von Howard Spring. Die beiden Söhne sind England und Irland, zwei unterschiedliche Länder, die doch zusammengehören. Als ich das Buch las, sah ich uns darin: zwei Jungen mit dem gleichen Ursprung, aber anderen Biographien. Und jeder hat seine Sicht auf seine Herkunft, jeder sein Gefühl dazu.

Matthias: Meine jetzige Freundin fragte mich einmal, ob ich wüsste, wo Vater begraben ist. Sie meint, es würde mir vielleicht helfen, wenn ich an seine Ruhestätte treten und auf diese Weise mit ihm Kontakt aufnehmen könnte. Aber ich habe nicht die geringste Ahnung, wo sein Grab sein könnte.

Markus: Wir machen so viele sinnlose Gänge durch die Stadt. Warum nicht auch diesen?

Ich bin meines Vaters Sohn

*Thomas K. sucht schon heute nach der Gelassenheit,
die sein Vater im Alter fand*

Zuerst wurde die gesamte Küche mit Zeitungspapier ausgelegt. Dann rührte er den Teig zusammen und gab Fett in die Pfanne. Viel Fett. Wenn mein Vater Reibekuchen machte, wurde die Familie gemästet und die Küche verwüstet. Sobald er den zähflüssigen Teig mit einer Kelle in die Pfanne rinnen ließ, spritzte das Öl in alle Richtungen. Aber jeder Reibekuchen war ein Fest. Keines, das geplant und vorbereitet wurde. Dem Schmaus ging eine besondere Stimmung voraus, eine Art seltener Beschwingtheit und leichter Heiterkeit, die meist während eines Ausflugs aufkam.

Seine Reibekuchen waren Vaters Art, sich in die Familie einzubringen. Es waren jene Stunden des Wochenendes, an denen meine Eltern ihre eingespielten Rollen tauschten: Dann stand Vater im Mittelpunkt und sorgte für das leibliche Wohl. Gewöhnlich war meine Mutter dafür zuständig, sie fungierte als Familienmanagerin. Vater arbeitete fast immer, er war Handelsunternehmer.

So konservativ meine Eltern in ihrem Rollenverständnis lebten, so konservativ war Vaters Verständnis von Küche. Das er sich bis heute erhalten hat. Kürzlich wohnte er einige Tage bei mir in Stuttgart, wo ich arbeite und lebe. Ursprünglich stamme ich aus Düsseldorf, dort verbrachte ich meine Kindheit und Jugend, meine Eltern leben immer noch dort. Mein Vater kam nach Stuttgart, um mich zu pflegen. Ich hatte mir eine Rückenverletzung zugezogen und konnte mich nicht bewegen. Ohne die Hilfe meines Vaters wäre ich womöglich verhungert oder hätte mir eine Haushaltshilfe kommen lassen müssen. Vater füllte meinen Kühlschrank, brachte Tee ans Bett, putzte und kochte. Er versorgte sogar meine Kollegin aus

Frankfurt am Main, die zwei Tage in der Woche in Stuttgart ist und dann bei mir wohnt. Am Abend seiner Ankunft fragte er, was er kochen solle. Wir einigten uns auf Huhn. Er kaufte die nötigen Zutaten ein, stellte sich in die Küche und servierte eine Stunde später eine öltriefende Hühnerkeule mit Kartoffeln, die er ebenfalls im Fett gewälzt hatte. Am nächsten Tag wollten wir nach meinem Rezept kochen. Etwas Leichtes: Curry-Huhn mit dunklen Nudeln. Vom Krankenbett aus wollte ich ihm meine Kochanweisungen geben, dachte aber: Er wird das schon hinkriegen. Was er auf den Tisch stellte, sah genauso aus wie am Vorabend.

Ich kenne kaum jemanden, der zu seinem Vater ein solch enges Verhältnis pflegt und seine Eltern so intensiv in sein Leben einbindet, wie ich es tue. Seit etwa sechs Jahren verbindet Vater und mich eine sehr gute Freundschaft. Ebenso meine beiden Brüder. Zweimal im Jahr fährt die gesamte Familie für ein oder zwei Wochen gemeinsam in den Urlaub. Die Reisen sind inzwischen ein Ritual.

Vor sechs Jahren wurde mir schlagartig bewusst, dass meine Eltern womöglich nicht mehr lange leben werden. Mein Vater ist jetzt 66 Jahre alt, meine Mutter 64. Seine Bejahrtheit brachte meinem Vater das Geschenk der Altersweisheit. All seine Allüren, die er früher pflegte – Allmachtsansprüche, Zynismus, Unfreundlichkeit –, legte er scheinbar mit dem Arbeitskittel ab und heraus pellte sich ein Mann, der charmant, tolerant und mitunter vollkommen selbstlos ist. Und für seinen kranken Sohn stellt er seinen angefüllten Seniorenalltag um. An einem Sonntagmorgen erzählte ich ihm am Telefon von meiner Verletzung, am Nachmittag hatte er alles organisiert: Meine Mutter sollte am nächsten Morgen kommen und mich ins Krankenhaus bringen. Dann wollte mein Vater anreisen und meine Mutter ablösen. Gesagt, getan – und er zog für die Dauer meiner »Auszeit« bei mir ein.

Verschiedene Schicksalsschläge waren es wohl, die ihn auf Änderung seines Lebens drängten. In den vergangenen Jahren sprang er dem Teufel ein paarmal von der Schippe: Mit 58 ereilte ihn ein Schlaganfall, mit 62 ein Darmdurchbruch, eine Herzschwäche mit 63. Ohne die moderne Medizin wäre er längst tot. Als sich dieses Bewusstsein vermutlich mit einem Mal und gewaltsam vor ihm aufbaute, nahm er sich zurück und stellte seine immanente Dominanz zur Seite. Er hatte es plötzlich nicht mehr nötig, zu zeigen, dass er der Herr im Hause und der Bestimmer ist. Das Leben wurde ihm mehrere Male geschenkt. Dafür will er sich offensichtlich bedanken. Hinzu kam eine vierjährige Trennung von meiner Mutter. Vor zehn Jahren zog mein Vater aus und hatte sich wohl insgeheim gewünscht, eine neue Frau kennen zu lernen. Gelungen ist es ihm nicht, und so klopfte er nach zwei Jahren des Alleinseins wieder bei meiner Mutter an. Die hatte sich jedoch eine eigene, wenn auch künstliche Welt aufgebaut und sich scheinbar abgenabelt. Sie ließ ihn abblitzen. Zwei Jahre bohrte er, bis sie ihn wieder zu sich ließ.

Dem jetzigen gelösten und harmonischen Verhältnis zwischen meinem Vater und mir gingen allerdings spannungsvolle Jahre voraus, die sogar eine Schweigezeit einschlossen. Es begann mit einem demonstrativen Machtspiel, das mein Vater wieder einmal gewinnen wollte. Ich war 20 und Zimmermannslehrling und wohnte noch bei meinen Eltern. Eines Tages kam ich mit einem Ohrring nach Hause. Mein Vater tobte, dass ich das dämliche Ding sofort rausmachen solle. Oder aber ich würde von ihm vor die Tür gesetzt. Wegen eines lächerlichen Ohrrings, der ihn offenbar in seinen konservativen Ansichten zutiefst erschütterte, wollte ich nicht klein beigeben. Ich zog zu einem Freund, bereits in dem Bewusstsein, dass ich ohnehin nicht mehr lange bei meinen Eltern wohnen werde. In der Zeit, die folgte, hatten wir uns nicht viel zu sagen. Ich ging auf erhebliche Distanz zu meinen Eltern, persönlich und politisch. Ich trug lange Haare und Lederjacke, trieb mich auf Demos herum und lebte in einem alternativen Wohnprojekt. Meinem Vater erzählte ich erst später von dem Haus, das eine Handvoll junger Leute zunächst besetzt und später mit staatlichen Fördermitteln gekauft und saniert hatte. Dahinter steckte die Idee, das Gebäude dem öffentlichen Wohnungsmarkt zu entziehen und dadurch der Kommerzialisierung entgegen zu steuern. In die Sanierung und den Umbau konnte ich mich gut einbringen, inzwischen studierte ich Bauingenieurwesen. Der Ausbau dauerte Jahre. Wer in dem Haus wohnt, tut dies zu äußerst geringen Mieten, hat sich aber den Regeln der Kommune anzupassen: Sonntagabend Plenum und stets gemeinsame Mahlzeiten. Es gibt eine große Gemeinschaftsküche und einzelne Wohntrakts, die nicht verschlossen sind. Mein Vater verstand nicht, wie man so leben kann, und erklärte mich für verrückt.

Trafen sich damals mein Vater und ich, begegneten sich zwei völlig verschiedene Welten, die außer ihrer Verwandtschaft keine Gemeinsamkeiten aufwiesen. Als das Haus für Bauarbeiten ein größeres WG-Auto benötigte, rief ich meinen Vater an. Er wollte einen älteren Lieferwagen seiner Firma verkaufen. Er willigte ein und wollte den Wagen sogar selbst bringen. Nachdem wir die Verkaufsmodalitäten besprochen hatten, erwähnte ich nebenbei, dass ich in das Haus eingezogen sei. »Ach so ist das«, erwiderte mein Vater plötzlich sehr schroff. »Unter diesen Umständen muss ich dir mitteilen, dass das Auto nicht mehr zur Verfügung steht.« »Warum?« »Ich dachte, du beendest dein Studium.« Dieser Satz war zu viel, ich legte auf, ohne ein Wort zu sagen. Jede Erklärung, dass mein Umzug in die Kommune weder meinen Studienabschluss noch mein Leben gefährden könnte, erschienen mir überflüssig. Mit diesem Satz disqualifizierte sich mein Vater, und ich brach den Kontakt zu ihm ab.

Unsere Schweigezeit währte etwa zwei Jahre. Weder er noch ich besaßen den Willen und die Fähigkeit zur Versöhnung. Es trafen zwei Dickköpfe aufeinander, von denen jeder Recht behalten wollte. Beide waren wir der Meinung, der andere hätte falsch gehandelt. Die Schweigezeit erlebte ich damals nicht als Verlust. Mein Vater war mir in jener Zeit so fern, wie es nur ein Fremder sein konnte. Dabei strebte ich damals schon – wenngleich unbewusst – danach, dass mein Vater mir Anerkennung zollt, dass er weiß: Ich bin kein Verlierer. Dass er sieht: Ich verdiene genug Geld und gehöre – wie einst er – zum Mittelstand. In meinen rot-schwarzen Demo-Zeiten glaubte ich, materieller Wohlstand sei mir nicht wichtig. Würde nie in meinem Leben an Bedeutung gewinnen. Ich brauchte kein Auto, kein Haus und keine Prestige-Objekte. Damals hätte ich mich, so wie ich heute lebe, als Spießer und gnadenlosen Karrieristen bezeichnet. Solche Einstellungen ändern sich zwangsläufig – mit dem Alter, der Berufslaufbahn und errungenen Verantwortlichkeiten. Damals lag mein Vater mir oft mit der Frage in den Ohren, ob ich beim alternativen Wohnprojekt wenigstens finanziell eingeschlossen, ob ich Teilhaber sei. Den Widerspruch zwischen den Interessen, die wir vertraten – soziales Engagement und Besitzstand durch Kauf – erkannte ich zwar, aber ich sträubte mich gegen eine klare Antwort.

Vater sah den Bau lange Zeit nur im Rohzustand und fällte sein Urteil, das er jahrelang verteidigte: Dort wohnen nur Leute, die kiffend und saufend in der Ecke liegen und nichts auf die Reihe kriegen. Alles Loser. Auch das Großgruppenideal verunsicherte ihn zutiefst. Heute, nachdem das Haus perfekt und ein wichtiges Kommunikationszentrum innerhalb des Stadtviertels ist, akzeptiert er diese Art zu leben. Er erkannte unter anderem an mir, dass Wohnen dort nicht gleichzusetzen ist mit Verlust und Niederlage. Dass sich jedoch das Großgruppenideal nicht auflöste, wie er vermutete, enttäuscht ihn noch immer. In dieser Hinsicht ist und bleibt er wertekonservativ in strengstem Maße.

Ich wuchs im typischen Mittelstandsmilieu der siebziger Jahre auf: Meine Eltern besaßen ein Haus am Stadtrand, einen Garten, ein Auto. Ich besuchte eine reine Jungenschule. Mutter und Vater kamen beide aus Familien des Kleinbürgertums mit Unternehmen. Der soziale Kontext wurde quasi vererbt. Mein Vater empfand es als wichtig, über ausreichend Geld zu verfügen. Aber er kokettierte nie damit oder prahlte mit Besitz. Den Autos, die er fuhr, sah man nie an, dass sie teurer waren als andere Wagen. Im Gegenteil, er achtete stets darauf, dass sie nicht dem Aussehen von Fahrzeugen der gehobenen Preisklasse glichen.

Mein Vater gab mir alles mit, was er ist: sein Aussehen, seine Verhaltensweisen, seinen Charakter, sogar seine Gestik und Mimik sowie seine Bewegungen. Ich besitze die Sturheit und die Machtallüren, die mein Vater einst an den Tag legte, ich lasse mir ebenso ungern in die Karten schauen und ich drehe in Diskussionen meinen Kontrahenten mitunter die Worte im Mund um. Das konnte mein Vater unglaublich gut. Ich beobachtete es in den Debatten, die er mit meiner Mutter führte. Sie war stets die Unterlegene, weil er es gekonnt verstand, ihr das von ihr eben Gesagte ins Gegenteil zu verkehren oder klein zu reden. Wollte mein Vater Recht behalten – und das wollte er meist –, hatte sein Gegner in Diskussionen kaum eine Chance. Und mochte er noch so viele und noch so gute Argumente ins Feld führen. Mein Vater trug kaum sanfte Züge und war unfähig, Gefühle zu zeigen. Auch heute spricht er selten über sein Innenleben. Andere würden ihn vielleicht gefühlskalt nennen. Als Kind erlebte ich ihn als hart, aber nie ungerecht. Mitunter reagierte er unangemessen streng, aber er achtete stets darauf, dass er seine soldatische Rigorosität mit einleuchtenden Argumenten begründete. Seine Härte packte er nicht selten in Einsilbigkeit. Kam ich mit einer schlechten Zensur nach Hause, strafte er nicht mit Schlägen, sondern mit Schweigen. Eine seelische Tortur, die sehr schmerzvoll sein kann.

Von uns drei Brüdern bin ich derjenige, der am meisten vom Vater mitbekam. Mein eineinhalb Jahre älterer und mein fünf Jahre jüngerer Bruder waren stärker auf unsere Mutter fixiert und wurden von ihr geformt. Mein älterer Bruder ruht stark in sich und ist klar in seinen Lebensansprüchen und -ansichten, er lebt nach konkreten Zielen: Er steht zu seiner Frau und liebt seine Kinder. In seiner Familie fühlt er sich aufgehoben. Mein großer Bruder ist glücklich.

Ich hingegen fühle mich ständig unzufrieden mit dem, was ich bin und was ich habe. So wie es meinem Vater vor seiner Rente ging. Obwohl er sich nie offen beklagte, strahlte er seine Enttäuschungen und sein Unausgefülltsein zeitweilig regelrecht aus: Es hätte eine bessere Familie sein, es hätte mehr Geld fließen, er hätte einen besseren Job bekommen können. Zunächst betrieb er sein eigenes Handelsunternehmen, später verkaufte er es und wurde Geschäftsführer in einer neuen Firma. Mit zunehmendem Alter ereilte ihn die Erkenntnis, an die eigenen Grenzen zu stoßen. Mir geht es ähnlich. Zwar fühle ich mich nicht unglücklich, auch bin ich im Beruf erfolgreich. Aber je älter ich werde, desto jünger werden die Konkurrenten, die gut und mitunter besser sind.

Manchmal fehlt mir eine gehörige Portion Selbstsicherheit, insbesondere in privaten Angelegenheiten. Egal, ob ich mit Frauen oder Männern zusammentreffe, die ich interessant finde und gern kennen lernen würde. Aus Angst, zurückgewiesen zu werden, spreche ich sie meist nicht an. Meine Furcht ist zu groß, meine Unzulänglichkeiten träten offen zu Tage. Oft genug erlebte ich es, dass jemand sagte: »Du bist aber unsicher.« Das traf mich wie eine giftige Pfeilspitze. Das Schlimme ist: Mir fehlt die Legitimation, selbstbewusst sein zu dürfen. Mich beschleicht oft das dumpfe Gefühl, nicht genug zu wissen und zu können: weder Fussball zu spielen noch über Literatur zu reden. Ein Small-Talker bin ich ebenso wenig.

In beruflichen Dingen bin ich sicherer. Es gibt heute kaum ein Projekt, vor dem ich Angst habe. Ich springe ins kalte Wasser – und ging bislang noch nicht unter. Als ich mein erstes Haus baute – ein Zehnfamilienhaus –, kannte ich Dekaden schlafloser Nächte. Heute würde mir ein Wohnhaus keine einzige unruhige Minute bereiten. Aber dennoch gibt es Situationen, denen ich mich nicht gewachsen fühle. Kürzlich erlitt ein Bauarbeiter auf einer Baustelle, die ich betreue, einen tödlichen Unfall. Er stürzte vom Baugerüst. Einen Tag nach dem Vorfall erschien die Kripo auf der Baustelle, um den Unfallort genauer zu untersuchen. Es hätte ja auch ein Mord sein können. Ich sollte bei der Untersuchung dabei sein. Als ich dort ankam, sah ich Männer, die ich nicht kannte und die der Kleidung nach nicht zur Baustelle gehörten. Es konnten also nur die Beamten sein. Ich hätte auf sie zugehen, mich ihnen vorstellen und meine Hilfe anbieten müssen. Stattdessen packte mich ein unsägliches Unsicherheitsgefühl und Angst, nicht zu bestehen. Ich ging nicht auf die Männer zu, sondern stolperte an ihnen vorbei und suchte Zuflucht in der Ferne. Wenig später kam ein Mitarbeiter der kommunalen Behörde, die das Gebäude bauen lässt, und tat genau das, was ich nur Minuten vorher nicht zu leisten vermochte: Er drückte den Kripo-Beamten seine Visitenkarte in die Hand mit dem Satz: »Wenn Sie weitere Fragen haben – unter dieser Nummer bin ich zu erreichen.«

Die Ursachen für meine Unsicherheit liegen in meiner Kindheit. In der Grundschule war ich zwar nicht der größte Loser, aber mit glänzenden Leistungen wartete ich mitnichten auf. Die nötige Anerkennung blieb aus. Zudem goss ein Klassenkamerad Öl ins Feuer. Klaus war mein bester Freund und wohnte nur wenige hundert Meter von unserem Haus entfernt. Ich wollte immer mit ihm spielen, am liebsten täglich. Doch sein Interesse an mir war nicht im Geringsten so groß wie meines an ihm. Ich fuhr ihm regelrecht hinterher. Ich stellte mich unter sein Fenster und rief hinauf: »Kommst du raus, Klaus?« Allein der Reim meiner Frage ließ mich schmunzeln. Doch Klaus beugte sich flüchtig heraus und erwiderte nur kurz: »Nein.« »Warum nicht?« »Darum nicht!« Völlig betreten zog ich von dannen. Später, als wir Teenies waren, spielte er besser Handball und bekam die schöneren Mädchen. Gegenüber Klaus fühlte ich mich stets benachteiligt und unterlegen. Klaus schien immer einen Tick besser zu sein als ich. Die Erfahrung, dass sich Ungerechtigkeit und ein unbefriedigendes Gefühl nicht von Dauer sein müssen, erlebte ich erst als Mann. Durch die Genugtuung, dass Klaus mit einer äußerst langweiligen Frau zusammen war. Und mit ihr vorerst zusammen bleiben musste, da sie ein Kind von ihm erwartete.

Mangelt es einem Menschen an Selbstbewusstsein, wird er nur schwer zum Sympathieträger. Ich aber möchte gern einer und für einige Leute von Bedeutung sein. Als Sympathieträger gehört man automatisch zu einem bestimmten Kreis von Personen, die in irgendeiner Weise wichtig sind. Schlägt das Schicksal einem ein Schnippchen und man blickt den »wichtigen« Leuten immer nur hinterher, bleibt man ewig aus den ersehnten Kreisen ausgeschlossen. Auch mein Vater verkehrte nicht mit Prominenz, hätte es aber vermutlich gern. Aber er besaß eine Familie, die ihm die Anerkennung zollte, die ihm durch den Wegfall wichtiger Bekanntschaften verschlossen blieb. Mir fehlt beides: die Fähigkeit, Sympathieträger zu sein, und eine Familie. Mein Leben ist einzig durch meinen Beruf ausgefüllt. Die Frau, die mich mit jeder Faser ihrer Person begeistert und von der ich mein Leben lang fasziniert sein könnte, traf ich bislang noch nicht. Dabei würde ich mich gern im »inner circle« einer Familie aufgehoben fühlen. Vielleicht suche ich aus diesem Grunde die Anerkennung durch Vater und Mutter?

Ich bin jetzt 39 und halte es für relativ unwahrscheinlich, dass ich noch einmal in den Genuss einer Familie komme. Ebenso bezweifle ich, eine wahre Leidenschaft außerhalb meines Berufes entwickeln zu können. Ich habe keine Hobbies und kaum Interessen, die über meine Arbeit hinausgehen. Hin und wieder besuche ich Ausstellungen, aber zu selten, um sagen zu können, sie bereichern mein Leben. Ich lese nicht viel, und wenn ich es tue, greife ich nach Kolumnen und Glossen. Mein literarisches Wissen ist begrenzt. Auch meine Eltern pflegten keine Hobbies. Bücher auf ihrem Nachtschränkchen? Ausstellungs- und Konzertbesuche? Das gab es bei uns nicht. Die einzige Leidenschaft, die meinen Vater trieb, war seine Jagdhütte. In die fuhr er regelmäßig mit einigen Freunden, meine Mutter blieb zu Hause. Die Hütte war »vermintes« Gebiet, frauenfeindliches Terrain. Zu diesem wurde sie erklärt, nachdem mein Vater in den Verruf kam, in der Nähe der Hütte ins Rotlichtmilieu abgeglitten zu sein. Ob es stimmt, weiß niemand. Aber sein Auto soll an einem Abend vor einem Lokal gesehen worden sein, in dem sich die Frauen um die Stange drehen. Als meine Mutter das hörte, stieg in ihr der Hass auf das Jagdhaus und Vaters Freunde auf, die sie ohnehin ablehnte. Von diesem Tag an setzte sie keinen Fuß mehr in die Hütte.

Ich bin der Sohn meines Vaters. Aber ich mache es ihm nicht zum Vorwurf. Er ist so, wie er sein kann – und ich bin ihm zufällig sehr ähnlich. Wie ich diesen Fakt bewältige, bleibt einzig und allein mir überlassen. Man darf sich nicht ewig mit seiner charakterlich vererbten Struktur herausreden, die einen eventuell daran hindert, bestimmte Dinge und wichtige Ziele zu erreichen. Jeder wird durch sein Elternhaus geprägt, der Umgang damit bleibt individuell. Und ich verdanke meinem Vater durchaus einige positive Eigenschaften: seriöses Auftreten, Hilfsbereitschaft, Organisationstalent, Gerechtigkeitssinn. Und Sparsamkeit. Als Kind spielte ich einmal bei meiner Großmutter mit dem Telefon. Ich rief wahllos und mehrere Male hintereinander die Zeitansage, Kino-Tipps und die Auskunft an. Als mein Vater das bemerkte, wurde er fuchsteufelswild, packte mich am Handgelenk und zerrte mich in die Küche zum Mülleimer. Wütend trat er auf das Pedal, der Deckel sprang auf. Dann riss er sein Portemonnaie aus der Hosentasche und warf ein Zehnpfennig-Stück nach dem anderen in den Abfalleimer. »Ich mach' jetzt genau das, was du eben getan hast«, tobte er, »ich schmeiße mein Geld in den Müll.« Das Erlebnis und meine Erschrockenheit brannten sich in mir ein wie ein Feuermal zur Kennzeichnung eines Pferdes aus einem bestimmten Stall.

So heftig, wie mein Vater damals reagierte, fährt er heute nicht mehr aus der Haut. Das Alter brachte ihm eine beneidenswerte Ruhe und Gelassenheit, die ich mir für mich ebenfalls wünsche. Jetzt mit 66 scheinen Gefasstheit und Unerschütterlichkeit in ihn getreten zu sein. Darauf musste er lange warten. Da ich der Sohn meines Vaters bin, hege ich die Hoffnung, dass es mir ebenso ergeht. Irgendwann. Eigentlich aber ich will nicht ausharren, bis ich 60 bin, ich will vorher sagen können: »Ich bin glücklich.« Aber genau daran zweifle ich. Mein Vater besaß wenigstens einen Lebenstraum, ich kenne leider nicht einmal eine Gedankenblase, die sich zu einem Zukunftsgebilde formen könnte. Zu Beginn der fünfziger Jahre wanderte mein Vater nach Amerika aus. Doch der Korea-Krieg, in den auch amerikanische Streitkräfte involviert waren, zwang ihn zur Rückkehr nach Deutschland. Darüber hinaus lernte er meine Mutter kennen, mit der er sich in Düsseldorf niederließ. Sein Amerika-Traum ließ meinen Vater sein Leben lang nicht los. Er behauptet zwar, er habe auch in Deutschland ein erfülltes und erfolgreiches Leben geführt, aber sein Blick und seine Stimme verraten, dass er etwas anderes meint: In den Staaten hätte er eine andere, eine gesegnetere Karriere durchlaufen können, in Amerika wäre er glücklicher gewesen. Das »gelobte Land« schwebte all die Jahrzehnte wie ein Damoklesschwert über uns. Die Familie ist oft und lange dorthin gereist. Mich hielten bisweilen ideologische Bedenken zurück, diesem Ideal meines Vaters zu folgen. Vermutlich eines der wenigen Dinge, von denen mein Vater mich nicht zu überzeugen vermochte.

Ohnehin lehne ich es seit einigen Jahren ab, Idealen zu folgen. Früher machte ich meine vermeintlichen Leitbilder oft abhängig von bestimmten Menschen, deren Nähe ich suchte. Auf diese Weise geriet ich in Kreise, die mich im Ganzen nicht besonders interessierten, aber deren Mitglieder ich interessant fand. Während meiner Studentenzeit beispielsweise tobte gerade die öffentliche Debatte um die Zusammenlegung der RAF-Terroristen in Stammheim. Der Höhepunkt gipfelte in der Besetzung der Zentrale der Grünen. Obwohl ich gar nicht absolut dahinter stand, besetzte ich mit. Ich entwickelte regelrecht ein zwanghaftes Interesse für die radikalen Befürworter. Mich zog jedoch nicht die politische Überzeugung an, sondern der soziale Kontext. Dass ich mich dabei selbst täuschte, war mir damals nicht bewusst. Eine solche Erkenntnis traf mich später öfter mal wieder. Auch heute verfalle ich nicht selten Trugschlüssen. Besucht mich jemand, wähne ich mich im Glauben, derjenige mag mich. Anwesenheit setze ich mit positiven Gefühlen gleich. Wie ich nicht selten feststellte, erlag ich einem Missverständnis.

Mir fällt es schwer, allein zu sein. Ebenfalls eine Eigenschaft, die ich von meinem Vater vererbt bekam. Vielleicht wäre mein Vater nicht zu meiner Mutter zurückgegangen, hätte er mit dem Alleinsein konstruktiver umgehen können. Bin ich nur von mir selbst umgeben, verfalle ich in depressive Stimmungen. Weiß ich jemanden neben mir, und sei es, dass er nur in der Küche scheppert oder im anderen Zimmer kramt, ohne dabei mit mir zu reden, fühle ich mich sofort sozial eingebunden. Stehe ich allein in meiner Wohnung, beschleicht mich das Gefühl, nutzlos zu sein. Und dann freue ich mich, wenn mein Vater anruft und seinen Besuch ankündigt.

Ein Hort aus Sperrmüll

*Der Vater von Bernd B. war ein
linientreuer Genosse – und Alkoholiker*

Ich hielt immer zu meiner Mutter. Wenn mein Vater abends aus der Kneipe kam und meine Mutter anbrüllte, lag ich in meinem Bett und verfluchte ihn. Kein Tag, kein Abend ohne Streit und Schläge. Es bedurfte keines Grundes, aber wenn Vater die ersten Schnäpse in sich hineingeschüttet hatte, war er ein anderer Mensch. Alles und jeder reizte ihn, manchmal schlug er wie wild um sich. Mich jedoch ließ er verschont. Ich war sein »Bester«. Das jüngste von fünf Kindern, die im Abstand von vier Jahren geboren wurden. Mein größter Bruder ist 20 Jahre älter als ich, ihn erlebte ich als Kind nicht mehr zu Hause. Ich war das »Nesthäkchen« und Vaters Liebling.

Bis heute verstehe ich das ambivalente Verhalten meines Vaters nicht. Er schlug seine Frau und brüllte grundlos herum, seinen »Besten« indes behandelte er sorgsam. Trotzdem stand ich stets auf Mutters Seite. Wenn sie litt, litt auch ich. Sie hatte ihren Mann 23 Jahre ertragen, die letzten müssen die Hölle gewesen sein. Aber er war nicht immer so. Erst nachdem er aus der Partei geschmissen wurde, verfiel er dem Alkohol. Er fand wohl keine bessere »Lösung«. Schon immer zeigte er eine Neigung zum Trinken. Doch als angesehener Arbeiter im Eisenhüttenkombinat Ost in Eisenhüttenstadt, das heute noch so heißt und in Brandenburg liegt, erlaubte er sich keine Ausfälle. Hin und wieder trank er, manchmal auch mal heftiger, aber er hatte sich im Griff. Bis es eines Tages geschah: Er stand in der Kneipe, ließ einen Klaren nach dem anderen die Kehle hinunterrinnen und wollte schließlich bezahlen. Doch sein Geld reichte nicht, eine siebenköpfige Familie hatte ihren Preis. Er kramte in seinen Taschen und brachte nur Kleingeld hervor. Plötzlich knallte er sein Parteibuch auf den Tresen und lallte: »Hier, das lass' ich da als Pfand, ich bezahle morgen.« Im Osten durfte man sich damals eine ganze Menge erlauben, aber ausgerechnet mit dem Segen der Partei die Arbeiterklasse zu verhöhnen, indem das Parteibuch den Alkoholmissbrauch zu rechtfertigten hatte, das war zu viel. Am kommenden Tag wurde er vor die Parteileitung gebeten und ihm sein Rausschmiss aus der SED mitgeteilt.

Mein Vater war ein linientreuer Genosse, der alle Pläne einhielt und seine Pflichten erfüllte. Man durfte ihn strafen und kritisieren, aber ihn aus der Partei werfen, das durfte man nicht. Das kam einem Todesurteil gleich. Von diesem Tag an ging es bergab. Er verlor sich auf den äthylischen Pfaden und versank immer mehr im Sumpf der Asozialität. Niemand konnte ihn auf seinem Weg aufhalten, geschweige denn, ihn zurück auf den richtigen führen. Meine Mutter ertrug die Situation zunächst stillschweigend, bis sie fast daran erstickte und die Scheidung einreichte.

Nach der Trennung wohnte Vater noch eine Weile bei uns, bis er eine eigene Wohnung fand. So hatte sich im Prinzip an den Verhältnissen zunächst nichts geändert. Meiner Mutter ging es erst besser, als Vater nicht mehr da und wir allein waren. Sie lebte auf, sah von Stund an glücklicher aus, manchmal strahlte sie sogar. Mit dem Auszug meines Vaters brach der Kontakt zu ihm fast gänzlich ab. Ich sah ihn selten, es kümmerte ihn wohl kaum. Auch mir machte das nichts aus, weil ich froh war, das »Unglück« von uns gebannt zu wissen. Mir war der Frieden in unserem Haus und in unseren Seelen wichtiger.

Nun war ich der »Mann« in der Familie. Mit elf Jahren wurden mir Pflichten und Rechte zuerteilt, die für ein Kind in diesem Alter ungewöhnlich waren: In der Woche durfte ich bis neun Uhr abends draußen bleiben, am Wochenende sogar bis weit nach zehn. Ich genoss diese Freiheiten und erlebte im Sommer die merkwürdigsten Veranstaltungen auf der Freilichtbühne. Konzerte und Theater – alles war mir recht, wenn ich nur dabei sein durfte. Dafür musste ich den Haushalt schmeißen: abwaschen, staubwischen, saugen, Müll wegbringen. Meine Mutter arbeitete den ganzen Tag und sehnte sich danach, wenn sie abends nach Hause kam, nur noch die Beine hochzulegen. Diesen »Luxus« wollte ich ihr ermöglichen und half, so stark ich mit meiner kindlichen Kraft dazu in der Lage war.

Mein Vater war für mich ein alter Vater. Er war 27, als sein erster Sohn geboren wurde, und 47, als ich auf die Welt kam. Als Kind der Nazi-Zeit und Kriegsgefangener in Italien, ließen ihn die alten Geschichten und Bilder nie los. Wenn wir zusammen waren, kramte er sie hervor und präsentierte sie mir als »Märchen« vergangener Zeiten, als sein Leben vor der DDR. Aus seinem Mund klangen die Erzählungen vom Krieg wie ein Abenteuer, dem ich gebannt lauschte. Nie fielen Vokabeln wie »Greueltaten«, »Massenmord« oder »Judenvernichtung«. Selbst die Tage seiner Kriegsgefangenschaft kamen daher wie ein ungeplanter und beschwerlicher, aber aufregender Ausflug. Später las ich alles, was ich über diese Zeit erfahren konnte. Den Grundstein für mein Interesse an der Nazi-Zeit und dem Zweiten Weltkrieg legte eindeutig mein Vater.

Dafür spielte er nicht mit mir. Dazu war er zu alt. Spielplätze eroberte ich mir ohne die Begleitung meines Vaters. Sein spielerischer Umgang mit mir lag im Lösen von Kreuzworträtseln. Am meisten liebte er die großen, die eine Seite der Zeitschrift »NBI« füllten, sowie die Wochenendrätsel in der Jugendzeitung »Junge Welt«. Beim Raten entwickelte er Besessenheit. Er kramte Atlanten und Lexika hervor, um jedes Kästchen korrekt auszufüllen. Ich saß daneben und staunte, welches Wissen mein Vater ausspuckte und welche Kreativität er entwickelte, um sich der Lösung zu nähern. Die gängigsten Fragen und Antworten prägte ich mir im Laufe der Zeit ein und steuerte sie irgendwann selbst der Lösung bei. Diese Leidenschaft hat sich auf mich jedoch nicht übertragen. Mein letztes Kreuzworträtsel löste ich vor etwa 20 Jahren.

Im Frühjahr und Sommer werkelten wir im Garten. Wir besaßen Hühner, Karnickel und ein Gewächshaus. Ständig musste gejätet, gezupft, gegossen oder gefüttert werden. Das Ergebnis unseres Tuns landete hin und wieder auf unserem Weihnachtstisch: in Form eines Bratens. Ich liebte die Kramerei im Garten. Ebenso mochte ich es, wenn er mir – wie von Mann zu Mann – die Handhabung seines Knickers erläuterte und das Schießen beibrachte. Wir nahmen

Tauben und Spatzen ins Visier. Ich war glücklich. Dann vergaß ich, dass nur ich – sein Jüngster und »Bester« – in diesen Genuss kam und meine drei Schwestern oft schwer einsteckten, wenn er sie verprügelte. Offensichtlich konnte er mit Mädchen nicht viel anfangen. Sein Ideal lag in der Weitergabe seiner männlichen Gene, in der Geburt von Söhnen.

Wenn Vater und ich nicht im Garten schufteten, sammelten wir Pilze. Mit zwei stumpfen Messern und Plastiktüten stromerten wir quer durch die Wälder, auf der Jagd nach den größten, schönsten und schmackhaftesten Gewächsen. Mein Vater kannte jede Sorte und schnitt selbst die ab, die Pilz-Nichtkenner stehen lassen, weil sie ihnen ungeheuerlich erscheinen. So trugen wir meist mehr aus dem Wald heraus als andere. Auch wenn kein Pilzwetter war, fanden wir welche.

Sammeln und Verwerten – zwei Leidenschaften, die ich vermutlich von meinem Vater mitbekommen habe. Er nannte es »Masseln«. Eine Massel war damals Rohstahl, der in eine Form gegossen wurde und etwa 15 mal 15 Zentimeter groß war. Aus dem Substantiv machte er einfach ein substantiviertes Verb: Masseln. Beim »Masseln« arbeiteten wir uns Stück für Stück neben den Schienen der Transportbahnen im Eisenhüttenkombinat entlang und luden jedes Stück Metall und Stahl in unseren Handkarren, das sich entlang der Schienen fand. Am Tage verloren die Wagen jede Menge Kleinteile, die wir einer erneuten Verwertung zuführten: zersägte T-Träger, Muttern, Schrauben, Aluminiumplatten. Alles konnte wiederverwendet werden, wenn man es nur als recyclebar anerkannte. Wurden alte Fabrikhallen abgerissen, die jahrelang leerstanden, wusste mein Vater wenige Minuten nach den Bauarbeitern davon, nahm mich bei der Hand und trottete mit mir dorthin. Wir fanden von kleinen Patronenhülsen bis hin zu bombastischen gusseisernen Maschinenteilen alles, was ein Sammler- und Verwerterherz höher schlagen lässt. Lagen irgendwo Starkstromkabel herum, schmorte mein Vater die Gummiisolierung darum ab und polkte das Kupfer heraus. Unsere »Massel«-Produkte brachten wir zur Sero-Annahmestelle und kassierten dafür ein wenig Bares. Ich bekam etwas Taschengeld, Vater steuerte die nächste Kneipe an. »Masseln« – das war mein Räuber- und Gendarmspiel. Mit meinem Vater. Es war die aufregendste Zeit meiner Kindheit.

Heute streife ich unentwegt über Flohmärkte und stelle Trödlerläden auf den Kopf, um etwas Brauchbares zu finden. Meine Philosophie besagt, dass fast nichts neu gekauft werden muss. Ich bin zwar nicht besonders begabt für Reparaturarbeiten, aber ich lasse nichts unversucht. Einerseits wegen der Kosten, die durch die eigene Handarbeit gespart werden können, andererseits steigt in mir diese Leidenschaft hoch, wenn es etwas zu tun gibt. Einmal kaufte ich mir ein uraltes Herrenrad, an dem nichts weiter dran war außer dem Gestänge, dem Sattel, dem Lenker und den beiden Rädern. Alles andere musste ich mir zusammenklauben. Es brauchte Wochen, bis das Rad fahrtüchtig war. Aber es war ein Rad nach meinem Maß und meinen Ansprüchen. Und durch meiner Hände Arbeit zusammengeschraubt. Solch ein Rad benutzt man mit weitaus mehr Liebe und Behutsamkeit, als wäre es irgendein beliebiges, in einem beliebigen Laden gekauft. Dieses Rad besitze ich heute noch. Inzwischen hat es eine neue Lampe und neue Pedale. Alles passgerecht zum Modell.

Mit Vaters Auszug verlor ich meine »Massel«- und Gartenidylle. Mutter war nicht bereit, die Pachtanlage länger zu bewirtschaften. Die friedlichen und seligen Erlebnisse mit meinem Vater vermisste ich schmerzlich. Die brachte mir auch nicht der neue Mann meiner Mutter zurück. Als ich 14 war, heiratete meine Mutter erneut. Sie fragte mich, ob ich ebenfalls den Namen des neuen Mannes annehmen wollte. Das lehnte ich ab. Zu meinem Stiefvater entwickelte ich nie ein Verhältnis. Er war der neue Mann meiner Mutter, mehr nicht. Mein Vater war ein anderer, wenngleich mich mit ihm nicht mehr viel verband.

Seinen Verfall beobachtete ich über Jahre hinweg. Manchmal kaufte ich für ihn ein. Aufgrund eines Hüftleidens, das durch einen Granatsplitter aus dem Krieg herrührte, plagten ihn oft Schmerzen, dann konnte er nicht laufen und nicht tragen. Weil er mein Vater war, versagte ich ihm meinen Dienst nicht und lehnte seine Bitten nicht ab. Wenn ich die Wohnung betrat, die er mit einem anderen Mann teilte, erschlug es mich fast: Die Räume glichen einer Sperrmüllhalde, es stank und war verdreckt. Die beiden Männer legten weder Wert auf Ordnung noch auf Sauberkeit. Sie ergaben sich ihren Trinkgelüsten und sich selbst hin. Irgendwann musste ich mir eingestehen: Mein Vater ist Alkoholiker. Ich schämte mich für ihn, schob ihm aber eine gewisse Mitschuld an seinem leidigen Dasein zu. So weit muss niemand herunterkommen, so stark muss niemand verfallen. Vor meinen Augen baute sich der lebendige Beweis dafür auf, was passieren kann, wenn man sich gehen lässt. Unbewusst schwor ich mir: So wirst du niemals enden.

Die letzten Jahre vor seinem Tod verbrachte mein Vater in einem Pflegeheim. Nach einem Kneipenbesuch stürzte er so heftig, dass er danach nicht mehr allein für sich sorgen konnte. Ich konnte es auch nicht tun, ich musste zur Armee. Mit meinem Weggang aus Eisenhüttenstadt brach der Kontakt zu ihm fast völlig ab. Doch nicht nur zu ihm, auch zum Rest meiner Familie. Ich hatte genug mit mir selbst zu tun, musste mit dem plötzlich verordneten Gleichmaß und der zum größten Teil unlogischen Pflichterfüllung klarkommen. In dieser Zeit verstärkte sich mein Ordnungssinn, der rein pragmatische Gründe hatte: Ich sagte mir, es hat keinen Sinn, sich gegen die Regeln aufzulehnen oder zu versuchen, sie zu durchbrechen. Da packe ich mein Päckchen lieber gleich so korrekt zusammen, wie es gewünscht ist, dann habe ich später meine Ruhe. Hinzu kommt meine praktische Veranlagung, die mir bei den kleinsten Verunreinigungen in die Seite springt: Wenn du es jetzt bereinigst, hast du weitaus weniger Arbeit, als wenn du so lange wartest, bis es total verdreckt ist und es auch durch die größten Putzarbeiten nicht mehr sauber wird.

Das Pflegeheim lag am Rande der Stadt und war karg und sparsam eingerichtet. Die Wände trugen jenen weißen Anstrich, der jeder Umgebung eine Krankenhausatmosphäre verleiht und einen beißenden Geruch von Desinfektionsmitteln verströmt. Doch dort wurde für meinen Vater gesorgt. Das gab mir eine gewisse Beruhigung, dass es nicht auffällt, wenn ich nur noch selten bei ihm bin. Aber die Armee entließ mich nicht oft aus ihren Klauen, die wenigen Stunden versuchte ich so gut wie möglich für mich selbst zu nutzen. In dieser Zeit begannen Vater und ich uns zu schreiben. Als ausgeglichene und wertvolle Kommunikation würde ich unseren Briefwechsel indes nicht bezeichnen. In altdeutscher Schrift füllte mein Vater mit wenigen Zeilen A 4-Seiten, zum Beispiel: »Lieber Bernd, komme, sobald Du wieder in Hüttenstadt bist, umgehend bei mir vorbei. Ich habe einige Anzüge und Mäntel hier, sag mal, was Du davon brauchen kannst. Für den Lumpensack sind mir die eigentlich zu schade. Genug für heute. Viele Grüße, Vater!« Manchmal schrieb er mit einem hellen Buntstift, der kaum Farbe hinterließ. Diese Briefe waren zum größten Teil nicht lesbar. Einmal war eine Geburtstagskarte für Kinder dabei, die hinten die gedruckte Aufschrift enthielt: Herzlichen Glückwunsch. Er setzte nur noch ein Wort darunter: »Vater«. Das war bitter, von dieser Karte war ich unangenehm berührt. Sie stellte das dar, was unser Verhältnis ausmachte: Sprachlosigkeit und eine enorme Entfernung.

Selten antwortete ich ihm. Ich hatte nicht viel zu erzählen. Das Leben in der Kaserne bot keinen Stoff für Geschichten. Und auf seine knappen Sätze vermochte ich kaum zu reagieren. In seinen Briefen klang nie das Gefühl durch, etwas erzählen zu wollen. Aus ihnen sprachen Anklagen und Forderungen. Eine Zeit lang verließ mich das Gefühl nicht, Vater wolle sich an mir festklammern. Bis ich mitbekam, dass er sich von der ganzen Welt verraten fühlte und glaubte, alle seien gegen ihn. An diesem Punkt jedoch konnte ich ihm kaum helfen, da hätte ihm niemand helfen können. In diese ausweglose Situation hatte er sich selbst gebracht: durch seine Sauferei und Asozialität.

Wie froh war ich stets, wenn ich das Heim wieder verlassen durfte. Die letzten Monate saß er im Rollstuhl, eine Folge seiner Altersdiabetes. Hinzu kamen Senilität und Alzheimer. Wirr und zusammenhangslos brabbelte er Geschichten aus seiner Jugend vor sich hin. An aktuelle Vorgänge erinnerte er sich nicht. Mitunter erkannte er Personen nicht mehr, die ihm wenige Stunden zuvor begegnet waren. Einmal war ich mit meiner damaligen Freundin, der Mutter meines Sohnes, dort. Vincent war gerade ein Jahr alt. Ich wollte, dass sich beide kennen lernen: Enkel und Großvater. Barbara trug Vincent auf dem Arm, als wir das Zimmer betraten. Er kannte meine Freundin, doch in diesem Moment entnahm ich seinem

Blick, dass er sich nicht mehr erinnerte. Später fragte er, wer die Frau mit dem Kind da sei. Und was das für ein Kind wäre. Ich erklärte es ihm, wenige Minuten später fragte er erneut.

Als er starb, empfand ich es als Befreiung: für ihn, für meine Mutter, für meine drei Schwestern. Nun sind alle erlöst, dachte ich. Aber ebenso fühlte ich mit ihm: Jetzt hat er es endlich hinter sich. Ob ich meinen Vater je geliebt habe, weiß ich nicht. Als Kind dachte ich nie darüber nach. Ich empfand es als normal, einen Vater zu haben. Jeder Mensch hat einen. Später, als Jugendlicher und junger Mann, vermisste ich ihn nicht. Der Riss, den er setzte, weil er mit meiner Mutter umsprang wie mit einem Stück Vieh, ist nie verwachsen.

Ich sehe meinem Vater sehr ähnlich. Zumindest sprechen Fotos diese Sprache. Ich bekam seine Haare und besitze seine Physiognomie. Ich hoffe jedoch, dass ich nicht seine Neigung zum Alkoholismus geerbt habe. Ich trinke gern Bier, manchmal mehrere Abende hintereinander. Die Wissenschaft hat inzwischen bewiesen, dass ein Enzym in der Leber, das für Trunksucht zuständig ist, vererbt werden kann. Bislang konnte ich immer noch mit dem Trinken aufhören, wenn ich es wollte. Bislang erkenne ich keine Anzeichen, die auf eine Suchtgefährdung hindeuten. Doch das kann kippen. Und dann ist es zu spät.

Mein Sohn sieht mir sehr ähnlich. Jetzt ist er acht. Vincent bewegt sich wie ich, tanzt wie ich und zeigt die gleichen Handbewegungen. Die männliche Linie unserer Familie kommt stark und deutlich zum Tragen. An dieser Stelle wandern die Gene wie von selbst von einem Knaben zum nächsten. Da gibt es keine Brüche. In einem Punkt jedoch führe ich den Bruch bewusst herbei: in der Erziehung zur Männlichkeit. Mein Vater sagte oft: »Heul jetzt mal nicht rum.« Oder: »Sei nicht so zimperlich.« Viele Tränen vergoss ich heimlich, aber ich ließ sie laufen. Erst als erwachsener Mann erlaubte ich mir, einfach zu heulen, wenn mir danach war. Mein Sohn hört von mir nie den Satz: »Jungen weinen nicht.« Im Gegenteil, ich ermuntere ihn zu diesem Ausdruck seiner Gefühle: »Wenn dir danach ist, heule. Und wenn es Eimer sind, die du vergießt.« Doch manchmal sind Umwelt und Freunde stärker als Vaters Worte. Vincent lernt Karate. Ginge es nach mir, müsste er sich diesem Sport nicht unterziehen. Doch er hat Spaß daran, also soll er ihm frönen. Sein Karate-Lehrer ist von der »alten Schule«, er erzieht ihn hart und will aus den Jungen, die er trainiert, »richtige Kerle« machen. Mir gefällt diese harte Art nicht. Aber jedes Wort gegen seinen Lehrer prallt an Vincent ab wie ein Springball von einer Betonwand.

Einmal begleitete ich Vincent zu seinem ersten Wettkampf. Zweimal musste er antreten. Den ersten Kampf gewann er und war glücklich. In der zweiten Runde traf er auf einen Gegner, der ihn bei einem Wurf hart und laut auf die Matte knallte, dass es allein vom Zuhören schmerzte. In Vincents Gesicht sah ich die Schmerzen, doch er kniff seine Lippen zusammen und führte den Kampf zu Ende. Erst danach ließ er seine Tränen rollen. In diesem Moment fragte ich mich, ob ich die Reaktion meines Sohnes gutheißen sollte oder nicht. Würde ich meinen Sohn allein erziehen, täte ich dies ausgewogen zwischen Sanftmut und Härte. Wie ihn seine Mutter großzieht, kann ich nur ahnen. Ich erlebe beide stets nur kurz zusammen. Aber ich sehe und spüre ihre »Arbeit«. Und ich glaube, unsere Erziehungsansichten unterscheiden sich nicht übermäßig. Vincent ist ein Junge, der sagen darf, was er denkt, und der sich dies auch traut. Er darf weinen und wütend sein, er darf toben und träumen.

Ich wohne in einer WG mit drei weiteren Männern. Manchmal fragt mich Vincents Mutter, ob wir noch ganz bei Verstand seien. Dann ließ Vincent bei seiner Mutter einen dieser Sprüche fallen, wie man sie nur in Männer-WG's hört. Beispielsweise: »Können Frauen denken?« Oder: »Frauen sind nur zum Kaffee kochen gut.« Vincent schnappt solch einen Spruch auf, weiß aber nicht, dass wir ihn nur ironisch meinen und uns damit selbst auf den Arm nehmen. In einer Männer-WG dreht sich vieles um Frauen. Das ist, glaube ich, normal. Wenn Frauen zusammensitzen – das weiß ich von Barbara – endet fast jedes Gespräch bei ein und demselben Thema: Männer. Dann möchte ich nicht anwesend sein, weil an Männern kein gutes Haar gelassen wird. An Barbaras Küchenschrank prangt eine Postkarte, auf der steht: »Manche Männer sind nur vor und nach einer Beziehung gut.«

Bernd B., 35

Vincent war drei Jahre alt, als ich mich von seiner Mutter trennte. So, wie wir vier Jahre zusammenlebten, wollte ich nicht mehr weitermachen. Wir bewegten uns auf eingefahrenen Gleisen, die schnurgeradeaus führten. Kein Abzweig bahnte sich an, keine unvorhergesehene Störung, nichts, das uns aus der Bahn werfen könnte. Unser Leben glich einer Alternativlosigkeit, Einförmigkeit prägte unser Zusammensein. Ob Familiendasein oder Sex – nichts regte uns mehr auf. Wir taumelten nebeneinander her und hatten die Lust aneinander verloren. Mit der Trennung von Barbara nahm ich die Trennung von Vincent bewusst in Kauf. Um ewig so weiterzumachen, fühlte ich mich zu jung. Ich erwartete mehr vom Leben. Ein Kind, dachte ich, kann nicht der Grund sein, das Leben mit jemandem zu teilen, der nicht die volle Aufmerksamkeit erhält und von dem man sie ebenfalls nicht bekommt.

Unsere Trennung verlief schmerzhaft und grausam. Ich verletzte sie zutiefst, lange konnten wir nicht miteinander reden. Heute sind wir Freunde und können über alles sprechen. Und heute wissen wir, dass wir zu jung waren, um mehr Toleranz, Zuwendung und Entgegenkommen zu zeigen. Heute verfügen wir über eine andere, neue Art von Reife. Vielleicht auch deshalb, weil wir uns nach unserer Beziehung andere Partner gesucht und uns an ihnen abgearbeitet haben. Würden wir uns heute begegnen, träfen andere Menschen aufeinander, wir würden anders miteinander umgehen. Doch unsere Zeit ist vorbei. Uns verbindet auf Ewigkeit unser Sohn.

Weil mir bewusst war, dass ich Vincent durch eine Trennung verliere, schlug ich ihr damals vor, weiter gemeinsam in einer Wohnung zu bleiben. Verständlicherweise lehnte Barbara das ab. Zumal ich eine neue Freundin hatte und Barbara vor vollendete Tatsachen stellte: Ohne Vorankündigung offenbarte ich ihr eines Abends, dass ich mich trennen werde und eine andere Frau kennen gelernt hatte. Sie hatte keine Chance, ich gab ihr keine. Damals sah ich in meinem Handeln die einzige Möglichkeit, mich aus der Beziehung zu lösen. Heute weiß ich, dass es egoistisch und hart war. Unabhängig von meinem Glücksanspruch, den ich mir stets zu erfüllen versuche. Ganz oder gar nicht, war damals meine Devise, inzwischen lasse ich Grautöne zu.

Heute hat Vincent die Trennung gut verkraftet, damals reagierte er auf seine Weise. Er wurde aggressiv und pullerte ins Bett. Seine Mutter erzählte mir davon. Ich wurde jedoch das Gefühl nicht los, dass sie mir damit nicht nur eine Nachricht überbrachte, sondern gleichzeitig ein schlechtes Gewissen machen wollte. Gefühlsmäßig war die Lösung der Beziehung keine Lösung von meinem Sohn. Ich nahm ihn stets zu mir, sobald ich frei hatte. Sooft ich konnte, innerhalb der Woche und jedes zweite Wochenende. Ich suchte mir eine Wohnung auf der gegenüberliegenden Straßenseite. Heute wohne ich im gleichen Haus, zwei Etagen höher. So kommt Vincent oft, wenn ihn die Lust drängt, zu mir nach oben und spielt am Computer oder hört Musik. In gewisser Weise sind wir – Barbara, Vincent und ich – eine lose Familie, wenn man diesen Begriff weiter fasst. Hat Barbara an einem Tag, an dem sie Vincent betreut, einen Termin, ruft sie mich hin und wieder an und fragt, ob ich ihn ins Bett bringen kann. Nachdem ich ihm eine Geschichte vorgelesen habe, dreht er sich um und schläft allein ein. Er weiß, dass ich zwei Stockwerke weiter oben bin und er jederzeit hochkommen kann, wenn etwas passiert oder er sich einsam fühlt. Aber er ist selbstständig genug und hat kaum Angst. Sein Urvertrauen scheint durch die Trennung nicht verloren gegangen.

Auch wenn er fast täglich zwischen der Frauenwelt seiner Mutter und der Männerwelt meiner WG pendelt, gerät er in keinen Konflikt. Kinder kommen mit komplizierten Situationen besser zurecht, als manche Erwachsene glauben. Wenngleich ich die Beziehung zwischen seiner Mutter und mir und mit ihm mittendrin heute nicht (mehr) als kompliziert bezeichne. Vincent ist weder ein männlichkeitsfixierter Junge, noch ein KInd, das sich streng an seiner Mutter orientiert. Aber bestimmte Rollenaufhebungen, die ihm seine Mutter beibrachte, hat er fest verinnerlicht. Beispielsweise beharrt er stets auf der weiblichen Form bei bestimmten Berufsbezeichnungen und verbessert andere Kinder, wenn sie dies falsch äußern. Andererseits kempelt er wie ein »richtiger« Junge und kämpft ungehemmt drauflos. Dann kennt er keine Geschlechtsunterschiede.

Ich versuche, ihm die Welt zu erklären und ihm beizubringen, keine Vorurteile mit sich herumzutragen. Ist er bei mir, schauen wir zusammen die Nachrichten. Hin und wieder muss ich sie ihm erklären. Manchmal kommt er mit merkwürdigen Witzen aus der Schule nach Hause, die homofeindlich oder rassistisch sind. Frage ich ihn, ob er weiß, was ein Schwuler ist oder warum er einen Chinesen als »Schlitzauge« bezeichnet, weiß er keine Antwort. Dann erkläre ich es ihm an einem anschaulichen Beispiel: Er hat einen Freund, der kommt aus Vietnam. Ich frage Vincent, ob er seinen Freund jemals als »Schlitzauge« bezeichnen würde. Diese Sprache versteht Vincent, weil sie kindgerecht und lebensnah ist.

Ebenso übertrage ich meine »praktische Ader« auf ihn. So besitzt Vincent mehrere Werkzeuge, die manche Erwachsene nicht ihr Eigen nennen. Als er fünf Jahr alt war, wünschte er sich einen Aku-Schrauber. Auch seine Mutter freute sich sicher über dieses Geburtstagsgeschenk. Auf der Favoritenliste meiner Geschenkideen stehen Dinge wie Fernglas, Kompass und verschiedene Kombi-Zangen. Diese praktische Seite ist wohl die einzige Sache, die mich mit meinem Vater und mit meinem Sohn und ebenso sie beide verbindet. Ansonsten sind wir drei völlig verschiedene Menschen mit unterschiedlichen Charakteren, Wünschen und Vorstellungen. Mit einer kleinen Einschränkung: Ebenso wie offensichtlich mein Vater bin ich froh, einen Sohn zu haben. Wäre er ein Mädchen geworden, wäre dies zwar ebenso gut gewesen. Aber ein Junge ist ein Junge. Vielleicht bin ich in dieser Hinsicht stärker von meinem Vater geprägt, als mir lieb ist.

Vincent hat seinen Großvater nicht bewusst erlebt. Er weiß, dass er früh gestorben ist. Einmal fragte er, ob ich ihm ein Foto von seinem Opa zeigen könne. Da fiel mir auf, dass ich keines besitze. Das finde ich schade, immerhin war er mein Vater. Seitdem schenke ich Vincent manchmal eine Kleinigkeit, die ihn an mich erinnert. Mal eine Kette, ein anderes Mal ein Armband. Es sollen weniger Schmuckstücke sein, sondern eher als Talisman gelten.

Außer seinen Briefen besitze ich nichts von meinem Vater. Als ich seine letzte Wohnung ausräumte, nahm ich einen Freund und ein Beil mit. Wir zerhackten alles, was sich in den Räumen befand, und warfen es aus dem Fenster. Es war alles nur Sperrmüll. Mein Vater besaß nichts, was sich aufzuheben lohnte. Außer seinen Briefen ist nichts von ihm geblieben. Und die kann ich mir nicht als Foto an die Wand hängen.

Eigentlich ist er mir egal

Ralf S. lebt in Nicht-Verhältnissen:
zu seinem Vater und zu seinem Sohn

Du musst dich endlich von deinem Vater befreien«, sagte mir einmal ein fremder Mann. »Du musst ihn loslassen und dich selbst finden.« Ich hatte dem Unbekannten nur einige Passagen meines Lebens angeboten. Der Mann war Radiojournalist und offensichtlich ein hervorragender Menschenkenner. Er interviewte in Taxis Frauen und Männer, die bereit waren, seinem Mikro einiges aus ihrer Biographie anzuvertrauen. Er stieg zu ihnen in den Wagen und fragte sie unverhohlen aus. Auch ich ließ mich auf das Wagnis ein, ohne zu ahnen, was mich erwartete. Wir bogen um wenige Häuserecken, überquerten ein paar Ampeln und blickten uns einige Male ins Gesicht. In meinem vermochte der Mann offensichtlich zu lesen wie in einem offenen Buch Er stellte nur wenige und knappe Fragen, doch die waren treffsicher und bohrten sich wie ein bösartiger Stachel in krankes Fleisch. Und dieser eine Satz hakte in meinem Gedächtnis fest wie Sekundenkleber an einem Stück Holz: »Du musst dich von deinem Vater befreien!«

Mein Vater ist Professor, ich habe keines meiner begonnenen Studien beendet. Ich hangle mich in irgendwelchen Jobs als Ungelernter von einer kulturellen Einrichtung zur anderen. Mein Vater hat sein Leben mit jeder seiner Faser im Griff, ich bange um meine Existenz. Mein Vater war Mitte 40, als er seinen Professorentitel errang. Ich bin 41 und weiß an manchen Tagen nicht, ob ich morgen noch meine Wohnung bezahlen kann. Meine Eltern besitzen ein Haus, mein Vater fährt große, teure Wagen.

Der Doktortitel war meinem Vater stets sehr wichtig. Er ist sichtbares Zeichen seiner Intelligenz und Hartnäckigkeit, seines Fleißes und seiner Unabhängigkeit. Unablässig »etwas zu lernen« hat heute noch Priorität. Er wollte, dass seine Söhne ebenso werden wie er, dass sie in seine Fußstapfen treten, genauso »vorzeigbar« sind und in das Bild passen, das er sich mit rosaroten Farben vor Jahrzehnten malte.

Mein Bruder ist ein wenig wie er, er eiferte ihm nach. Und ist ihm jetzt ähnlicher, als er es jemals geglaubt hätte. Obwohl er als Jugendlicher immer betonte, niemals so werden zu wollen wie Vater. Einst rebellierte er. Doch die Grenzen seines Handelns waren eng gesteckt. Früh genug gab mein Bruder seine Oppositionshaltung auf. So wie mein Vater es wollte, begann er eine Lehre, um danach zu studieren. Ein Leitsatz meines Vaters lautete: Lerne erst einen ordentlichen Beruf, dann hast du was fürs Leben. Mein Bruder absolvierte seine Lehre – und arbeitet heute noch immer in dem Beruf. Studiert hat er nie.

Auch mich drängte mein Vater dazu, eine Lehre zu beginnen. Nach dem Abitur stieg ich in unserem Ort in eine Bankkaufmannslehre ein. Meinem Vater wäre es vermutlich egal gewesen, was ich mache, Hauptsache, ich lerne etwas »Ordentliches«. Ich wäre lieber Instrumentenbauer geworden. Doch damals fand sich nirgendwo in der Umgebung ein Meister, der einen Lehrling aufnahm. Keine gute Zeit für die Verwirklichung von Träumen, die vom gesegneten way of life abwichen. Ich hätte gewartet, bis sich eine Lehrstelle gefunden hätte. Doch jeder riet mir ab: Die Situation bessert sich nicht in den nächsten Jahren, nimm das, was du sicher hast, Junge! Also ging ich zur Bank.

Ich torkelte von einer Schulbank in die nächste. Dabei hätte ich nichts lieber getan, als einfach nur ein halbes Jahr lang das Leben in mir aufzusaugen. Zu schauen, was die Welt zu bieten hat und wie sie jenseits meiner kleinen Existenz aussieht. Oder einfach nur nichts tun: hedonistisch auf dem Rücken liegen und die Welt von unten betrachten, mit einem Grashalm im Mund und gedankenleer im Kopf.

Von Anfang an wusste ich, dass die Bank nie der Ort sein wird, der mich glücklich macht. Von Anfang an war klar, dass ich diesen Schritt nur für meinen Vater tat: Er sollte mich endlich in Ruhe lassen und mir nicht mehr sagen, was ich zu tun habe. Nach zwei Monaten kündigte ich. Zum Erstaunen und Entsetzen der anderen Lehrlinge und Kollegen im Haus. Wenige Tage nach Lehrbeginn wurde ich in der Berufsschule zum Klassensprecher gewählt, in der Bank bediente ich selbstständig am Schalter. Ich war gut und eine Ausnahme. Gewöhnlich dürfen Lehrlinge nicht allein im Schalterkasten sitzen.

Dass ich die Lehre geschmissen hatte, teilte ich meinen Eltern erst Monate später mit. Ich wollte keinen Streit mit meinem Vater. Seine Worte hatte ich schon im Ohr: »So etwas tut man nicht, ein Beruf ist wichtig, du versaust dir deine gesamte Zukunft.« Ich offenbarte meinen Eltern am Telefon, dass aus ihrem Sohn kein Kaufmann werden wird. Kurz bevor meine Lehrzeit begann, kauften meine Eltern ein neues Haus, einige hundert Kilometer entfernt. Ich blieb an unserem alten Heimatort wohnen. Einerseits wegen der Lehre, andererseits, um die Chance zur Abnabelung aus der elterlichen Obhut zu nutzen.

Mein Vater nahm den Hörer ab. Ruhig und gefasst teilte ich ihm mit, dass ich die Lehre abgebrochen und ein Philosophiestudium begonnen hatte. Ich erwartete, dass er tobt und wütet, wie er es oft tat, wenn er seine Meinung äußerte oder jemand anderer Meinung war als er. Doch er blieb erstaunlicherweise sachlich und unaufgeregt. Es war das erste Mal, dass wir ohne Lautstärke und heftige Worte eine Meinungsverschiedenheit austrugen. Und das erste Mal, dass ich opponierte und »Recht« bekam. Obwohl mein Vater mit meiner Entscheidung keineswegs einverstanden war. Ein Studium, das bedeutete für ihn die Herausgabe eines monatlichen Unterhalts von 1500 Mark. BaföG bekam ich nicht – dazu verdienten meine Eltern zu viel. Sie waren beide berufstätig. Doch die 1500 Mark reizten die Nerven meines Vaters. Er arbeitete hart und viel, aber lebte gern über seine Verhältnisse: Die Häuser, die meine Eltern der Reihe nach kauften und verkauften, wurden immer größer, ebenso die Autos und die Musikanlagen. Wenngleich sich meine Mutter und mein Vater in ihren gigantischen Wagen verloren und mein Vater die Technik nicht bedienen konnte. Doch es kam auf eine demonstrierte Opulenz an, auf das Zur-Schau-Stellen finanzieller Bedeutsamkeit und Größe.

Vaters Drang nach öffentlicher Präsentation materieller Bestücktheit rührt aus seiner Kindheit. Er ist ein Sohn karger Zeiten. 1935 geboren, lernte er als Kind nichts anderes als Entbehrung kennen. Diese Erfahrung prägte sein Leben: Nie mehr wollte er darben müssen, niemals mehr Hunger leiden. Auch wenn er bestimmte Dinge nicht braucht, das Gefühl, sie sich leisten zu können, wenn der Appetit danach aufkommt, beherrscht sein Handeln und Denken. Heute äußert sich sein schizophrener Kaufrausch darin, dass er merkwürdige Gegenstände ersteht, für die er nie eine Verwendung hat. Meist stellt er das zu Hause fest, packt sie sogleich in einen Karton und schickt sie zu mir. Im Glauben, ich fände für den »Schrott« eine Verwertungsidee. Doch ich hocke vor den Kisten und schaue meist fassungslos auf die »Geschenke«, weil ich oftmals gar nicht weiß, was sich da vor mir auftut.

So unüberlegt mein Vater früher mit seinen Kindern umging, so behandelt er sie heute noch. Im Grunde habe ich ihn nie vollständig erlebt. Sein Status war Abwesenheit. Abends kam er nach Hause, aß mit der Familie zu Abend und verschwand danach im Keller. Dort hatte er sein Büro eingerichtet. Warum er dort nach einem langen Arbeitstag weiter vor sich hin dachte und schrieb, weiß ich nicht. Ich habe ihn nie gefragt oder darüber nachgedacht. Sein Gang in den Keller war ein feststehender Akt, der durch nichts zu beeinflussen war.

Heute sage ich, mein Vater hätte sich um meine Geschwister und um mich mehr kümmern müssen. Damals jedoch habe ich ihn weder vermisst noch gebraucht. Im Gegenteil, andere Jungen wurden von ihren Vätern und Müttern beobachtet und gelenkt und damit in gewisser Weise kontrolliert. Ich konnte mich ganz der Nichtkontrolle hingeben und fühlte mich dadurch frei. Heute weiß ich, dass ich mich damals schon nach mehr Aufmerksamkeit gesehnt habe. Ich hätte mir gewünscht, mit ihm über mich und meine Probleme sprechen zu können. Weil wir es damals nie taten und in den vergangenen Jahren ebenso wenig gelernt haben, können wir es heute immer noch nicht. Wenn wir uns treffen, kreisen unsere Gespräche um Banales, Belangloses und beliebige »Eckdaten«. Unsere Seelen bleiben unberührt.

Mit 18 unternahm ich einen Selbstmordversuch. Anlass war der Verlust der ersten großen Liebe. Dahinter jedoch verbarg sich die tiefe Sehnsucht nach Anerkennung und Aufmerksamkeit. Der Suizidversuch als Zeichen der Warnung: Mir geht es schlecht, warum sieht mich denn niemand? Ich lief in den Wald, knipperte einen Strick an einen Baum, drehte eine Schlinge, steckte kurz den Kopf hinein – und zog ihn wieder heraus. Danach ging ich nach Hause und schmiss das Seil weg. Vermutlich drängte mich keine wahre Todessehnsucht, vermutlich verkörperte ich die klassische Reaktion von Jugendlichen, die stumm nach Anteilnahme und Beachtung schreien. Doch meinen Eltern sagte ich kein einziges Wort. Unsere Entfremdung betrug bereits unzählige Meilen.

Der Zufall wollte es, dass ich ihnen nach 20 Jahren davon erzählte. Es machte mir nichts aus, ihnen das Resultat ihrer Erziehung und ihren Liebesentzug vor die Füße zu klatschen. Aber sie reagierten gefasst. Und sagten, sie hätten damals sehr wohl bemerkt, dass es mir schlecht ging. Darüber tauschten sie sich, wie sie sagten, untereinander aus. Aber mich hatten sie nicht gefragt. Warum nicht, forderte es in mir nach einer Antwort, warum nahmen sie die Hauptperson ihrer Gedanken nicht in ihren Diskurs mit auf? Warum teilten sie ihre Elternwelt nicht mit ihren Kindern?

Heute trennen uns nicht nur unsere verschiedenen Leben, sondern viele hundert Kilometer. Meine Eltern leben in Bayern, ich in Berlin. Wir sehen uns zwei- oder dreimal im Jahr. Wenn wir miteinander telefonieren, ruft meist meine Mutter an. Mit meinem Vater spreche ich dann nie. Wenn sie mich brauchen, fahre ich zu ihnen. Doch kaum komme ich in ihrem Haus an, fühle ich mich unwohl. Ich möchte am liebsten kehrtmachen. Sofort. Ich bekomme Beklemmungen. Ein kalter Schauer ergreift mich, den ich erst wieder loswerde, wenn ich im Zug nach Berlin sitze. Wir haben uns nichts zu sagen und nichts zu geben. Wir sitzen auf der Couch im Wohnzimmer, in einem Haus, das mir fremd ist. Es trägt nichts Bekanntes und besitzt keine Ecken, in denen ich mich zu Hause fühle. Mein Vater erzählt irgendetwas, aber es interessiert mich nicht.

Oder er schimpft: über die Telekom, die Technik, den Tankwart. Und ich erzähle ihm immer wieder von neuem, wo und was ich arbeite. Er vergisst es, immer und immer wieder. Das ist sein Ausdruck von Desinteresse.

Mein Vater ist überheblich und selbstgerecht. Oft befürchte ich, dass diese Eigenheiten auf mich abgefärbt haben. Ich habe große Angst davor, ebenso selbstgerecht zu werden wie mein Vater. Und bin es manchmal längst. Dann gebe ich mich arrogant, anmaßend und herablassend. Bemerke ich es rechtzeitig, kämpfe ich mit Macht dagegen an. Manchmal gelingt es, manchmal nicht. Dann müssen mich Freunde und Kollegen in meiner ausgeklinkten Form aushalten und unter mir leiden. Ich versuche, mich bewusst von meinem Vater abzugrenzen. In einem Punkt gelingt es mir ganz leicht: Ich bin wesentlich maßvoller als er. Mit Gewissheit kann ich sagen: Nie werde ich einen Mercedes besitzen, auch keine 10.000-Watt-Stereo-Anlage. Ich brauche keine Statussymbole, um mich vollwertig und als Mensch zu fühlen. Nur einmal habe ich diesen Grundsatz durchbrochen: Ich kaufte Schuhe von Hugo Boss. Zwei Jahre waren sie unbequem und inzwischen dreimal beim Schuster.

Oft stellte ich fest, dass Kinder, je stärker sie versuchen, sich von ihren Eltern abzugrenzen, ihnen ähnlicher werden, als sie je in ihren schlimmsten Alpträumen annahmen. Diese Erkenntnis lässt mich ständig mich selbst beobachten. Wie sich jemand entwickelt und lebt, ist nicht selten eine Frage der eigenen Wahrnehmung und Einschätzung: Ich finde das Leben meiner Eltern langweilig und versuche mich dagegen zu wehren. Werde aber ebenso wie sie und gleite in die gleichen Bahnen hinein, die ich einst mit Macht ablehnte. Bis ich irgendwann feststelle: Mensch, du lebst ebenso wie sie, doch so schlecht ist das gar nicht. Oder ich bekomme gar nicht mit, wie ich lebe und dass ich meine Eltern unbewusst imitiere.

Ich mache meinen Vater dafür verantwortlich, dass mich ein ständiges Fluchtverhalten treibt, dass ich mich selten bis nie auf eine Sache, einen Job, einen Menschen festlegen kann. Wenn er abends im Keller verschwand, verschwand er nicht nur aus meinem Blickfeld, sondern stahl sich auch aus seiner Verantwortung. Durch sein Abtauchen entledigte er sich aller Probleme, die Kinder und Familie mit sich bringen. Das überließ er meiner Mutter. Durch sein Abtauchen begriff ich sehr früh den Mechanismus des Fliehens und die positiven Folgen: keine Streits, keine Verbote, keine Strafen. Mein Vater zeigte mir eine bestimmte Facette eines Lebensentwurfs: die Leichtigkeit des Weggehens. Unbewusst, aber detailgetreu. Weil er flüchtete, flüchte auch ich. Bahnen sich Konflikte im Job an, ringe ich nicht um eine konstruktive Lösung, sondern verkrieche mich in meinem ganz persönlichen Schneckenhaus. Und denke: Der Kampf lohnt nicht, die sind ja doch alle doof. Da bin ich lieber arbeitslos, als mich unnötig mit ihnen herumzustreiten. Vielleicht wäre ich heute ein anerkannter Stadtplaner oder Kunstwissenschaftler, wenn ich nur eine meiner Studien durchgehalten hätte.

Ginge ich als Kind auf eine andere Schule, wäre mein Leben anders verlaufen. Vielleicht wäre ich ein anderer Mensch. Als Kind hatte ich Schulprobleme. Jedoch nicht, weil ich an mangelnder Auffassungsgabe litt, sondern weil ich mit den Lehrern nicht klarkam. Sie wollten uns Schüler autoritär erziehen, dagegen lehnte ich mich mit all meiner Kraft auf. Aber ich wagte nicht, meinen Eltern zu erzählen, dass die Spannungen zwischen mir und meinen Lehrern bedrohlich waren. Und sie bemerkten nicht, dass es ihrem Sohn von Tag zu Tag schlechter ging. Ihnen fehlte es an Einfühlungsvermögen für ihre eigenen Kinder.

So kompensierte ich meine Schwierigkeiten im Spiel: Mit anderen zusammen baute ich Baumhäuschen, badete auch im Winter im Baggersee, stromerte durch den Wald und zündelte, bis die Feuerwehr kam. Nie hätte ich mit einem Jungen aus der Stadt tauschen wollen. So viel Freiheit hätte ich anderswo nie leben können. Als Jugendlicher ertränkte ich meine innere Zerrissenheit in Schnapsflaschen. Ich schloss mich einer »Kampftrinkergemeinde« an und fuhr besoffen Auto. Wie durch ein Wunder ist mir nie etwas zugestoßen. Später, beim Studium, besetzte ich Häuser und arbeitete im Studentenausschuss. Ich wohnte in WGs und machte Revolution. Ich lebte überhaupt nicht nach den Vorstellungen meines Vaters. Ich versuchte, ihn dort zu treffen, wo es ihm am stärksten etwas ausmachte: beim Lebensstil. Je ungeordneter, desto oppositioneller.

Noch heute würde ich in der Rückschau die meisten Dinge anders gestalten, als es mein Vater tat. Vor allem aber würde ich nie drei Kinder in die Welt setzen und sie sich selbst überlassen. Mir ist bewusst, dass mein Vater und meine Mutter stets im Rahmen ihrer Möglichkeiten handelten, dass sie arbeiteten, um uns einen Luxus bieten zu können, den andere Kinder nicht hatten. Aber ich hätte gern darauf verzichtet und meinen Vater lieber außerhalb seines Kellers erlebt.

Während ich dies alles erzähle, spüre ich eine Ambivalenz in mir, die nicht gesund ist. Ich bin selbst Vater. Mein Sohn ist sieben Jahre alt, ich habe ihn sechs Jahre nicht gesehen. Ich kümmere mich nicht um ihn und strebe auch nicht an, die Situation zu verändern. Ich bin kein Vater im eigentlichen Sinne, diesmal flüchte ich, allerdings ohne im Keller abzutauchen. Meine Geschichte als Vater ist eine andere als die von meinem Vater und mir.

Vor Jahren jobbte ich in Hamburg, um während des Studiums finanziell von meinen Eltern unabhängig zu sein. In einem Buchladen in der Nähe meiner Arbeitsstelle fiel mir eine Frau auf. Sie arbeitete dort ebenfalls nur, um sich irgendwie über Wasser zu halten. Wir begannen eine Affäre. An eine feste Liebesbeziehung dachte niemand von uns beiden. Wir versuchten nur, so seicht und unterhaltsam wie möglich durch den Sommer zu kommen. Sie wollte im Herbst nach Amerika zu ihrer Familie reisen, die dort lebte. Mich zog es nach Berlin. Nach wenigen Wochen sagten wir uns Lebewohl, ließen ein paar Kusshände durch die Luft fliegen und wendeten uns die Rücken zu. Uns trennten Tausende von Kilometern – und fremde Seelen. Etwa ein Jahr später flog mir ein dicker Brief entgegen, als ich meinen Postkasten öffnete. Während ich ihn in meinen Händen hin und her wog, kroch in mir eine Gewissheit hoch, die ich nicht mehr wegzudrücken vermochte. Meine Intuition hatte mich nur selten im Stich gelassen: Sie war schwanger, als sie nach Amerika ging, und stellte es dort im fünften Monat fest. Zunächst wendete sich alles in ihr gegen das Kind, sie dachte daran, es zur Adoption freizugeben. Doch je runder ihr Bauch wurde und je stärker das Baby zu strampeln begann, desto mehr gewöhnte sie sich an ihr »zweites Ich« und beschloss, Mutter zu werden.

Das Kind bekam sie in Amerika, ein viertel Jahr später landete ein Flugzeug mit ihr und dem Baby in Hamburg.

Der Brief in meinen Händen stellte eine Aufforderung dar, erneut umzuziehen, ohne dass er es ausdrücklich formulierte. Nach Hamburg zu gehen, ausgerechnet jetzt! Ich genoss mein Leben in Berlins östlicher Mitte, in der Auguststraße. Damals, wenige Jahre nach der Wende, war die Gasse – Parallelstraße zur Oranienburger – ein Mekka für Künstler, Hausbesetzer und gestrauchelte Existenzen. Mein WG-Zimmer kostete 120 Mark, es verging fast kein Tag ohne Rohrbruch, das Wasser lief die Wände herunter. Im Winter froren die Stränge ein und wir mit ihnen. Doch das Leben war leicht und floss dahin. Schweren Herzens kündigte ich mein Zimmer, raffte meine wenigen Sachen zusammen und trottete meiner Vaterrolle entgegen. Die Probe der »Familienzusammenführung« bestanden wir nicht, wir fielen ganz tief durch. Heute sage ich, ich hätte in Berlin bleiben und meinen Sohn regelmäßig in Hamburg besuchen sollen. Ich hätte das tun sollen, was ich von Anfang an für richtig befunden hatte. Das wäre uns und dem Kind besser bekommen. In Hamburg fühlte ich mich als billiger Babysitter missbraucht.

Die Mutter von Johannes war viel unterwegs, auch abends und nachts. Ich blieb bei dem Kind. Wir lebten beide von Sozialhilfe und stritten uns stündlich. Ich war völlig durcheinander und wusste, dass ich mich in erster Linie um mich selbst kümmern musste. Sie drohte ständig damit, zurück nach Amerika zu gehen. Und mittendrin das kleine Kind, das unsere Auseinandersetzungen zwar nicht begriff, aber involviert und oft der Gegenstand unserer gegenseitigen Attacken war.

Als Vater fühlte ich mich nie. Auch als ich mit dem kleinen Kerl allein war, regten sich in mir keine Vatergefühle. Ich horchte tief in mich hinein, doch da gähnte eine Leere. Ich fühlte mich völlig fehl am Platz. So überließ ich der Mutter den größten Teil der Verantwortung und legte keinen Wert auf so genannte Mitspracherechte. Sie hat das Kind bekommen, dachte ich, also soll sie auch darüber bestimmen. Darüber hinaus traute ich mir nicht zu, Verantwortung zu übernehmen. Ich wies alles, was mit dem Kind zu tun hatte, von mir.

Solange Johannes gestillt wurde, versuchten seine Mutter und ich wenigstens so etwas wie eine WG darzustellen. Doch nach dem letzten Tropfen Muttermilch, suchten wir getrennte Wohnungen. Nicht weit voneinander entfernt, um wenigstens die lokale Distanz nicht unnötig zu vergrößern. Johannes war zwei- oder dreimal in der Woche bei mir, auch nachts. Er schrie viel und brachte mich zur Weißglut. Das Vaterdasein packte mich mit all seinen Anstrengungen und Einschränkungen. Ich bin nicht für diese Rolle geboren, wusste ich plötzlich. Johannes' Mutter reichte ihn in dieser Zeit viel herum. Öfter, als ihm vermutlich gut tat. Meist erfuhr ich das nicht von ihr, sondern zufällig auf Festen und verschiedenen Events. Entweder sie tauchte auf, obwohl ich dort war und sie eigentlich bei dem Jungen sein müsste. Oder ich schnappte Gesprächsfetzen auf, indem irgendwelche Menschen, die ich nicht kannte, sich über meinen Sohn unterhielten und unter Kichern Geschichten der Nächte preisgaben, die er bei ihnen verbrachte.

Ich bin kein Kinderpsychologe, kann mir aber vorstellen, dass solch frühe Erlebnisse Kinder prägen, dass sie sich weggeschoben fühlen und später schwerer dauerhafte Bindungen herstellen können. Andererseits entwickelte ich auch nie ein Gefühl für meinen Sohn. Vielleicht liegt es daran, dass ich weder die Schwangerschaft noch die ersten Lebenswochen von Johannes miterlebte. Ebenso gut kann es eine Ausrede sein für ein ausgebliebenes Gefühl.

Und dann passierte etwas, das ich mir bis heute nicht erklären kann: Kurz nach Weihnachten verbot mir die Mutter meines Sohnes von einem Tag zum anderen den Kontakt zu ihm. Die Weihnachtstage verbrachte ich bei meinen Eltern, sie wusste davon. Wir hatten abgesprochen, dass ich sie anrufe, sobald ich wieder zurück bin. Das tat ich, aber sie war nicht da. Ich glaubte, sie sei nach Amerika abgehauen, ohne mir ein Wort davon zu sagen. Gedroht hatte sie ja ständig damit. Also fuhr ich irritiert und verstört noch einmal los. Als ich von diesem kleinen Ausflug zurückkam, bebte mein AB vor Zorn. Johannes' Mutter schien grün und blau vor Wut zu sein und versagte mir fortan, meinen Sohn zu sehen. Ich war fassungslos und unendlich traurig.

Ralf S., 41

Als ich merkte, dass ihr Entschluss endgültig war, zog ich erneut um. Was sollte ich noch länger in einer Stadt, die nicht meine war und in die ich nur gezogen war, um einer Frau und einem Kind einen Gefallen zu tun? Mich trieb es wieder nach Berlin. Dort fühlte ich mich stärker zu Hause als anderswo. Sie setzte sich erneut ins Flugzeug nach Amerika. Dort lebte sie bis vor einem Jahr. In all den vergangenen Jahren habe ich Johannes nicht gesehen. In Amerika wurde er eingeschult, in Amerika fand er einen neuen »Vater«. Die Mutter meines Sohnes lernte einen anderen Mann kennen, mit dem sie bis heute zusammen lebt. Als Familie kehrten sie nach Hamburg zurück.

Manchmal verbringt Johannes ein paar Tage bei meinen Eltern. Er wird von seiner Mutter hingebracht. Ich erfahre jedoch erst davon, wenn er wieder abgereist ist. Hin und wieder schickt mir meine Mutter Fotos von ihrem Enkel. Mein Vater sagte einmal, die Mutter von Johannes habe mehr von mir bekommen wollen, als ich wahrnahm: Sie habe mich festhalten wollen. Ich weiß nicht, ob ich das glauben soll. Wenn wir jetzt telefonieren, braucht es keine zwei Sätze und der beste Streit ist in vollem Gange.

Einmal waren meine Eltern mit Johannes im Urlaub. Aber sie riefen mich nicht an und forderten mich auch nicht auf, für ein paar Tage zu ihnen zu stoßen. Aber ich wusste davon und bewegte mich einen Moment lang in der Idee, auf diese unkomplizierte Weise meinen Sohn zu besuchen und ihn für ein paar Stunden zu erleben. Aber ich verwarf diesen Gedanken sofort wieder, wie ich ständig in einer Zwiespältigkeit kreise: Meine Lust, ihm zu begegnen, ihn kennen zu lernen, ist groß. Andererseits fehlt mir dir nötige Kraft, die es braucht, mich um ihn zu kümmern. In den vergangenen beiden Jahren bin ich lebensuntüchtig geworden und habe das Gefühl, als befinde ich mich in einem Laufrad, das nie aufhört sich zu drehen und mir niemals eine Möglichkeit zum Aussteigen gönnt.

Dennoch würde ich meinen Sohn zu mir nehmen, wenn seiner Mutter plötzlich etwas zustoßen oder sie sagen würde, nun sei ich an der Reihe mit der Kindererziehung. Vielleicht würde sich dadurch mein unbestimmtes Gefühl meinem Sohn gegenüber in ein sicheres wandeln, vielleicht würde ich beginnen, ihn zu lieben. Oft jagen mich Gedanken, diesen unhaltbaren Zustand ändern zu müssen. Dann wiederum hetzt mich die Angst davor und treibt mich ganz schnell und ganz weit weg von dieser Überlegung. Ich beruhige mich mit der Realität: Mein Sohn hat eine Mutter, er hat auch einen »Vater«, wenngleich einen Ersatzvater. Doch der spielt seine soziale Rolle gut. Johannes weiß, dass er nicht sein leiblicher Vater ist, akzeptiert aber diese Vaterfigur. Er weiß von mir und hat mich bereits gesehen. Allerdings weiß ich nicht, ob er nach mir fragt, ob es ihn drängt, mich kennenzulernen.

Ich stelle mir nicht vor, wie Szenen aussehen könnten, wenn wir uns begegnen. Mein Sohn ist mir fremd. Heute mit sieben Jahren ist er ein anderer als damals mit einem Jahr. Heute ist er selbstständig, damals brauchte er eine sichere Hand, nach der er jeden Moment greifen konnte. Wenn sich vor mir Bilder meines Sohnes aufbauen, dann jene aus der Zeit, die wir gemeinsam hatten. Eines Abends filmte ich ihn mit einer Super-Acht-Kamera. Er tapste und krabbelte durch die Wohnung, zunächst unkoordiniert und ziellos. Plötzlich griff er nach meiner Gitarre, zupfte an den Saiten und klopfte auf dem Holz herum. Bis ihm das offensichtlich nicht mehr genügte und er das Instrument völlig zertrümmerte. Er riss die Saiten herunter und drehte die Knöpfe am Gitarrenhals ab. Die abspringenden Saiten beobachtete er mit Freude und quietschte, wenn sie heulende Töne von sich gaben.

Wenn ich diesen Film sehe, beschleicht mich eine Furcht, dass das Verhältnis zu meinem Sohn ebenso unterkühlt wird wie das zu meinem Vater. Vielleicht ist es ja bereits so. Als Kind wünschte ich mir oft einen anderen Mann an Mutters Seite. Ich möchte nicht, dass es meinem Sohn genauso geht. Doch mich und ihn aus dieser Spirale herauszuwinden, fehlen mir momentan Kraft und Kreativität. Eine unbestimmte Angst hindert mich daran, mein Leben in den Griff zu bekommen und meinen Sohn zu gewinnen, sie hindert mich an mir selbst.

Mit meinem Vater bin ich fertig. Im wahrsten Sinne des Wortes. Vierzig Jahre habe ich mich an ihm abgearbeitet, vierzig Jahre begehrte ich mehr oder weniger gegen ihn auf. Heute lasse ich meinen Vater nicht mehr an mich heran. So wie er mich nie an sich heran ließ. Mein Hirn trägt auch kein Bild von ihm. Sollte ich mich erinnern, würde mir stets nur der letzte Anblick einfallen, der sich mir bei den Besuchen bot: Meist sitzt er dabei auf einem Stuhl in seinem Haus. Unser Verhältnis ist gestört und nicht mehr zu retten. Auch unzählige so genannte klärende Gespräche würden nicht mehr bringen als Schweigen und weiteres Zutagefördern von Zerrüttung. Vielleicht haben Vater und ich Angst voreinander und Furcht, Gefühle zu offenbaren. Doch was nutzt mir dieses Wissen – es wird unsere Verbindung nicht herstellen. Wo nie etwas existierte, kann nicht plötzlich etwas wachsen, weil man es sich möglicherweise wünscht. Überhaupt: Wünsche ich mir heute ein anderes Verhältnis? Eigentlich ist mir mein Vater egal.

Von beiden das Schlimmste

Gerhard W. hat zwei Väter

Meine Eltern sind ein harmonisches Paar. Das glaubte ich viele Jahre. Sie stritten nie, führten keine harten Auseinandersetzungen und kamen gut miteinander aus. Sie schienen eines der wenigen Elternpaare im Vergleich zu denen meiner Klassenkameraden zu sein, bei denen die Beziehung stimmt. Bis sie sich plötzlich nach 20 Jahren Ehe scheiden ließen. Sie gingen auseinander – und das ganze Kartenhaus aus Unwahrheiten, Geheimnissen und Träumereien brach zusammen.

Mein Vater war für meine Mutter der falsche Mann. Eigentlich. Und eigentlich auch wieder nicht. Er ist ein humorvoller, aber zurückhaltender Mensch.

Er geht und ging seiner eigenen Wege. Wenn er für seinen Beruf als Restaurator wochenlang im Land unterwegs war, rief er nicht an und schrieb keine Postkarten. Meine Mutter wartete auf ein Lebenszeichen, aber ihm kam es – vertieft in seine Arbeit – nicht in den Sinn, dass er vermisst würde. Zeit verlor ihren Wert. Kehrte er irgendwann nach Hause zurück, wischte er die Argumente meiner Mutter mit einem Satz vom Tisch: »Ich war gerade in der Gegend, also schaute ich mich da noch ein bisschen um.« Mein Vater war ein ferner Vater.

Ich spürte ihn kaum. Meistens arbeitete er, in der Regel außerhalb, und wenn er zu Hause war, verkroch er sich in seinem Arbeitszimmer. Unter einem kleinen Licht bastelte er an Entwürfen und baute Modelle. Der Tee, den er sich kochte, wurde meist kalt. Sein Arbeitszimmer mit all den Pinseln, Farben und Zeichengeräten war eine besondere Welt. Seine Arbeit war für meinen Vater das Universum, in dem er lebte, in dem er aufging und sich verewigte.

Gerhard W., 38

Vielleicht war sie aber auch ein Fluchtort: vor der Realität, vor der Familie, vor seiner Frau.

Mein Vater war kein Mann, der auf sich aufmerksam machte. Er hielt sich stets im Hintergrund und war leise. Damit verkörperte er nicht das Männerbild, das damals allgemein gelebt und gelitten wurde. An diesem Männerbild orientierte sich aber meine Mutter. Sie wollte einen starken Mann, einen, an den sie sich anlehnen, zu dem sie aufschauen konnte, einen Kämpfer und Recken mit einer gut sortierten Werkstatt. Mein Vater besaß lediglich einen jämmerlichen Handwerkskasten. Meine Mutter suchte nach einem Mann neben sich, der ihr den Weg wies und sie an die Hand nahm. Wie die Prinzessin von ihrem Prinzen im Märchen nach der Eroberung ins Schloss geführt wird. Ihre naiven kindlichen Träumereien vermochte sie ihr Lebtag nicht abzulegen. Sie ist eine Frau, die bis heute das Gefühl nicht los wird, dem Glück nur hinterhergelaufen zu sein. Anziehend fand meine Mutter »richtige« Männer, jene, die einen Anzug trugen und sagten, wo es langgeht und was zu tun ist. Solche, die mit der Faust auf den Tisch hauten und sich auch mal etwas nahmen, ohne danach gefragt zu haben. Meinen Vater empfand sie als schwach.

Sie hatte einen Liebhaber. Mein Vater wusste davon. Scheinbar gelassen schaute er zu und akzeptierte es. Er blieb sogar dann noch ruhig, als sie ein Kind des Liebhabers zur Welt brachte. Er ging dem großen Drama und einer Auseinandersetzung aus dem Wege und erklärte pragmatisch: »Wir sind verheiratet, das Kind ist da, also ist es unser gemeinsamer Sohn.« Der Sohn war ich. Ich bin der zweite von drei Söhnen. Drei Jungen, aus denen unsere Mutter richtige Männer machen wollte. Alle drei haben sich diesem Wunsch verweigert. Zum großen Bedauern unserer Mutter. Noch heute ist sie enttäuscht darüber, dass niemand von uns dreien bei der Armee war.

Kurz bevor ich 18 wurde, verliebte ich mich in die 16-jährige Tochter von Freunden meiner Eltern. Wir gingen zusammen zur Schule und ab und zu ins Kino. Eines Tages nahm mich der Vater des Mädchens zur Seite: »Ich muss dir was sagen ...« »Weiß schon«, erwiderte ich aus einer plötzlichen Gewissheit heraus, »du bist mein leiblicher Vater.« Merkwürdigerweise überraschte mich diese Neuigkeit nicht und sie beunruhigte mich zunächst kaum. All die vergangenen Jahre hatte ich geahnt, dass irgendetwas mit mir, in unserer Familie nicht stimmte. Was es war, konnte ich nicht sagen. Aber ich wurde das dumpfe Gefühl nicht los, dass irgendjemand mit falschen Karten spielte. Mein älterer Bruder deutete immer mal wieder etwas an. »Ich bin der richtige Sohn«, sagte er oft, »du siehst Vater ja gar nicht ähnlich.« Als Kind und Jugendlicher gab ich nicht viel auf solche Sprüche, ich machte mir wenig Gedanken darum. Aber es stellte sich heraus, dass die ganze Familie – Onkel, Tanten, Großmütter, Cousins und Cousinen – jahrelang wussten, dass mein Vater nicht mein Erzeuger war. Nur ich war von diesem Wissen ausgeschlossen, derjenige, den es am stärksten betraf. Erst viele Jahre später, als ich selbst Vater wurde, wurde mir das Ausmaß der außergewöhnlichen Situation bewusst: zwei Väter zu haben, einen genetischen und einen sozialen. Und doch keinen von beiden richtig zu spüren. Erst wenn man selbst über seinen Schatten springen muss und Verantwortung übernimmt, erscheint plötzlich alles in einem anderen Licht.

»Ich hatte ohnehin mit deiner Mutter vereinbart, es dir zu sagen, wenn du 18 bist«, sagte der Mann, den ich als langjährigen Freund der Familie kannte und der plötzlich mein Erzeuger sein sollte. Meine Eltern und die Eltern meiner »neuen« Halbschwester waren viele Jahre gut befreundet. Meine Mutter war dem Mann verfallen, weil er anders war als mein »sozialer« Vater, das Gegenteil von zurückhaltend: triebhaft, sinnesfreudig, eloquent. Für meine Mutter strahlte er Sinnlich- und Männlichkeit aus, die meinem Vater fehlte.

Leben aber wollte meine Mutter nicht mit ihm, denn ihrem Idealbild, dem sie stets hinterherträumte, entsprach auch er nicht. So lebendig und witzig er war, so chaotisch war er auch. Von Technik hatte er ebenso wenig Ahnung wie ihr Mann, und neben seiner Arbeit als Kunstwissenschaftler gab er sich ganz den sinnlichen Genüssen hin: Er trank, rauchte, schmiss mit Geld um sich, das er sich geborgt hatte. Darüber konnte er den Alltag, das praktische Leben vergessen. Dann waren ihm eine Flasche Schnaps und ein kostba-

Gerhard W., 38

res Buch näher als die Ernährung seiner Kinder. Mit seiner Frau, die er zweimal heiratete und sich von ihr ebenso oft scheiden ließ, hatte er zwei Töchter und einen Sohn. Frau und Kinder litten oft unter der unsozialen Situation, konnten sich aus ihr aber nicht befreien.

Am Tage meines 18. Geburtstags zog ich zu Hause aus. Obwohl wir eine große Wohnung hatten, teilte ich als »Mittelkind« stets mit einem meiner Brüder das Zimmer. Ich wollte endlich etwas Eigenes, hatte genug von den Heimlichkeiten und Lügen und besetzte eine Wohnung. In Ostberlin herrschte damals zwar Wohnungsmangel, aber es gab genug leerstehende Häuser, die dem Verfall preisgegeben waren.

Meine Mutter gab mir mit ihrer Liebe auch viel ihrer Mentalität und ihres Verhaltens mit. So sehr ich sie auch liebe, so sehr hasse ich an ihr ihre »Muster«, insbesondere wenn ich sie an mir entdecke. Sie ist eine heuchlerische Person. Das mag hart klingen, entspricht aber meinen Empfindungen. Aus einer unerklärlichen Angst vor Reaktionen anderer heraus sagt sie selten, was sie denkt, und redet sich alles schön. Aus Angst vor einem resoluten Nein lässt sie sich viel aufschwatzen und sich zu fast allem überreden. Ihr Leben lang erlag sie dem Irrglauben, alle anderen sind und machen es besser als sie. Egal, worum es ging. Dabei managte sie die Familie, die Kinder, den Haushalt.

Ebenso stark übertrugen beide Väter – der soziale wie der genetische – ihre »Anteile« auf mich. Beide beeinflussten meine Berufswahl: Ich arbeite als Architekt. Mein leiblicher Vater vererbte mir nicht nur sein Äußeres – frühzeitiger Haarausfall und eine gewisse Körperfülle –, sondern auch seinen Drang zur sinnlichen Genusssucht und Maßlosigkeit. Aber er ist kein Feinschmecker, sondern ein Verschlinger, der alles in sich hineinstopft, was er aufsammelt. Er ist ein chaotischer Mensch ohne Lebensplanung und Zielsetzung, der eher von den Ereignissen überworfen wird, statt sein Schicksal in die Hand zu nehmen. Er lässt sich treiben und wird getrieben. Weiß er nicht weiter, arbeiten sich seine cholerischen Züge nach vorn und er schlägt um sich. Die mitunter brutale, stets schnelle, anarchistische und eigentlich genussfeindliche Art, zu konsumieren und zu leben, erschreckt mich in dem Maße, wie ich mich selbst darin wiedererkenne. Und es macht mir Angst, so werden zu können wie er. Seit einigen Jahren vertrage ich kaum Alkohol. Vermutlich baute mein Hirn eine Schranke ein. Dennoch empfinde ich die Unordnung seines Lebens immer stärker in meinem Dasein. Das macht mich angespannt und unausgeglichen, weil ich dagegen wirken will. Aber das ist schizophren. Im Gegensatz zu meinem Erzeuger versuche ich, eine Linie in mein Leben zu bekommen und es nicht dem Lauf der Dinge zu überlassen. Dieser Mann ist für mich ein lebendes Mahnmal, wohin Orientierungslosigkeit führen kann.

Mein sozialer Vater, der schmächtig ist und mit 70 noch sehr dichtes Haar hat, verkörpert das Gegenteil von Genusssucht und Sinnlichkeit. Zwar zeichnet er gern Frauen im Rubens-Stil – mit breiten Hintern und großen Brüsten –, aber er pflegt keinen körperlichen Kontakt zu ihnen. Manchmal sagt er: »Es wäre wohl besser für mich gewesen, als Frau auf die Welt gekommen zu sein.« Dann grient er, und seine Zuhörer können darüber grübeln, was er damit wohl meint. Vielleicht hätte er in einer anderen gesellschaftlichen Zeit sein Coming-out erlebt, vielleicht wäre er unter anderen Umständen als junger Mann glücklicher gewesen.

Im Gegensatz zu meinem genetischen Vater liebe ich meinen sozialen Vater. Ich verehre ihn, weil er unendliche geschichtliche und kunsthistorische Kenntnisse besitzt und stets Geschichten erzählen konnte. Er ist tolerant bis zur Selbstaufgabe. Er brachte mir klassische Musik, Kunst und Architektur nahe. Mir als 15-jährigem Knaben, der geprägt war von den Vorstellungen seiner Mutter, erschienen jedoch technische Fähigkeiten und eine diesbezügliche Besessenheit als Grundvoraussetzung, ein Mann zu sein. Technikverständnis als Gradmesser von Männlichkeit. Ein Fahrrad konnte er gerade noch reparieren, aber am Auto basteln? Mein Vater war für mich eher ein Freund als ein maskulines Vorbild. Als Kompensation trat ich in die GST ein und schraubte fortan an Motorrädern.

Ebenso defizitär wie seine technische Begabung ist die, über sich und seine Gefühle zu sprechen. Mein Vater redet gelegentlich viel, er plaudert und plappert, aber stets über Dinge, die nicht sein Innenleben widerspiegeln. An ihn heranzukommen ist schwer. Er ist

Gerhard W., 38

verschlossen und teilt sich nur vermittelt mit. Sobald jemand versucht, in ihn zu dringen, zieht er sich zurück. Seine Antwort ist Schweigen. Vielleicht ist er darüber unzufrieden, weil er nie gelernt hatte, sich richtig mitzuteilen. Nur einmal erlebe ich ihn für seine Verhältnisse emotional: Er vergoss einige Tränen, als seine Mutter starb. Geredet jedoch hat er über das, was ihn damals bewegte, nicht. Sicher drückt sich darin auch die Erziehung der vergangenen Generation aus: Unseren Eltern wurde nicht beigebracht, sich mit ihren Gefühlen auseinanderzusetzen.

Beide Väter sind keine Männer der Tat. Und sie wirkten lange unruhig und gehetzt. Vielleicht liegt es daran, dass sie beide Vertriebene des Zweiten Weltkrieges waren und in ihrer Jugend nichts anderes erlebten, als auf der Flucht zu sein. An dieser Stelle schließt sich der Kreis: Beide Männer hatten kein wahres Elternhaus, sie lernten ein funktionierendes Heim nicht kennen und rannten davon, wenn es ihnen zu eng wurde. Diesen Zwiespalt aus Dauerhaftigkeit und Flüchtigkeit kenne ich gut, den gaben mir beide Männer mit.

Wie mein sozialer Vater besitze ich kein Talent zum Nestbauen. Auch er kannte nicht das Gefühl für Heimat und lief stets weg. Meine Mutter litt darunter, dass er wochenlang wegblieb und sie nicht wusste, ob und wann er wieder nach Hause kommt. In dieser Frage bin ich ihm sehr ähnlich: Ich weiß zwar, dass meine Freundin auf ein Lebenszeichen von mir wartet, wenn ich lange Zeit an einem anderen Ort arbeite, aber mich treibt kein Bedürfnis, einen Rapport abzuliefern. Die unkompliziertesten Beziehungen erlebte ich mit Frauen, die es nicht störte, dass ich sie nicht täglich anrief. Wenn ich vermittelt bekomme, ich hätte mich an- und abzumelden, steige ich aus.

Auch ich hatte lange eine Abneigung, Gefühle zu verhandeln: Emotionen haben viel mit unbewussten Vorgängen zu tun, die auch unbewusst bleiben müssen, um eine gewisse Spannung und Erregung erhalten zu können. Ein Kriterium für eine gute Partnerschaft war für mich immer eine gewisse Gelassenheit, nicht über alles reden zu müssen und einiges im Unklaren lassen zu dürfen. Kommunikation und Partnerschaft sollten auch als Spiel gesehen und behandelt werden: Die Regeln sind klar, was passiert, wird man sehen. Sicher kam es dabei zu Irrtümern und Missverständnissen. Wie bei dem alten Paar aus der allseits bekannten Geschichte mit dem Brötchen: Jeden Morgen teilen sich Frau und Mann ein Brötchen, wobei die Frau die Oberhälfte isst und der Mann die Unterhälfte. Kurz vor ihrem Tod gestehen sich beide, dass sie doch gern die andere Hälfte gehabt hätten, aber immer dachten, der andere mag gerade die Seite, die er allmorgendlich auf dem Teller vorfindet.

Wie man eine Beziehung führt, wie man Partnerschaft lebt, habe ich nie vorgeführt oder erklärt bekommen. Vater arbeitete immer und bildete keinen zentralen Punkt in der Familie. Er kümmerte sich in erster Linie um sich und seinen Beruf. Sein Alltag war vom Familienleben weit entfernt. Die Familienverwaltung betrieb meine Mutter, mein Vater putzte nicht, kaufte nicht ein und sorgte sich kaum um die Kinder. Die vermeintliche Harmonie meiner Eltern lehrte mich nie, Auseinandersetzungen zu führen. Viele Jahre konnte ich mich nicht richtig streiten. Nahte in einer Beziehung eine Diskussion, sah ich den Bruch vor mir. »Ich werde nicht mehr geliebt«, glaubte ich, »also gehe ich.« Erst spät begriff ich, dass für eine Beziehung nicht das Ende eingeläutet ist, wenn der erste Krach bevorsteht.

Ich hoffe, dass es meinem Sohn anders gehen wird. Seit Georg auf der Welt ist, frage ich mich: Was wird er wohl von mir haben? Seine Mutter und ich trennten uns, als Georg ein Jahr alt war. Heute ist er sechs, und er sieht mir sehr ähnlich. Und so wie mein Vater kaum für mich da war, bin ich für meinen Sohn nur zeitweilig verfügbar. Ich bin ein »ferner« Vater, hoffe aber, ihm näher zu sein und eine andere Kommunikation mit ihm zu pflegen, als ich es bei meinem Vater kennenlernte. Den Versuch, ihrem Sohn die Welt zu erklären, erlebte ich bei meinen Vätern nur bedingt. Ich bemühe mich sehr, Georg zu zeigen, was die Welt im Innersten zusammenhält.

Im Sommer starteten wir unsere erste gemeinsame längere Fahrt. Mit der Fähre nach Schweden, um dort zu zelten. Unser Weg führte uns bis nach Stockholm. Dort wollte ich ihm »sein« Denkmal zeigen: den Drachentöter Georg. So wie mein sozialer Vater mich an

Gerhard W., 38

Kunst- und Bauwerke heranführte, versuche auch ich, meinen Sohn Historie und Kultur spürbar erfahren zu lassen. In den zwei Wochen unseres Urlaubs erlebte ich wieder einmal, wie schnell Kinder im alltäglichen Miteinander die Werte ihrer Eltern annehmen, wie stark ein Vater seinen Sohn beeinflusst. Georg und ich schauten uns Schiffe an. Er fragte mich, welche Schiffe mir am besten gefielen. Ich antwortete spontan, am schönsten fände ich die großen aus Holz. Er nahm das zur Kenntnis, und später, an anderen Häfen, rief er zu meiner Überraschung, wenn er ein Holzboot sah: »Schau mal, Papa, dort, ein schönes Schiff.«

Gern würde ich Georg näher sein und ihm viel mehr von mir geben, mit ihm in einer intakten Familie Alltag erleben. Damals trennte ich mich von seiner Mutter, weil in mir das Gefühl brodelte, mit ihr nicht glücklich zu werden. Ich wollte nicht, dass mein Sohn aus falscher Rücksicht mit Eltern aufwächst, die keine lebendige und befriedigende Beziehung führen. So stark, wie meine Eltern uns Kindern ein intaktes Eheleben vorspielten, so groß die Heucheleien und Lügen waren, so wenig will ich das Erfahrene an meinen Sohn weiter geben. Meiner Mutter könnte ich heute vorwerfen, wenn sie sich und ihre Kinder geliebt hätte, hätte sie sich früher scheiden lassen. Zu Beginn ihrer Ehe mit meinem Vater wollte sie sich scheiden lassen. Aber dann kamen die Kinder, und später sagte sie: »Ich konnte nicht gehen. Was wäre aus euch Kindern geworden?«

Mein Sohn wird mit zahlreichen sozialen Komponenten und Familienmitgliedern im weitesten Sinne groß: Er hat zwei Großväter und drei Großmütter. Mein (sozialer) Vater hat nach der Scheidung wieder geheiratet. Georgs Mutter und ich erklären dem Kind geduldig, dass sich Menschen, die zusammen sind, es nicht für immer bleiben müssen, sondern auch wieder getrennter Wege gehen können, dass wir einmal ein Liebespaar waren und es jetzt nicht mehr sind, aber immer seine Eltern bleiben werden. So wie seine Großeltern, die zwar nicht zusammenleben, aber trotzdem immer meine Eltern und seine Großeltern sein werden. Das versteht er, aber sein sehnlichster Wunsch bleibt es bis heute, dass seine Mutter und sein Vater wieder zusammenziehen. Anders als mein Vater es mit mir tat, versuche ich mit Georg über Gefühle und emotionale Befindlichkeiten zu sprechen. Durch den Vergleich mit den Großeltern spürte er vielleicht Erleichterung, weil er begriff, dass nicht nur er seine Eltern teilt, sondern dass es auch andere trifft.

In letzter Zeit frage ich mich, wie sich wohl Kinder getrennter Eltern entwickeln, ob sie eher beziehungsunfähig werden oder stärker an Beziehungen festhalten, welche Familienformen sie bevorzugen. Wissenschaftliche Untersuchungen diesbezüglich beschreiben beide Phänomene ohne eindeutige Ergebnisse, welche Richtung häufiger eingeschlagen wird. Georg erlebt derzeit so etwas wie eine italienische Großfamilie, nur dass sich die Familie nicht aus Blutsverwandten zusammensetzt, sondern aus selbst gewählten Familienmitgliedern. Seine Mutter und er sind viel mit anderen alleinerziehenden Müttern und deren Kindern zusammen. Mitunter gesellen sich Männer als Partner der Frauen hinzu, die jedoch auch wechseln. Insofern ist mein Sohn kein Einzelkind im eigentlichen Sinne. Die Familie als geschützter Einzelbereich, so wie sie für unsere Generation die Norm war, lernt mein Sohn nicht kennen. Für Georg ist es normal, dass viele verschiedene Menschen unterschiedlicher Generationen um ihn herum sind. Die Mütter sind dabei die einzigen Konstanten.

Ein Freund, der allein bei seiner Mutter groß wurde, sagte einmal, Väter seien für die Persönlichkeitsbildung und männliche Identifikation nicht nötig. Er habe seinen Vater nie gebraucht und nie vermisst. Väter seien überflüssig. Das glaube ich nicht, ich vermisste einen Vater immer sehr. Ein gutes Verhältnis zum Vater ist für einen Sohn äußerst wichtig, allein, weil nur auf diese Weise eine männliche Identifikation zwischen Vater und Sohn möglich ist. Bei der Vermittlung ethischer Wertmaßstäbe und einer Weltanschauung steht ein Vater seinem Sohn gegenüber in der Verantwortung. Ein Sohn wird fast immer versuchen, sich mit einem männlichen Vorbild zu identifizieren. Meist ist das der Vater. Schließlich will er auch irgendwann einmal ein Mann werden. Also imitiert er, eifert nach und richtet sich nach den Worten des Vaters. Diese These ist sicher gewagt, aber ich hielt immer Ausschau nach einer akzeptablen Vaterfigur. Die ich jedoch in keinem der beiden Väter in vollendeter Form vorfand. Auch Georg sucht meine Nähe, er möchte seinen Papa eng bei sich wissen. Aufgrund unseres unregelmäßigen Zusammenseins nagt in ihm eine ständige Angst, mich zu verlieren. Als wir in Schweden eine Ausstellung auf einem Bauernhof besuchen wollten, schleckte er gerade ein Eis. Die Aufsicht bat darum, dass er das Eis erst draußen aufessen sollte. Ich sah mir unterdessen schon die Bilder im Eingangsbereich an. Er blieb mit seinem Eis vor der großen Glastür. Als ich mich noch einmal umdrehte und durch die Scheibe blickte, sah ich, wie er unglücklich draußen verharrte und weinte. Es wären nur wenige Minuten gewesen, aber er verlangte, dass ich auf ihn warte und mit ihm gemeinsam die Ausstellung betrete.

Regelmäßige Begegnungen zwischen Vater und Sohn sind ebenso wichtig für das emotionale Gleichgewicht eines Kindes wie Ehrlichkeit. Meinen beiden Vätern rechne ich hoch an, dass sie ehrliche Menschen sind. Mein genetischer Vater verbrennt sich lieber die Zunge anstatt zu lügen. Er ist ein unbequemer Mann, der es vielen schwer macht, sich aber nicht minder. Er hätte bekannter und erfolgreicher sein können, wenn er den Verhaltenskodex eingehalten und hin und wieder gute Miene zum bösen Spiel gemacht hätte. So wurde er zeit seines Lebens das Gefühl nicht los, unter seinen Möglichkeiten geblieben zu sein. Diese Gedanken beschleichen mich ebenfalls. Auch an dieser Stelle denke und handle ich ähnlich wie mein leiblicher Vater. Auch ich vermag es oftmals nicht, mich den Zwängen und ungeschriebenen Vorgaben zu beugen. Ich besitze kein Talent, Gespräche mit Leuten zu führen, die mir nichts sagen und nichts geben – nur aus vermeintlichen Prestigegründen und in der Hoffnung auf einen Auftrag. Mein genetischer Vater war einer jener Querschläger, die es kaum zu etwas bringen, weil das, was sie tun, mit erheblichen Risiken verbunden ist, die andere nicht eingehen möchten.

Als Kind brach es nicht selten aus mir heraus: Ich tobte, war jähzornig und cholerisch. Ohne dass ich es wusste, bat mein sozialer Vater den genetischen zu einem Gespräch über das schwierige Kind Gerhard. Er begab sich auf die Suche nach den Gründen für meine Wutanfälle, er wollte herausbekommen, wie man mir beikommen könne, ohne meine Eigenheiten zu »bekämpfen«. Von dieser Begegnung erfuhr ich erst viel später von meinem genetischen Vater, sie beeindruckt mich bis heute, weil ich glaube, sie erfordert enormen Mut.

Vor meinem sozialen Vater habe ich Respekt, weil er so reagierte, wie er es tat, als ihm seine Frau ein Kuckucksei ins Nest legte. Nie ließ er mich spüren, dass ich nicht seine Gene trage, nie behandelte er mich anders als meine Brüder. Im Gegenteil, er nahm mich auf, als wäre es gar nicht wert, darüber nachzudenken. Was es war, das ihn so handeln ließ, ist mir bis heute nicht ganz klar: Pragmatismus, Blindheit, Sturheit, Angst oder einfach nur unbeirrbare Liebe, die ihn sagen ließ: Warum soll ich mich von meiner Frau trennen, ich liebe sie doch! Und zu dem Kind stehe ich! Die meisten Männer in der damaligen Zeit hätten ganz anders reagiert: Sie hätten die Frau rausgeschmissen und ihr Flüche hinterhergeschrien. Aber mein Vater zeigte sich sozial und übermäßig tolerant, anders als es die gesellschaftliche Norm »vorschrieb«. Nie war er ein Macho-Mann, der seine Macht und seine Potenz unter Beweis stellen musste. Mein leiblicher Vater hingegen drängte auf Scheidung und wollte mit meiner Mutter zusammenleben. Das indes lehnte sie ab, der Mann versprach keine Sicherheit. Die Angst, mit ihm früher oder später im Chaos unterzugehen, konnte sie förmlich riechen. Die drei Kinder, die der Mann mit seiner anderen Frau hat, leben heute am Rande des Nervenzusammenbruchs. Aber auch meine Brüder und ich sind weit davon entfernt, in sich zu ruhen. Ich fühle mich häufig ratlos und verwirrt und dann auch oft wieder reich.

Schließlich hockte er über 400 Überweisungsscheinen ...

Wie sich Wilhelm T. an seinem Vater rächte

Oft sitze ich an der Oder, blicke auf den treibenden Fluss und meiner Kindheit hinterher. Sie liegt vier Jahrzehnte zurück, aber sie klammert sich noch immer fest an mich. So als wollte sie sagen: So leicht schüttelst du mich nicht ab, so leicht wie die Oder fließe ich nicht davon. Ich bin nachhaltig und gemein, und ich werde dich dein Leben lang begleiten. Wie ein verschwommener Schatten bei wechselndem Laternenlicht. Sie sollte Recht behalten, meine innere Stimme: Als Regisseur verarbeitete ich meine Kindheit in vielen Theaterstücken, Hörspielen, Drehbüchern, Liedern und Geschichten. Und je mehr ich mich mit ihr auseinandersetze, um so mehr Fragen tauchen auf. Die meisten aber bleiben unbeantwortet.

Ich sehe meinen Vater und seine Mutter, meine Großmutter. Sie sitzen auf einem Treibkahn und schippern die Oder entlang, Großvater führt das Steuer. Von Polen kommend flußaufwärts, dann bogen sie nach links in den Oder-Havel-Kanal ein, durchquerten den Rhinkanal und damit Brandenburg, schifften in die Havel und schließlich in die Elbe, die in Hamburg endet. Immer wieder die gleiche Strecke. Manchmal führte es sie den Rhein entlang nach Düsseldorf. Flußaufwärts feuerten sie den Motor an, flussabwärts ließen sie sich mit der Strömung treiben. Die Schleusen wurden von Trailern geöffnet und die Schiffe von Hand und mit Manneskraft durch die Schleusen gestoßen. Der Mann auf »meinem« Kahn, mein Großvater, hält Ausschau und das Schiff fest im Griff, seine Frau hockt auf dem Kajütendach und schält Kartoffeln. Ihr Sohn spielt mit den Schalen. Heute soll es Suppe geben. Wie jeden zweiten Tag.

Der Krieg hat die drei noch nicht eingeholt, sein Geruch aber hängt schon über dem Wasser.

Es ist eine scheinbar glückliche Familie, deren Geschichte vom Wasser geschrieben und vom Handel bestimmt wird. Der Kahn transportiert Holz, Zement, Steine. Von Osten nach Norden oder in den Westen. Großvater soll ein fröhlicher Mensch gewesen, sehr stolz, ein wenig introvertiert und eigenwillig. Ich kenne ihn nur von Fotos. Er trug eine Glatze und rauchte Pfeife. Auf den Bildern schmunzelt er verschmitzt in die Kamera, um seine Mundwinkel ziehen sich unergründbare Fältchen, die zucken wollen. Meine Großmutter war eine resolute Frau, die den Alltag vorgab und das Familiendasein bestimmte. Ihre Stärke und Energie müssen meinem Großvater irgendwann zu viel geworden sein. Kurz vor dem Ende des Krieges verschwand er, plötzlich war er wie vom Erdboden verschluckt. Ob er sich heimlich davonstahl, weil er dem Leben mit seiner Frau nicht mehr standhielt, ob er ein anderes Mädchen getroffen hatte oder von einer Kugel verwundet wurde – ich weiß es nicht. Niemand weiß es. Die Einzige, die das Rätsel um Großvaters Verschwinden auflösen könnte, war meine Großmutter. Doch die verwandelte diesen Lebensabschnitt in ein Tabu-Thema. Ihre Lippen wurden schmal, wenn sie jemand darauf ansprach. Deshalb vermute ich, dass sich der Mann der Dominanz seiner Frau entzog und sich ohne ein Wort der Erklärung in eine andere Welt aufmachte, eine, in der ihn niemand kannte, eine, in der er noch einmal von vorn beginnen konnte. Ich hätte ihn gern kennen gelernt, meinen Großvater, aber mir bleiben einzig die Geschichten meiner Großmutter.

Mit Kriegsende strandeten Großmutter und ihr Sohn in Wismar. Der Kahn war zerrüttet, das Schipperleben ohne den Mann kein richtiges Schipperleben mehr. Keiner wusste, was werden sollte. Vom Osten stürmten die Russen heran, aus dem Westen die Amerikaner. Mutter und Sohn ließen sich in der mecklenburgischen Kleinstadt nieder, suchten eine Wohnung und richteten sich, so gut es ging, ein. Fortan wuchs der jugendliche Mann ohne Vater auf und wurde durch die Bestimmtheit seiner Mutter geprägt. Dem Einfluss seiner Eltern kann sich niemand entziehen, wohl aber seiner

Bestimmung eine eigene Richtung geben. Das vermochte mein Vater nicht. Er hätte ein anderer Vater werden können als der, der er schließlich wurde. Die Stärke seiner Mutter hätte er nutzen, in positive Energie verwandeln und sie als solche anwenden können. Aber er kehrte alles um, später, als er selbst Vater war, und machte seinen Söhnen das Leben zur Hölle. Dabei hätte es durchaus eine wunderbare Familie mit illustren Geschichten werden können. Später, in der DDR, und damals, kurz nach dem Krieg.

Eines Abends in den frühen Wintermonaten polterte es an der Wohnungstür von Mutter und Sohn. Draußen stand ein Jeep, darin saßen einige Russen, die auf meinen Vater zeigten und ihm zu verstehen gaben, dass er sich rasch anziehen möge. Dann führten sie ihn ab. Sie sprachen kein Wort Deutsch außer: »Mitkommen.« Meine Großmutter war völlig aufgelöst und schrie den Fremden Schimpfwörter hinterher. Drei Tage blieb ihr Sohn verschwunden, drei Tage suchte sie ihn überall. Nirgendwo hatte man ihn gesehen, niemand hatte eine Ahnung, wo er geblieben sein könnte. Sie raufte sich die Haare und heulte nachts ihre Kissen nass: Ein geringes Vorkommen reichte aus damals, um nach Sibirien oder in den Gulag verschleppt zu werden. Meine Mutter hatte nicht die geringste Ahnung, was ihrem Sohn vorgeworfen werden könnte. Nach drei Tagen stand er unverhofft vor der Tür, über der Schulter ein verschnürtes Bettlaken. Darin, in jeder der vier Ecken einen Schatz eingeknotet: Butter, Mehl, Zucker, Salz. Der Lohn für seine Dienste im Auftrag der Russen. Die hatten in der Stadt gehört, dass mein Vater ein Talent für Reparaturen jeglicher Art besaß. Er hatte gerade eine Lehre als Radiomonteur begonnen. In der Kaserne der Russen reparierte er mehrere Tage hintereinander alle Uhren, Radios und verschiedene elektrische Geräte. Dafür entlohnten sie ihn mit Lebensmitteln, die es damals für horrende Summen nur auf dem Schwarzmarkt gab.

Mein Vater war ein ehrgeiziger Lehrling und hielt nach fünf Jahren bereits seinen Meisterbrief in den Händen. Aber er lebte noch immer im Hause seiner Mutter. Die beiden schienen eine eingeschworene Gemeinschaft zu sein. Immer, wenn mein Vater ein Mädchen kennenlernte, lud er es ins Kino ein. Er kaufte drei Karten:

eine für das Mädchen, eine für sich und eine für seine Mutter. Die junge Frau wusste nicht, dass die ältere Dame, die neben ihnen saß, die Mutter ihres neuen Freundes war. So konnte meine Großmutter ungeniert das Mädchen kennen lernen und entschied so über den Fortbestand der Beziehung. Bis mein Vater eines Tages die Geschicke seiner Liebe in die eigenen Hände nahm und meine Mutter heiratete. Sie war Kindergärtnerin und eine aufgeweckte und stolze Frau. Ein Jahr später wurde der erste Sohn, mein Bruder, geboren, ein weiteres Jahr darauf das zweite Kind. Das war ich. Eigentlich sollte ich ein Mädchen werden, um der familiären Konstellation die richtige Rundung zu verpassen. Aber ich wurde ein Junge, was mir mein Vater wahrscheinlich sein Lebtag nie verzieh. Auf einen Jungen waren meine Eltern nicht eingestellt. Ihr Unvorbereitetsein verdeutlicht sich allein an meinen Vornamen: Wilhelm Jürgen Detlef. Nullnamen, Unnamen, Grausamkeiten.

Mein Vater stieg schnell sozial auf, verdiente viel Geld und kaufte am Stadtrand ein Haus. Es war ein altes, kuschliges Gebäude, mit dem Charme eines frühbürgerlichen Gutshauses. Und mit dem Nachteil, nie fertig zu werden. War das Dach neu gedeckt, riss ein Sturm ein Fenster heraus. War der Keller ausgebaut, sollte eine Garage hinzukommen. Stand die neue Küche, wollte meine Mutter in einer Wanne baden, wie sie es nur im Westen gab. Ihre Ansprüche waren hoch und ihr Ehrgeiz unermesslich, das schönste Haus in der Stadt zu besitzen. Sie schufteten von morgens bis abends und genossen kaum den Reichtum, den sie anhäuften. Das verstimmte sie, aber sie merkten nicht, dass sie selbst die Auslöser ihrer schlechten Laune waren. Zudem legte die Politik der DDR ihnen weitere Hürden auf. Zu Beginn der sechziger Jahre waren selbstständige Handwerker nicht als treibende Arbeiterelite angesehen und wurden deswegen eher geschädigt als gefördert. Eigentlich ging es meinen Eltern gut, aber sie standen sich und ihrem Glück selbst im Wege. Beide kamen aus einfachen Verhältnissen und wollten hoch hinaus, wollten zum Wismarer Establishment gehören, vermochten es aber nicht einmal, auch nur einen Fuß über die Schwelle zur großen weiten Welt zu setzen. Daran litten sie, als hätte man sie um ihr Leben betrogen.

Und dann waren da noch die Kinder, die beiden Söhne, für die gesorgt werden musste und die sich tagtäglich unerbittliche Kämpfe lieferten. Weil der eine konnte, was der andere wollte, und es nicht teilte. Zwischen uns Jungs herrschte ein starker Dualismus: Mein Bruder war mir durch seinen geringen Altersvorsprung ein wenig voraus, aber ich schaute bei ihm ab und lernte schneller als er, was ich tun musste, um an das zu gelangen, was er bekam und worauf ich noch kein Recht hatte. Ich war klug genug, um die Regeln zu erkennen und das Spiel zu durchschauen. Viele Familien besitzen die Fähigkeit, Rivalenkämpfe ihrer fast gleichaltrigen Kinder auszuhalten und diesen mit einem Lächeln zu begegnen. Unsere Familie indes erwies sich als unfähig, diese natürlichen Gesetzmäßigkeiten auch nur annähernd zu beherrschen, meine Eltern fühlten sich durch ihre Kinder immer nur gestört. Das Schlimmste, was ihnen damals passieren konnte, waren ihre Söhne. Und das ließen sie uns spüren. Deutlich.

Mein Vater hatte es vor allem auf mich abgesehen. Ich bekam seinen Unmut ab, seine Unlust an der Ehe, seinen Ärger mit der Politik. Eines Tages ging er in einen Baumarkt, der sich damals Baustoffversorgung nannte, und kaufte einen ein Meter langen Glasfiberstab. Zu Hause bohrte er in das eine Ende ein kleines Loch und steckte Kupferdraht hinein, um eine Schlaufe zu formen. Dann schlug er im Keller einen Nagel in die Wand, direkt über der Kartoffelbox. Das war die neue Folterstelle. Immer, wenn er glaubte, er müsse mich auf seine Weise erziehen, hieß es: »Willi, komm mit in den Keller.«

Wie ich diese Worte hasste, wie ich das Procedere fürchtete. Er stellte sich vor die Kartoffelbox, spreizte seine Beine, griff nach meinem Kopf und klemmte ihn dazwischen. Dann zog er mit der linken Hand mein Gesäß nach oben und griff mit der rechten nach hinten an die Wand. Mit schnellen Zügen zischte der Glasfiberstab auf meinem Hintern nieder. Dreimal, viermal, manchmal auch zehnmal. Raste der Stab zehnmal auf mich nieder, konnte ich tagelang nicht in die Schule gehen. Mein Hintern war ein einziger Bluterguss mit offenen Stellen. Ich konnte nicht sitzen, nicht stehen und nicht auf dem Rücken liegen. Lediglich auf dem Bauch liegend, empfand ich Erleichterung. Selbst kalte Umschläge brannten auf meinem Hintern wie Feuer.

Auf meinen Zeugnissen prangten stets nur Einsen und Zweien, aber in Betragen grinsten Dreien und Vieren. Die sprangen dem Zeugnisleser entgegen, als seien sie mit einem Rotstift geschrieben, als wollten sie eine Warnung auf den Weg schicken. Doch meinem Vater schien egal zu sein, was sich hinter diesen Zensuren verbarg, was sie ausdrückten. Er sah nur die Drei oder Vier – und schlug wieder zu.

In meiner Klasse war ich derjenige, den niemand leiden mochte. Ich war das Feindbild schlechthin. Ich saß in der letzten Reihe, allein, ohne jemanden neben mir. Die Antwort wusste ich immer schon, bevor die Lehrerin überhaupt eine Frage gestellt hatte. Und schnipste ständig mit dem Finger und plapperte dazwischen: »Ich weiß es, ich weiß es ...« Ich wurde ignoriert und verschaffte mir deswegen immer lauter Gehör. Und machte mich dadurch immer unbeliebter. Bei allen. »Wo liegt der Ural«, fragte die Geographie-Lehrerin. »In Amerika«, antwortete ein Schüler. »O Mann, bist du ein Depp, schoss es aus mir heraus. »In der Sowjetunion, du Heini.« Und schon hatte ich wieder einen Minuspunkt gesammelt. So ging das tagein, tagaus, jahraus, jahrein. So hortete ich Einträge und Tadel – und bezog Prügel mit dem Glasfiberstab.

Meine Mutter entwich diesem Teil der Familie, sie schwieg zu allem, als sei nie etwas geschehen. Ebenso wie ich dem Satz meines Vaters »Willi, komm mit in den Keller« mit Grauen entgegensah, fürchtete ich die Worte meiner Mutter: »Warte mal, bis Papa kommt.« Das war ihr Beitrag zur Erziehung ihrer Kinder, so als würde sie die Schmerzen nicht empfinden, die uns ihr Mann erteilte, so als würde sie stillschweigend alles hinnehmen, nur um ihre eheliche Ruhe zu bewahren. »Warte mal, bis Papa kommt« stand wie eine gewaltige Drohung in der Küche. Sie sprach sie meist am Nachmittag gegen vier aus. Mein Vater kam um sieben Uhr abends nach Hause. Die drei Stunden von Mutters Ankündigung bis zum Eintreffen des unabänderbaren Ereignisses waren die Hölle. Ich verkroch mich in meinem Zimmer unter dem Dach, hockte mich aufs Bett und knabberte vor Angst meine Fingernägel ab. Von meinem

Fenster aus öffnete sich ein Blick auf den gesamten Hof, schon von weitem konnte ich Vaters Ankunft verfolgen. Er fuhr mit dem Auto auf den Hof, stieg aus, öffnete die Garagentür, fuhr den Wagen hinein, stiefelte heraus, schloss das Tor. Kurz darauf klappte die Haustür, schepperte Geschirr und grummelten Stimmen. Mein Vater aß Abendbrot, und Mutter erzählte ihm, was in der Schule vorgefallen war, was ich schon wieder angestellt hatte. Nach zwanzig Minuten tappten Schritte auf der Treppe nach oben zu meinem Zimmer, traten an meine Tür heran und Vater stand im Türrahmen: »Willi, komm mit in den Keller.«

Mein Bruder ereilte dieses Schicksal nur halb so oft. Er begriff früh, dass er um die Prügel herum kommt, wenn er sich opportunistisch verhält und sich nach Streichen sofort mit meiner Mutter verbündet. Die federte Strafen ab und legte ihre schützende Hand über ihren Großen. Ich aber war viel zu stolz und zu eigensinnig, als dass ich Strafmilderung erbettelt hätte, ich wollte widerstehen und Ehre zeigen. Und ich wollte zu meinen Taten stehen, die ich begangen hatte. Weil ich ihnen eine gewisse Bedeutung beimaß, weil ich sie mit Inhalt versah, der einen ganz bestimmten Adressaten hatte: meinen Vater, meine Eltern. Meine Auffälligkeiten waren nichts anderes als das ständige Buhlen um elterliche Liebe, um väterliche Anerkennung. Ich schlug über die Stränge, um von ihnen gesehen und wahrgenommen zu werden. Aber sie begriffen es nicht, nicht einmal, als ich es ihnen als erwachsener Mann direkt ins Gesicht schrie. Meine Eltern wollten Großes sein und Großes leisten, konnten sich den Zwängen ihrer proletarischen Herkunft jedoch nie entziehen.

Weil ich so war, wie ich war, lehnten sie mich ab. Mein Bruder zeigte sich handhabbarer und genoss deshalb einige »Privilegien«. Ihn nahmen sie mit in den Urlaub, mich ließen sie zu Hause. Als Neureiche reisten sie in einer Zeit ins Ausland, in der für manche sogar Ferientage in der Prignitz unerschwinglich waren. Sie fuhren an den Balatón, ans Schwarze Meer und nach Odessa. Die Bevorzugung meines Bruders schmerzte und kränkte mich zutiefst. Aber ich ertrug sie ebenso stoisch wie den Glasfiberstab. Ich wollte mich nicht brechen lassen.

Wir wurden nicht täglich geschlagen, sondern immer dann, wenn »etwas vorgefallen« war. Aber auch das passierte oft. Etwa aller vierzehn Tage bezog ich Prügel, mein Bruder einmal im Monat. Als wir sieben und acht Jahre alt waren, beschlossen wir abzuhauen. Die Idee stammte von mir, ich überredete meinen Bruder, den Picknickkorb zu packen und das Weite zu suchen. »Zu Hause macht es keinen Spaß«, argumentierte ich. »Was wollen wir noch dort?« Zur Sehnsucht nach der ganz normalen Familie mit einem ganz normalen Verhältnis in ihrer Zwischenmenschlichkeit mischte sich Abenteuerlust. Wir stapften los, zogen einige Straßen entlang, blieben an einer Ecke stehen und bettelten. »Wir haben unsere Eltern verloren, wir sind arme Waisenkinder.« Einige Passanten schauten verstört, aber die meisten nahmen von uns kaum Notiz. Vermutlich kannten sie das »Spiel« von ihren Kindern oder gar noch aus ihrer Kindheit. Fast jedes Kind versteigt sich irgendwann in die Vorstellung, wie es wohl wäre, ganz allein auf der Welt zu sein, ohne Vater und Mutter. Viele Kinder spielen »Krieg« und versuchen sich auf diese Weise das Gefühl zu verschaffen, allein auf sich gestellt zurecht zu kommen. Es hat uns wohl niemand ernst genommen und uns auch niemand geglaubt. Als der Abend dämmerte und Frost um die Häuserecken bog, begannen wir unser »Waisendasein« langweilig und unaufregend zu empfinden. Die Kälte kroch unter unsere dünnen Mäntel, unsere Körper sehnten sich nach der wohligen Wärme einer Stube. »Komm, wir kriechen auf unseren Dachboden und schlafen dort«, schlug ich vor. »Dort ist es warm und sicher.« Auf dem Weg dorthin wurden wir von Nachbarn gesehen, die unsere Eltern alarmierten. Die suchten uns inzwischen in der gesamten Stadt. Schweigend holten sie uns ab. Ohne Worte setzten sie uns an den Abendbrottisch. Die Stille war beängstigend. Meine Mutter entwickelte aufgeregte Hektik, mein Vater starrte vor sich hin. Keiner von beiden ließ ein Wort fallen, niemand fragte, warum wir das getan hatten. Das Vorkommnis wurde mit den Krümeln vom Tisch gewischt und nie wieder erwähnt. Aber es war das erste und einzige Mal, dass wir nicht geschlagen wurden.

Mit 14 beschloss ich, meinem armseligen und unerträglichen Dasein ein Ende zu bereiten. Wie ein Blitz schoss es in mein Hirn, ich sagte mir: Ab sofort fällst du nicht mehr auf, schiebst dich nie mehr in den Vordergrund, suchst dir Freunde und hältst einfach mal die Klappe, wenn du irgendwohin kommst. Du willst nicht länger allein sein, sondern endlich Freunde finden, mit denen du Fußball spielst, baden fährst und Mädchen kaschst. Du willst deine Freuden teilen und dein Leid halbieren. Aber wie fängt man das am besten an? Meine zündende Idee war gleichermaßen hilfreich wie einfach: Fortan aß ich nicht mehr zu Hause Mittag, sondern stopfte mit den anderen den Fraß der Schulkantine in mich hinein. Mit dem ersten Ton des erlösenden Klingelns zur großen Pause stürmte ich nun mit den anderen die Treppen zu den Katakomben hinunter, wo den Schülern die Illusion von ausgewogener Ernährung vermittelt werden sollte. Jeden zweiten Tag gab es verkochte Nudeln mit wässriger Tomatensoße, zwischendurch fettige Blutwurst mit matschigem Sauerkraut, Weißkohleintopf oder Kuheuterbrühe. Aber das war mir alles egal, mir war gleichgültig, wie das Essen aussah, roch und schmeckte. Wichtig war, mit den anderen zusammen zu essen. Sobald sich der Tellerinhalt im Magen versenkt hatte, klapperten die Jungs mit den Löffeln auf den Tisch und schrien im Chor: »Auf zu Bäcker Witt.« Bäcker Witt lag um die Ecke und verkaufte Quarktaschen für dreißig Pfennig. Das erste Mal in meinem Leben verspürte ich einen Zusammenhalt und das Gefühl, dazuzugehören. Das erste Mal wehte mir nicht Ablehnung entgegen, sondern Anerkennung: Der ist ja gar nicht so doof, wie wir immer dachten. Ich durchlief die Entwicklung vom hässlichen jungen Entlein zum schönen, geraden Schwan: Aus dem unbeliebten, dicklichen, störenden Stänkerer wurde ein stilsicherer und anerkannter junger Mann. In jener Zeit fand ich drei Freunde, mit denen ich heute noch zusammen bin. Sie ersetzten mir meine Familie, die ich nie hatte. Sie gaben mir die Liebe, nach der ich bei Vater und Mutter vergeblich suchte.

Meine rationale wie emotionale Entscheidung rettete mir das Leben. Und sie rettete mich vor meinem Vater. Mit meinem Entschluss, mein Auftreten in der Schule völlig umzustülpen, ging die weise Einsicht einher, dass ich mich von meinen Eltern trennen müsse, zumindest und zunächst räumlich. Zu Hause zog ich aus meiner

Dachkammer aus, in ein Zimmer außerhalb des Hauses, es lag hinter der Garage im Hof. So entzog ich mich nicht nur der Kontrolle meiner Eltern, sondern verlagerte die »Zensur« gänzlich in meine Obhut. Ich konnte kommen und gehen, wann ich wollte, es wurde nicht bemerkt. Ich konnte fliehen, sobald sich Gefahr im Verzug andeutete. Die Dachkammer hielt mich gefangen, aus ihr konnte ich nicht flüchten, aus dem Garagenfenster stieg ich aus, noch bevor jemand davon Witterung bekam.

Hinter meiner plötzlichen und frühen Abnabelung steckte die traurige Erkenntnis, dass ich nie die Liebe, Zuwendung und Aufmerksamkeit meiner Eltern bekommen werde, nach der ich mich sehnte. So rational ich beschloss, in der Schule ein anderer zu werden, so klar und fest entschied ich mich für die Lossagung von meinen Eltern: Wenn sie mich nicht lieben, dann lieben sie mich nicht, dann kann ich machen, was ich will. Jahrelang strengte ich mich an, ihnen gerecht zu werden, ihnen zu genügen. Und überbot mich dabei selbst: Ich war Bezirkssieger im Russisch-Wettbewerb und Gewinner der Mathematik-Olympiade, ich spielte im Schülertheater und war Einzelsieger beim Rezitatorenwettstreit im Bezirk Rostock. Fast krankhaft wollte ich die Liebe meiner Eltern gewinnen und versuchte zu begreifen, was ich falsch machte, weil ich sie nicht erhielt. Die Zuneigung bekam mein Bruder, soweit Vater und Mutter überhaupt dazu fähig waren.

Wie einem Automatismus folgend, versetzte ich mich nun in Widerspruch zu meinem Vater: Er war der geldorientierte Kleinbürger, der den Staat und dessen Politik zutiefst verachtete – und ich wurde FDJ-Sekretär der Schule und unterstützte jeden Erlass, den die Regierung damals ausgab. Zum 20. Jahrestag der DDR 1969 fuhr ich durch unsere Kleinstadt mit einem Fahrrad, an dem ein Wimpel flatterte mit der Aufschrift: »Hoch lebe Walter Ulbricht.« Ich gab alles und fragte nicht nach Sinn oder Unsinn. Ich krempelte die FDJ-Gruppe um und ernannte Innen- und Außenminister. Die gesamte Klasse stand hinter mir. Ein bewegendes Gefühl. Einmal beschlossen wir, einen Jungen aus der FDJ zu schmeißen. Das sorgte für Wirbel, weil damals niemand aus der FDJ ausgeschlossen werden durfte, schon gar nicht auf Beschluss einer einzelnen

Gruppe. Uns gelang es trotzdem. Einmal sagte ein Junge aus meiner Klasse zu mir, der mich noch wenige Jahre zuvor heftig ablehnte: »Willi, du bist zwar eine rote Socke, aber ein toller Typ biste trotzdem.« Das war Balsam für meine Seele, eine Kuscheldecke für meine vernachlässigten Gefühlsstränge.

Ich fühlte mich stark und besaß ein Pfand gegen meinen Vater: Meine Euphorie und meine Anerkennung, die ich genoss, waren mein Triumph. Ich hasste ihn nicht, weil ich damals schon erkannte, dass Hass nicht das passende Gefühl ist, dass Hass klein macht und als Beschreibung der »Rache«, die ich damit an ihm nahm, nicht ausreicht. Hass beinhaltet Schwäche, aber gerade diesen Glauben wollte ich ihm nicht überlassen. Ebenso wenig trieb mich die Leidenschaft, ihm körperlichen Schaden zuzufügen, gewissermaßen als Ausgleich für die erlittenen Schmerzen und Verletzungen. Immer erschien er mir als eine Bedrohung und unerträgliche Dominanz, aber darin war er gleichermaßen lächerlich und klein. Er war ein einfacher Mann und blieb es. Egal, wieviel Geld er scheffelte, egal, was er tat, egal, was er unterließ.

Mit meiner Analyse der Situation und meinem Triumph rechnete ich mit ihm ab, verschloss ich das Thema Vater für lange Jahre in einem dunklen, unerreichbaren Keller. Dass er mehr Macht über mich besaß, als mir lieb war und als ich angenommen hätte, war mir damals nicht klar. Erst als immer wieder meine Lieben zerbrachen an meiner Unfähigkeit, in einer Beziehung ich selbst zu bleiben, holte ich die Truhe mit »meiner« Leiche wieder herauf. Der Mangel an Liebe, den ich erfuhr, prägte alle meine Partnerschaften. Ich hatte und habe viele Frauen und bin noch immer unfähig, mich emotional zu binden. Meine kindliche Erfahrung, dass Liebe nichts Verlässliches ist und dass sie immer wieder infrage gestellt wird, verunsichert mich zutiefst. Immer noch, auch mit knapp 50. Bin ich verliebt, bin ich kein ernst zu nehmender Partner mehr. Ich verliere meine Identität und löse mich auf. Liebe als Zusammenhalt empfinde ich als einen zu großen Unsicherheitsfaktor. Ohne Liebe lebe ich entspannt, mit Liebe wird eine Beziehung für mich zur Horrorvision. Mit dem Fortschreiten des Gefühls der Liebe in einer Partnerschaft nimmt auch die Harmonisierung zu – und ich setze mich zurück. So lange und so stark, bis ich gar nicht mehr da bin und die Frau mich nicht mehr spüren kann. Weil ich klein und verschrumpelt darnieder liege, kann sie sich aufblasen wie ein Luftballon. Ein Ungleichgewicht, das alles zerstört. Liebe ich die Frau, mit der ich zusammen bin, sehe ich mich nicht in der Lage, klare Grenzen zu setzen, versinke ich in tiefen Empfindungen zu ihr, werde ich schwach und klein und zeige nichts mehr als Unfähigkeit in der Konfliktbewältigung.

Mein Bruder bewältigte seinen Konflikt genau entgegengesetzt. Als er 17 war, hatte er eine Freundin, die Birgit. Birgit hatte große Brüste, lange blonde Haare und einen ausladenden Hintern. Er machte mit ihr unzählige Motorradtouren. Er vorn auf dem heißen Eisen, sie das heiße Eisen auf dem Sozius. Den beiden wurde immer hinterhergepfiffen. Mein Bruder begriff irgendwann, dass die Pfiffe ausschließlich Birgit galten. Stiegen sie irgendwo ab, gingen baden oder stoben über den Rummelplatz, hatte er Mühe, entspannt zu bleiben. Er musste immer schauen, wo Birgit steckte. Birgit wurde umworben und begehrt. Sie wird nicht lange und schon gar nicht für immer meine Freundin bleiben, wurde ihm damals recht schnell klar. Die Folge: Er nahm sich eine Frau, die hässlicher war als jedes Biest aus grausigen Märchen. Elisabeth war klein, dick, ungepflegt und hatte zottlige Haare und weder Stil noch Verstand. Die wird mir niemand wegnehmen, die wird ewig bei mir bleiben, hoffte er. Mit ihr bekam er zwei Söhne und baute ein Haus. Doch er hatte sich verrechnet: Als die Kinder in die Pubertät kamen, setzte seine Frau ihn vor die Tür. Sie hatte längst einen anderen, aber mein Bruder nicht die geringste Ahnung. Nie wäre er auf den Gedanken gekommen, dass seine Frau jemals einen anderen Mann anziehen könnte.

Zu Beginn ihrer Ehe lebten die beiden im Hause meiner Eltern. Sie bewohnten meine ehemalige Dachstube. Elisabeth trug immer einen jener mattbunten Nylonkittel, die ihre ohnehin verschobene Figur noch unvorteilhafter erscheinen ließ. Mit ausgewaschener Dauerwelle, Pantoffeln und Schaumgummi zwischen den Zehen, damit diese nicht aneinander scheuern, bewegte sie sich im Haus. Selbst meinem Vater, der nie ein Fünkchen von Geschmack entwickelte, entlockte dieser Anblick den Satz: »Ich hatte mich mal auf meine jungen Schwiegertöchter gefreut. Aber die da ist ja eine Strafe fürs Auge. Da schau ich mir doch lieber meine Frau an.«

Nachdem ihn seine Frau rausgeschmissen hatte, hockte mein Bruder wimmernd vor meiner Wohnungstür. Er tat mir leid, ich nahm ihn auf. Immerhin war er mein Bruder. Am Abend nahm ich ihn mit in eine Diskothek, in der ich damals Platten auflegte. Dort lernte er die Frau kennen, mit der er jetzt noch zusammen lebt. Sie war noch hässlicher als Elisabeth.

Auch die Ehe meiner Eltern brach irgendwann endgültig auseinander. Mein Vater nahm sich eine fünfzehn Jahre jüngere Geliebte. Eines Tages erklärte er meiner Mutter, sie habe jetzt zu weichen für die neue Frau, die an ihre Stelle treten werde. Völlig überrumpelt zog meine Mutter aus dem Haus aus – in die Wohnung ihrer Nebenbuhlerin. Das wollte mein Vater so. Er ordnete es an, sie fügte sich. Meine Mutter zog in jene Räume, in denen ihr Mann und seine Geliebte vermutlich schon Monate lang ihre Liaison betrieben. Wahrscheinlich klebten in den abgetretenen Teppichen noch Sperma-Reste meines Vaters. Vermutlich schmiedeten sie hier ihren irren Plan vom Austausch der Frauen. Aber es kam noch schlimmer. Meine Mutter setzte noch eins drauf. Sie stellte sich zur Schau, litt öffentlich und betrieb coram publico Selbstzerfleischung: Sie heuerte in einem Bäckerladen auf dem Marktplatz an und verkaufte den ganzen Tag hinter der Theke Brötchen. Jeder konnte sie da sehen, jeder kam wenigstens einmal am Tag am Bäcker vorbei. Als einstige Frau eines angesehenen selbstständigen Handwerkermeisters wussten alle, wer sie war. Und alle hatten den Vorgang der Trennung und den Rausschmiss meiner Mutter aus dem Ehehaus beobachtet. Manche mit Mitleid, andere mit Hohn. Nun stand die geschasste Frau, die ein finanziell unbekümmertes Leben gewohnt war, ohne Haus und Gut da, ohne Ehelohn und ohne Einkommen. Nun musste sie Brot und Brötchen unter die Leute bringen. Nicht mal einen Stuhl durfte sie aus dem Haus mitnehmen. Mein Vater warf sie hinaus, einzig mit den Kleidern, die sie auf dem Leib trug.

Das ging meinem Bruder und mir zu weit. Wir kochten vor Wut und stellten unseren Vater zur Rede, der sich jedoch von uns weder überzeugen noch angreifen ließ. Da schritten wir zur Tat, ließen das Haus schätzen und veranlassten, dass Vater seine einstige Frau auszahlt. Dadurch wurde ihr wenigstens eine kleine Genugtuung zuteil, wenngleich diese den Schmerz und die Pein mitnichten aufwog. In dieser Zeit schmiedeten mein Bruder und ich gemeinsam mit unserer Mutter eine heilige Allianz gegen unseren Vater, der offensichtlich über alles hinwegging, was ihm im Wege war. Als Vaters Mutter starb, teilte sich das Grab: Auf der einen Seite trauerte unsere heilige Allianz, auf der anderen standen der Sohn, seine neue Frau und deren unglaublich dämliches Kind. Einen Moment lang verspürte ich ein beglückendes Gefühl: Vielleicht wird aus dieser Familie, die nie eine war, letztlich doch noch eine, wenngleich in verkleinerter Form, aber wenigstens eine, die es wert ist, so genannt zu werden. Die Hoffnung hatte ich noch nicht zu Ende gedacht, da blickte ich der ungnädigen Wahrheit erneut finster ins Gesicht: Mein Bruder entfloh unserer neuen Gemeinsamkeit und suchte Unterschlupf bei unserem Vater. Das große, zur Vervollkommnung bestimmte Haus und die Option, irgendwann darin leben zu können, wogen mehr als eine Herzensangelegenheit. Mein Bruder, der Opportunist, mein Bruder, der käufliche, seelenlose Hurensohn. Das brannte wie Feuer, wie Salz in einer offenen Wunde.

Damit beendete ich das Kapitel Vater und Sohn. Schloss es ab und wollte nie wieder daran erinnert werden. Und wartete – wahrscheinlich unbewusst und intuitiv – auf eine Gelegenheit, ihm noch einmal zu beweisen, dass es nicht für alles ein Recht gibt. Ich wartete auf meine Chance – und bekam sie in Form einer Autoanmeldung. In der DDR konnte man nicht einfach in einen Autohandel treten und sagen: »Guten Tag, ich möchte einen Wagen kaufen. Ich nehme ihn gleich mit.« Nein, man musste sich für ein Auto anmelden und zehn und mehr Jahre darauf warten. Für einen Lada hatte ich mich sofort angemeldet, als ich 18 geworden war. Zwölf Jahre später flatterte die Karte mit der Bestätigung in meinen Briefkasten, dass ich die Anmeldung einlösen könne. Ein Lada in einfacher Ausstattung kostete damals 27.000 Mark. Die ich nicht besaß und auch nicht aufzutreiben vermochte. Ich rief meinen Vater an und fragte ihn, ob er mir nicht 20.000 Mark schicken und ich den Wagen damit bezahlen könne. Diesen dürfe er dann behalten, wenn er wolle. Er wollte, und wie er wollte. Es wäre doch auch wirklich zu dumm gewesen, das Auto jemand anderem zu überlassen, nur weil ich das Geld nicht hatte und mein Vater es hortete wie andere Leute Brennholz für den Winter. Er schickte mir das Geld, ich kaufte den Wagen, gab diesen aber nicht meinem Vater. Den verkaufte ich für den dreifachen Preis. Seine 20.000 Mark aber, die sollte mein Vater selbstverständlich zurückbekommen, keinen Pfennig wollte ich davon behalten. Ich nahm das Bündel Geldscheine und ging zur Sparkasse. Dort füllte ich 40 von den damals üblichen rosafarbenen Überweisungsscheinen aus. Mehr als 500 Mark durfte man seinerzeit nicht pro Schein verschicken. Ich sah förmlich vor mir, wie Scham und Schweiß meinem Vater im Gesicht standen. Einen halben Tag lang saß ich in der Sparkasse und kritzelte auf vierzig Scheine vierzig Mal dieselbe Adresse. Mein Vater musste als Abholer des Geldes noch weitaus mehr Angaben als Name und Adresse auf den Scheinen vornehmen, beispielsweise die Personalausweis-Nummer. Er musste noch mehr schreiben als ich. 20.000 Mark bekam er in vierzig kleinen Raten zurückerstattet.

Das war vor über zwanzig Jahren. Seitdem habe ich meinen Vater weder gesprochen noch gesehen. Und ich will ihn weder sehen noch sprechen. Ein einziges Mal würde ich zu ihm fahren: Wenn er im Sterben liegt und den Wunsch äußert, sich bei mir zu entschuldigen. Aber ich weiß, dass er dies nie tun wird, denn er ist sich keiner »Schuld« bewusst. Der eine Satz, den er einmal aussprach, als ich mit ihm unsere Vergangenheit aufarbeiten wollte, dieser eine Satz, der einzige, der ihm dazu einfällt, brachte mich fast um: »So schlimm war es doch gar nicht.« So schlimm war es nicht? Nein, es war noch viel schlimmer.

Holger war eine Hoffnung

Manfred E. fühlt sich schuldig am Tod seines Sohnes

Der Anruf kam nach Mitternacht. Ich steckte mir gerade die Zahnbürste in den Mund, als das Telefon schrillte. Das Klingeln traf mich bis ins Mark. So spät ruft niemand sonst an. Ich wusste, was mich erwartet, wenn ich den Hörer abnehme: Meine geschiedene Frau würde am Apparat sein und mir eine grausame Botschaft überbringen, die schrecklichste Niederlage, die ich bislang einstecken musste. Mit dem Griff zum Telefon würde ich mir ein Stück meines Lebens abschneiden.

Ich wischte mir die Zahnpasta vom Mund, mit zittrigen Händen hob ich das schnurlose Gerät hoch. Es war die Stimme meiner Ex-Frau: »Unser Sohn ist vor zehn Minuten gestorben. Er ist eingeschlafen, nachdem ihm die Ärzte ein starkes Schmerzmittel gegeben hatten.« Ursula klang gefasst und stark. Was muss es sie für Kraft gekostet haben, diesen Satz auszusprechen. In diesem Moment bewunderte ich sie und liebte sie so heftig dafür, wie ich es in den vergangenen Jahrzehnten nicht getan hatte. Die nächsten Minuten waren Schweigen. Ihr Nichtssagen bohrte sich in meine Ohren und meine Augen brannten. Ich ließ die Tränen rinnen, meine Frau hörte sie nicht. Sie sah nicht meinen Schmerz, ich nicht ihren. Wie gern hätte ich sie in diesem Augenblick in den Arm genommen und fest an mich gedrückt. Aber eine solche Nähe ließ sie nicht zu. Plötzlich schluchzte es im Hörer und knackte. Sie hatte aufgelegt. Minutenlang muss ich wohl wie erstarrt mit dem Hörer am Ohr im Wohnzimmer gestanden haben. Um mich herum nahm ich nichts weiter wahr als Rauschen. Ich hörte nicht, wie meine zweite Frau, mit der ich seit sechs Jahren zusammen lebe, zur Tür herein kam und auf mich zusteuerte. Sie nahm mir das Telefon aus der Hand und führte mich zum Sofa. Wie eine Marionette nahm sie mich, wie eine Puppe, die nichts ohne Anleitung tut. Meine Frau sagte nichts und fragte nichts. Sie überließ mich meinem Schmerz und meiner Trauer, in diesem Moment hätte jedes Wort nur das falsche sein können. Sie wusste, dass mein Sohn aus erster Ehe im Sterben lag. So ahnte sie auch, was gerade geschehen war.

Holger hatte Krebs, eine seltene Art von Knochenkrebs. Wenige Monate zuvor ist er 30 Jahre alt geworden. Er lag nur kurz im Krankenhaus. Als die Ärzte die Krankheit entdeckten, war es längst zu spät, da bestand sein gesamter Körper fast nur noch aus Metastasen. Vorher verspürte er nie ein Leiden. Erst als er plötzlich unerträgliche und nicht enden wollende Rückenschmerzen bekam und sich kaum noch bewegen konnte, schleppte er sich zum Arzt. Der stellte die tödliche Diagnose und wies ihn ins Krankenhaus ein, das er nie mehr verließ. In der Zeit, als er vielleicht noch hätte gerettet werden können, hatte er keine Änderung an sich, an seinem Körper bemerkt. Er sah gut aus, fühlte sich wohl. Niemand ahnte, dass er nur noch wenige Monate zu leben hatte.

Ich verlor meinen Sohn, mein einziges Kind. Auch wenn das »Kind« bereits ein erwachsener Mann und selbst Vater war. Seine Tochter ist nun eine Halbwaise, ein wunderschönes Mädchen von inzwischen acht Jahren, das seine Gesichtszüge trägt. Wenn Luise lächelt, entdecke ich in ihren Lippen und Grübchen die meines Sohnes. Wenn sie herumtobt, sehe ich Holgers Bewegungen. Ich spüre seine Hände, wie sie sich, als er ein kleiner Junge war, an meinen Nacken schmiegten, wenn ich Luise auf den Arm nehme. Wenn meine Enkeltochter Puzzleteile wütend durchs Zimmer feuert, weil diese einfach nicht zueinander passen wollen, ist mir, als beobachte ich gerade die cholerischen Ausbrüche von Holger, als er so alt war, wie seine Tochter jetzt ist. Luise wird mich immer wieder bis ins tiefste Innerste treffen. Einfach, weil sie ihrem Vater ähnlich ist. Allein, weil er nicht mehr da ist. Und ich mich schuldig fühle.

Sein Tod liegt fünf Jahre zurück. Mir scheint, als sei er erst gestern aus dem Leben geschieden. Wenn ein Kind vor seinen Eltern stirbt, ist das gegen die Regeln der Natur. Zuerst sterben die Alten und die Jungen werden alt, um dann wiederum vor ihren Kindern zu sterben. Der normale Gang ist der, dass die Kinder ihre Mütter und Väter betrauern, und nicht umgedreht. Selbst die Sprache, die ja stets ein Spiegel der Gesellschaft ist, kannte bis vor einigen Jahrzehnten kein Wort für Eltern, die ihre Kinder verloren haben. Später las ich, dass eigens dafür ein Kunstwort gefunden wurde: verwaiste Eltern. Ich bin also ein verwaister Vater, meine Ex-Frau eine verwaiste Mutter. Nie hätte ich gedacht, dass ich mich jemals so nennen, dass mein Schicksal eines wider die Natur sein würde, dass ich Tränen vergieße um meinen Sohn, weil er vor mir stirbt. Wenn ein Kind ohne nennenswerte Komplikationen groß geworden ist, wenn es selber eine Familie hat und mitten im Leben steht, denkt man nicht daran, dass es plötzlich aus diesem gerissen werden könnte. Zumindest ich verschwendete nie einen Gedanken daran, dass ich einmal am Grab meines Sohnes stehen könnte. Eher malte ich mir aus, wie es wohl sein wird, wenn ich ihn das letzte Mal sehe oder vielleicht nur erahne, weil ich als alter und kranker Mann auf meinem Sterbebett fast nichts mehr von meiner Umwelt wahrnehme. Und eher dachte ich darüber nach, wer früher betrauert werden wird: meine geschiedene Frau oder ich. Meine zweite Frau ist wesentlich jünger als ich, da verboten sich solche Gedanken von selbst.

Der Tod von Holger traf mich an meiner empfindlichsten Stelle. Ich hätte es nicht für möglich gehalten, dass es so ist. Wenn man – wie gesagt – nie darüber nachdenkt und sich im Sicheren wähnt, spürt man nicht, was einem fehlen könnte, wenn es mit einem Mal nicht mehr da ist. In den letzten Wochen seines Lebens entdeckte ich eine neue Seite an mir, eine wesentlich sanftere und weichere als die anderen Seiten. Vorher glaubte ich mich stark und allen Dingen gewachsen. Schließlich lief es hervorragend im Beruf – ich bin gelernter Starkstromtechniker und seit Jahren Geschäftsführer eines mittelständischen Unternehmens –, meine zweite Frau ist wunderbar. Mir ging es gut, es fehlte mir nichts. Schlechte Stimmungen und negative Gefühle kannte ich seit meiner Scheidung nicht mehr. In der Trennungszeit flogen oft die Fetzen, ich knallte mit den Türen oder rannte wütend aus dem Haus. Als aber alles vorüber war, meine Frau und ich uns wieder wie normale Menschen benahmen und einander freundlicher begegneten, hatte ich das Gefühl, das Glück ist auf meiner Seite. Ich lernte meine jetzige Frau, mit der ich bereits seit Jahren bekannt war, näher kennen. Nach einem halben Jahr zogen wir zusammen und fühlten uns wie auf einer Schwebebahn. Nie hätte ich gedacht, dass ich mich noch einmal so verlieben kann und werde. Und dass die Liebe erwidert wird.

Holgers Tod stellte unsere Beziehung auf eine harte Probe. Die wir allerdings bestanden. Oder besser gesagt, die meine Frau bestand. Die meisten Ehen und Beziehungen scheitern, nachdem sie ein Kind verloren haben. Weil sich die trauernden Eltern ständig die Schuld am Tod des Kindes zuschieben. Hätte sich meine Frau so verhalten wie viele andere in ihrer Situation, wären wir heute nicht mehr zusammen. Sie nahm mich so, wie ich mich ihr präsentierte: schmerzerfüllt, jähzornig, depressiv, schweigend, abweisend. Sie hielt mich aus, sie hielt die Situation aus. Wäre sie nicht so geduldig und abwartend gewesen, hätte sie auf ihrem Glücksanspruch bestanden – wir wären vor uns selber davongelaufen. Aber sie vollbrachte eine Meisterleistung – über Monate und Jahre hinweg. Denn ich bin nicht mehr der, den sie einmal lieben lernte. Unsere Beziehung ist jetzt viel leiser und leidenschaftsloser. Ob gefestigter, kann ich nicht sagen. Zumindest aber überwiegt ein großes Vertrauen und ein stilles Verständnis.

Ich sehe auch nicht mehr so aus wie früher. Das liegt nicht am leicht fortgeschrittenen Alter, sondern an den Todesfolgen. Dessen bin ich mir sicher. Ich verlor mein Haar, quoll auf und bekam Hautausschläge, die ich mit verschiedenen Cremes bearbeite. Der Körper verfügt über zahlreiche eigene Ausdrucksmittel der Trauer. Manchmal schrecke ich nachts im Schlaf hoch und weiß nicht, wo ich bin. Dann beginnt mein Herz zu rasen, dass ich glaube, es springt mir aus der Brust. Seit Holgers Tod bin ich anfällig für Alkohol und Zigaretten. Auch Beruhigungs- und Schlafmittel lagern jetzt in meinem Arzneischränkchen. An Selbstmord jedoch dachte ich nie. Meine geschiedene Frau wirkte eine Zeitlang sehr suizidal. Ich machte mir große Sorgen, da sie nicht den emotionalen Rückhalt hatte wie ich. Sie blieb nach unserer Scheidung allein. Bis auf einige wechselnde Männerbekanntschaften passierte wohl nicht mehr viel bei ihr in dieser Richtung. Nach der Scheidung war es mir egal, schließlich ist es ihr Leben. Aber nach dem Tod unseres Sohnes wünschte ich ihr sehnlichst jemanden an die Seite, der sie wieder aufbaut. Ich konnte derjenige nicht sein. Dazu waren wir uns einerseits zu nahe und andererseits viel zu weit voneinander entfernt, dazu lagen zu stark vergangener Hass und ertragenes Leid zwischen uns. Auch in Anbetracht meiner zweiten Ehe konnte ich nicht mehr für meine Ex-Frau leisten.

Wie gefährdet verwaiste Eltern in Bezug auf sich selbst und ihre Gesundheit sind, las ich später in einer Untersuchung aus Australien. In dieser Studie wurden 18 Monate nach einem Zugunglück Frauen und Männer befragt, die ein Kind oder den Partner beziehungsweise die Partnerin verloren hatten. Die Befragten wurden in vier Gruppen eingeteilt: Witwer und Witwen, verwaiste Mütter und verwaiste Väter. Der Vergleich ergab, dass die verwaisten Eltern instabiler waren als die verwitweten Frauen und Männer. Wobei die verwaisten Mütter eindeutig am schlechtesten abschnitten. Männer scheinen die besseren Verdränger ihrer Gefühle zu sein. Am stabilsten waren die Witwer.

Auch ich verdrängte stark. Damals war ich mir dessen nicht bewusst. Ich heulte zwar und wurde jähzornig, aber ich zwang mich, so schnell wie möglich wieder zu funktionieren. Heute frage ich mich, wozu und vor allem für wen? Für meine zweite Frau, für meine erste, für meine Kollegen, für meine Freunde? Im Moment des heftigsten Schmerzes ist jeder allein. Was nutzt denn Rücksichtnahme, womöglich noch auf Menschen, die einem nicht sonderlich nahe stehen? Ich bin froh, meinen toten Sohn im Krankenhaus noch einmal gesehen zu haben. Er bot ein schreckliches Bild: mit all den Schläuchen und Kanülen, er war blass und abgemagert, an vielen Stellen des Körpers blau. Vermutlich von den Einstichen der Nadeln und Spritzen. Einige Freunde rieten davon ab, noch einmal ins Krankenhaus zu fahren. Heute ärgere ich mich, dass ich mich dem Willen meiner geschiedenen Frau gebeugt und nicht darauf bestanden hatte, ebenfalls dabei zu sein, wenn er sich verabschiedet. Aber ich sah ihn noch ein letztes Mal. Ich glaube, ein letzter Blick erleichtert das Abschiednehmen um ein Vielfaches. Kein reales Bild kann schlimmer sein als das, welches man sich in seinen Phantasien zurecht zimmert.

Ich fühle mich mitschuldig an Holgers Tod. Ich glaube, ich hätte seine Krebserkrankung verhindern können. Auch wenn mir die Ärzte mehrfach versicherten, dass mich bei einer Krankheit wie dieser keinerlei Schuld treffen kann, dass Holger sowieso krank geworden wäre, wenn er die Veranlagung dazu in sich trug – ob nun ohne mich oder mit mir. Aber genau hier liegt der springende Punkt. Ich hätte ahnen müssen, dass es meinen Sohn treffen kann. In meiner Familie ist Krebs eine Männerkrankheit: Mein Vater starb an Lungenkrebs, ein Onkel – ein Bruder meines Vaters – an Prostatakrebs. Auch einen meiner Cousins hat es getroffen. Er lebt noch, aber es wird wohl eine Frage der Zeit sein, wann er den Kampf gegen die heimtückische Krankheit verliert. Merkwürdigerweise blieb ich bislang verschont. Doch es kann mich noch immer erwischen. Inzwischen rechne ich damit.

Ich fühle mich schuldig, weil ich meinem Sohn die Gene dieser Krankheit vererbt habe. Die Veranlagung stammt aus meiner Familie. Sowohl meine erste als auch meine zweite Frau erklären mich stets für verrückt, wenn ich ihnen meine Theorie unterbreite. Aber ich habe mich nach Holgers Tod intensiv mit dem Krankheitsbild, den Ursachen sowie den Heilungschancen befasst. Nach medizinischen Erkenntnissen werden Krebsgene vererbt, unabhängig davon, dass eine ungesunde Lebensweise den Ausbruch dieser schlummernden Zeitbombe fördern kann. Auch die psychische Verfassung spielt eine nicht zu unterschätzende Rolle. Ich hätte besser auf meinen Sohn aufpassen müssen, unabhängig davon, dass er ab einem bestimmten Alter die Verantwortung für sein Leben selbst übernimmt.

Ich schenkte ihm wohl zu wenig Beachtung. Als Kind erzog ich ihn nach den Regeln meines Vaters. Er diente mir als »Vorbild«, ohne dass ich es so benannt hätte. Ich machte alles so, wie ich es gewohnt war. Ich kam gar nicht auf die Idee, an den Maßstäben meines Vaters zu zweifeln: Ein Sohn hat sich nach dem Fingerzeig seines Vaters zu richten, so lautete die Devise meines Vaters. So wurde ich groß, so wurde mein Sohn groß. Ein Kind muss folgen, Gefühle haben dabei keine Rolle zu spielen, und insbesondere Söhne müssen die Zähne zusammenbeißen. Emotionen sind Luxus, und die konnte sich die Familie meines Vaters nicht leisten. Meine Großeltern waren Bauern und kämpften schwer um ihre Existenz. Mein Vater musste schon als kleiner Junge mit aufs Feld und Rüben, Kartoffeln und Getreide ernten. Da wurde nicht gefragt, wie es einem geht, da musste mit angepackt werden. Es wurde auch nicht gefragt, ob die Frau, die man küsste, die richtige ist. Es wurde geheiratet, sobald sich eine »Passende« fand. Scheidungen kamen aus finanziellen und moralischen Gründen nicht infrage. So war mein Großvater ein harter Mann, der seinen Sohn – meinen Vater – ebenfalls hart erzog. Und dieser wiederum gab die Erziehungsmaßstäbe an mich weiter. Früher liebte ich das Leben auf dem Land, wenn ich bei den Großeltern meine Ferien verbrachte. Im Gegensatz zu meinen Eltern barg ihr Bauernhof eine Ursprünglichkeit, die der meiner Eltern längst verloren hatte. Meine Eltern pflasterten den Hof und stellten schwere Maschinen darauf. Meine Großeltern lehnten modernste Technik in der Landwirtschaft ab. Mein Großvater war streng und mitnichten ein fröhlicher Mensch. Aber ich kannte es nicht anders, auch von zu Hause nicht. Auch mein Vater lachte kaum, selten lächelte er. Ich setze mich ein wenig von diesen beiden Männern ab: Ich ging in die Stadt und begann ein anderes Leben zu führen, eines, das meinem Vater und meinem Großvater Angst machte. Vielleicht war ich ein wenig unbedarfter als die beiden Männer, weil die moderne Zeit es erlaubte. Im Grunde aber reihe ich mich ein in die harte männliche Linie dieser Familie. Ohne Holgers Tod wäre ich nicht auf diese Dinge gestoßen. Vermutlich hätte ich nie etwas infrage gestellt: nicht mich, nicht meine Erziehung, nicht meinen Vater, nicht meinen eigenen Erziehungsstil.

Holger war ein sensibles, zartes Kind. Das wusste ich zwar, aber ich wollte, dass er ein richtiger Kerl wird, dass er als Mann besteht. Mir kam nicht in den Sinn, dass ich ihm damit Unrecht tue, dass ich wider seine Natur handle. Ich hinterfragte nicht. Wie mein Vater. Er hat mich zwar nie geschlagen, aber überaus rüde »regiert«. Kamen aus der Schule Klagen oder hatte ich Aufträge im Haushalt nicht zu seiner Zufriedenheit erledigt, bestrafte er mich mit Stubenarrest und Fernsehverbot. Hinzu kam ein tagelanges Schweigen.

Manfred E., 57

Nicht aus dem Haus gehen zu dürfen war Strafe genug. Sein Schweigen indes bohrte sich wie ein Messer in meine Brust: Warum redet er nicht mir? Er liebt mich nicht, hämmerte es in meinem Hirn. Er lehnt mich ab, weil ich ihm nicht gehorche. Der seelische Schmerz, den er mir damit bereitete, setzte sich auf ewig fest. Die Folgen erkannte ich erst jetzt: Ich wurde so steinhart, wie er selbst war.

Das Wort Lebenslust kannte mein Vater vermutlich nur aus dem Duden. Ich erinnere mich nicht, meine Eltern jemals tanzen gesehen zu haben. Ab und zu gönnten sie sich ein Essen im Restaurant. Jedoch wählten sie fast immer das preiswerteste Menü. Entbehrung und Verzicht ist der Inhalt ihres Lebens. Wie soll jemand Freude am Leben entwickeln, der nie gelernt hat, das Leben nicht als Last zu empfinden? Wie soll er Wärme und Liebe weitergeben, wenn er sie nicht selbst wenigstens in Ansätzen in sich trägt? Söhne orientieren sich in der Regel an ihren Vätern, sie ahmen sie unbewusst nach und handeln früher oder später so, wie es ihre Väter einst getan haben. Also ahmte ich meinen Vater nach und gedieh nach seinem Bilde. Ich wurde ein harter Mann, der hart erzog. Ich arbeitete mit Hausarrest und sinnlosen Verboten. Doch was bei mir keine dramatischen Auswirkungen erzeugte, kehrte sich bei Holger ins Gegenteil um. Während ich ein expressiver Typ wurde, entwickelte sich mein Sohn zu einem introvertierten Jungen, der vermutlich unter mir litt. Während ich die Robustheit, Strenge und Widerstandsfähigkeit meines Vaters annahm und damit handelte, lehnte sie Holger zutiefst ab und begab sich in die innere Emigration. Davon hätte ich nie erfahren, wenn mir seine Frau nicht davon erzählt hätte. Ihr vertraute er sich an, ihr breitete er seine Kindheit und sein Verhältnis mir gegenüber aus. Da unser Verhältnis zu keiner Zeit zärtlich und herzlich war, kam mir nie der Gedanke, dass irgendetwas nicht stimmte. Unsere Distanziertheit löste bei mir keine Fragen aus. Von meiner Schwiegertochter erfuhr ich, dass ihn eine Hassliebe mit mir verband.

Auch mein Verhältnis zu meinem Vater zeichnete sich durch eine stilvolle Unterkühltheit aus. Unsere Gespräche drehten sich stets um Finanzielles, Technik und Sport. Gefühle und Dinge, die sich in unserem Inneren abspielten, kamen nie auf die Unterhaltungsplattform. Mir fiel das nie auf, weil ich es nie anders kennen gelernt hatte. Erst meine zweite Frau machte mich darauf aufmerksam, dass ich kaum über mich rede, und wenn, dann in Fakten. Was mich tief in mir drin bewegt, erfährt niemand. Vielleicht, weil ich es oft selbst nicht genau weiß und erst recht nicht benennen kann. Ich schob die Kritik meiner Frau auf das »typisch weibliche Emotionssyndrom«.

Als Holger gestorben war, gab ich mir einen Tag Trauerarbeit. Dann wollte ich wieder wie ein »richtiger Mann« daherkommen und erschien in der Firma. Die Kollegen drückten ihr Beileid aus, mir war nach Heulen zumute, aber ich riss mich zusammen. Flennen und Trauer, das ist etwas für Weiber. Meine geschiedene Frau blieb monatelang zu Hause, sie war unfähig zu arbeiten. Die erste Zeit zeigte ich dafür Verständnis, später machte mich ihre Lethargie wütend. So lange darf man sich nicht gehen lassen, widersprach mein Funktionssinn meiner Frau. Irgendwann fordert das normale Leben, der Alltag sein Recht wieder ein.

Mein Vater verarbeitete seine Trauer ebenfalls so unnachgiebig wie ich. Von ihm habe ich das gelernt. Als seine Frau, meine Mutter, starb, sah man ihm wenige Tage nach ihrer Beisetzung nicht an, dass er gerade seine Frau verloren hatte. Im Gegenteil, einen Tag nach der Trauerfeier trabte er zur Frühschicht in die Genossenschaft, in der er für die letzten Jahre vor seiner Rente arbeitete. Er und ich, wir stürzten uns in Arbeit. Heute weiß ich, dass es Flucht vor dem Schmerz war, ein Wegrennen vor der wahren Aufarbeitung eines Traumas, das sehr schmerzvoll ist. Später, als ich mich meiner Vergangenheit, meiner Erziehung und mir selbst stellte, entlud sich der Schmerz um so heftiger. Später, als ich begriff, wie mein Vater mit mir umging und wie ich mit meinem Sohn umgegangen war. Ich fühle mich schuldig am Tod meines Sohnes, weil ich sein wahres Ich, seine Persönlichkeitsstruktur, seine Anlagen nicht erkannte und er sich so stark gegrämt und gelitten haben muss, dass nur der Krebs Ausdruck seines Leidens werden konnte. Es gab Zeiten, da warf ich meine Schuld auch meinem Vater vor, weil er mich so erzogen hatte, wie er es tat, und ich unreflektiert das Gleiche wiederholte. Sagen konnte ich es ihm nicht mehr, er war ja längst

Manfred E., 57

gestorben – an Krebs. Aber eine sagenhafte Wut gegen ihn breitete sich in mir aus, ich wünschte oft, ich könnte sie an ihm auslassen.

Ich bin der Sohn meines Vaters. Nicht im Berufsleben und nicht als Lebensentwurf, aber im Alltag. Mein Vater war Bauer und wollte einen Mann als Sohn. So erzog er mich. Tränen waren nicht erlaubt und galten als »weibisch«. Frauen gestand er Emotionen zu. Männer sind Männer und haben sich im harten Kampf da draußen im rauen Leben zu behaupten. Sie haben die Familie zu beschützen und zu ernähren, Frauen für das Wohl der Familie zu sorgen. Die Frau und die Familie – für meinen Vater waren sie Hort der Entspannung. Wenn er nach Hause kam, hatte alles so zu funktionieren, wie er es verlangte. Er erwartete, dass das Badewasser heiß war, um sich den Gestank der Gülle aus den Poren zu spülen. Er hasste es, wenn sich der Geruch des Stalls in seinem Haar festsetzte. Nach dem Bad setzte er sich im Hausanzug an den gedeckten Tisch. So sehr sich mein Vater in seiner Berufung als Bauer fühlte, so sehr war er ein Mann des Stils. Vielleicht verschaffte er sich damit die Illusion des Hangs zum Höheren. Bei Tisch musste man sauber und frisch erscheinen. So durchlief ich – obwohl ich auf dem Lande groß wurde – eine gute Schule. Ungehobeltsein gab es bei uns zu Hause nicht.

Das Fatale daran jedoch ist, dass der Stil und die gewisse Feinheit nur eine Fassade waren. Hätte ich das damals alles durchschaut und daran gekratzt, wer weiß, was wohl alles zum Vorschein gekommen wäre. Einerseits bin ich betrübt darüber, dass ich nach der Wahrheit in unserer Familie heute nicht mehr suchen kann, andererseits bin ich froh, weil sie mir erspart bleibt. Und ich habe das Glück, meine Spuren noch rechtzeitig erkannt zu haben. Vermutlich gibt es Millionen anderer männlicher Schicksale meiner Generation, die ähnliche Erlebnisse hatten, aber nie gezwungen wurden, sie zu analysieren. Vielleicht stehen viele vor ähnlichen Fragen wie ich und wissen nicht, warum sie nicht vollends glücklich sind, warum sie stets das Gefühl haben, irgendetwas stimmt nicht. Es braucht eines Erlebnisses, das einen ganz auf sich selbst zurückwirft, dann sieht man klarer.

Holger war eine Hoffnung

Meinem Sohn habe ich die gleichen Dinge und Verhaltensweisen anerziehen wollen, wie mein Vater mir. So legte Holger viel Wert auf einen gepflegten Stil. In allem: in der Wahl seiner Kleidung, seiner Möbelstücke, seiner Frau. Sybille ist eine kleine und feine Frau, die leise und bedacht spricht. Ebenso leise leidet sie. In diesen Eigenschaften bildeten Holger und Sybille eine Einheit. In ihr suchte er wahrscheinlich sein Ebenbild. So weit ich es beobachtete, führten sie eine stille, harmonische Ehe, sie gingen vorsichtig und achtungsvoll miteinander um. Er behandelte seine Frau anders, als ich es damals mit seiner Mutter tat. So wie ich es im Elternhaus beigebracht bekam, musste es nach Feierabend bei uns auch funktionieren: Wenn ich kam, sollte die Phase der Erholung einsetzen. Schließlich sorgte ich dafür, dass die Familie so leben konnte, wie sie es tat: mit einem vollen Tisch, fernen Reisen, dem Auto vor der Tür. Weil ich den Tag hart an der »Front« kämpfte, hatte ich abends das Recht, mich gehen zu lassen. Nicht als biertrinkender Fernsehgucker, aber doch als jemand, der nicht reden muss und dem alle Wünsche von den Augen abgelesen werden. Ein richtiger Pascha.

Erst wenn mein Vater am Tisch saß, durfte mit dem Essen begonnen werden. Gesprochen wurde wenig und nur Elementares. Ich glaube, mein Vater kannte mich nicht und ich ihn nicht. Und so wenig wir voneinander wussten, so wenig wusste ich von meinem Sohn. Ich hatte keine Ahnung davon, was ihn bewegte, was er liebte, welche Leidenschaften ihn trieben. Ich verlor ihn aus den Augen, wenn ich ihn überhaupt jemals richtig im Blickfeld hatte.

Jahrtausende lang gaben Väter an ihre Söhne weiter, was sie von ihren Vätern »vererbt« bekamen, Jahrtausende lang verhielten sich Söhne so, wie ihre Väter es von ihnen erwarteten. Ich habe es hautnah erlebt. So erhielten sich Strukturen – familiäre, soziale, psychische –, ohne dass an ihnen nur im Geringsten gezweifelt wurde. Vielleicht ist die Generation meines Sohnes die erste, die es anders macht, die das tut, was sie für richtig hält, und Kinder entsprechend ihren Eigenheiten und Leidenschaften groß werden lässt, die sie nicht nach ihren Ansichten formen will, sondern sich entwickeln lässt. Und ich glaube, mein Sohn war einer von ihnen – mein Sohn war eine Hoffnung.

Die »Bornholmer Hütte« ist mein Leben

Matthias G. führt die Kneipe seines Vaters weiter

Ich könnte ein steinreicher Mann sein. Ich müsste nicht mehr arbeiten und dürfte mich auf die faule Haut legen. Aber bin nicht reich und ich muss jeden Tag schuften, von früh morgens bis in die tiefe Nacht hinein. Weil ich für das, was mich vermögend machen würde, keinen einzigen Euro nehme. Ich stehe da einfach hinter meinem Tresen und höre mir die Geschichten, Sorgen und Nöte der Leute an, die sie auf die Theke knallen. Sie kommen mit allem, was das Leben und der Alltag zu bieten haben: Liebeskummer, Geldsorgen, Kochrezepten, Fußballergebnissen. Ich schenke ihnen mein Ohr und dabei ein Bier oder einen Jägermeister aus, sie lassen alles von sich abfallen und entrücken der Welt für ein paar Stunden. Ich bin der billigste Therapeut, den sie finden können, ich koste sie nicht einen Cent. Nur das Bier und den Schnaps gibt es nicht umsonst. Das Sozialamt bin ich nicht.

In Amerika hat fast jeder seinen Analytiker. Das sind alles Halsabschneider und Verbrecher. Im Grunde können die nichts und machen nichts. Ich habe noch nie gehört, dass ein Analytiker jemals einem Menschen geholfen hat. Ich weiß, wovon ich rede. Ich habe mal eine Psychologin kennen gelernt, die konnte ich von Anfang an nicht leiden. Mein ältester Sohn bekam im Alter von zwei Jahren Krebs. Er lag auf der Kinderkrebsstation, seine Mutter und ich waren bei ihm. Eines Tages trat eine Ärztin auf uns zu und sagte, sie wolle uns helfen. Wie sie so mit einem wehmütigen Blick in den Augen und ihrer mitleidigen Stimme vor mir stand, erzeugte das in mir nur ein einziges Gefühl: Ablehnung. Ja, ja, Eltern von krebskranken Kindern kann es nur schlecht gehen, das weiß man aus den Medien und aus Filmen. Auch mir ging es nicht gut. Aber wie sollte mir diese fremde Frau helfen können? Sie kann mir meinen Sohn nicht zurückgeben, wenn er den Kampf gegen die Krankheit verliert. Was also wollte die von mir? Sie war etwas brüskiert, als ich ihr sagte, ich bräuchte ihre Hilfe nicht, sie solle sich zum Teufel scheren, entweder mein Sohn springt über die Klinge oder nicht. Mehr Möglichkeiten gibt es nicht, das ist das Leben und damit basta. Psychoanalytiker sind alles Quacksalber, die labern den ganzen Tag vom Leben und haben doch keine Ahnung davon. Mein Sohn lebt immer noch und ist glücklich. Heute wohnt er mit seiner Mutter, meiner Ex-Frau, in Spanien und besucht mich jedes Jahr im Sommer.

Bei mir bekommen meine Gäste zum Bier die Lebensberatung gratis. Und zwar eine Beratung, die weiß, was Sache ist. Mit dem Wirt ihrer Stammkneipe besprechen die Leute viel mehr als mit anderen Personen: Wenn sie sich mit ihren Ehefrauen gekracht haben, weil die wieder mal zu viel Geld ausgegeben haben, und wenn die Kinder in der Schule Mist gebaut haben. Oder wenn die Katze ausgerissen ist. Alle Alltagsprobleme werden mit an den Tresen geschleppt. Ich höre mir alle Erlebnisse und Lebenstheorien an, sage ab und an ein Wort dazu, gebe auch manchmal einen kleinen Rat. Aber das wollen die meisten gar nicht, sie wollen nur einmal alles loswerden, was sich so angestaut hat, am Tage, in der Woche, im Laufe der Zeit. Sie verlangen nach einem Trichter, dem sie alles einflößen können, um sich danach besser zu fühlen. In solchen Momenten ist der Mann hinter der Theke keine bestimmte Person, sondern ein Neutrum, dem man alles anvertraut, manchmal sogar sein ganzes Leben. Und viele wollen keine Antwort auf das, was sie gesagt haben, sie brauchen lediglich Erlösung. Dann ist es am besten, man sagt gar nichts.

Die Kneipe habe ich von meinem Vater geerbt. Die »Bornholmer Hütte« gibt es seit 1907. Sie befand sich immer dort, wo sie heute noch zu finden ist, in der Bornholmer Straße 89 in Berlin-Prenzlauer Berg, zwischen Schönhauser Allee und Seelower Straße. Sie hieß auch immer so und ist inzwischen ein Relikt aus vergangenen Zeiten. Die »Bornholmer Hütte« war schon immer ein Familienunternehmen. Auch bevor mein Großvater die Kneipe übernahm.

Matthias G., 33

1952 pachtete er sie, zwei Jahre später führte dann mein Vater die Geschäfte. Meine Mutter stand das erste Mal am 9. September 1962 in der »Hütte«. Mein Vater und sie hatten sich gerade kennen gelernt, Vater war 25 Jahre älter als Mutter. Sie wollte zu ihm in die Kneipe, aber das einzige, was sie wusste, war die Adresse. Bis ans Ende der Welt, das damals die Bornholmer Brücke war, weil da die Mauer begann, war sie noch nie gekommen. Sie stand auf dem Alex und hatte keine Ahnung, wohin und wie sie fahren musste. Aufgeregt rief sie von einer Telefonzelle meinen Vater an. Der erklärte es ihr noch einmal, aber sie fand die Kneipe trotzdem nicht auf Anhieb. Sie hatte keine Ahnung, wie lang die Bornholmer Straße war. Von den Passanten, die sie fragte, wurde sie von Pontius zu Pilatus geschickt.

Die Geschichte meines Vaters in der Kneipe setzt sich in meiner Geschichte fort. Insofern trifft fast alles, was ich von mir erzähle, auch auf meinen Vater zu. Bis auf einige systemimmanente Differenzen gleichen sich unsere Tages- und Lebensläufe, soweit sie die Kneipe berühren. Ich bin seit 1991 dabei. Da war ich 22. Es war klar, dass ich irgendwann in die Fußstapfen meines Vaters trete, aber nicht so früh. Erst, wenn ich 38 oder 39 bin, sollte es soweit sein, hatte ich mir ausgerechnet. Doch erstens kommt es anders und zweitens, als man denkt. Vor sechs Jahren starb mein Vater. Drei Jahre lang hat Mutter die Kneipe noch geführt, dann habe ich sie übernommen. Mit 30. Nun gehört sie mir, und Mutter darf abends nicht mehr arbeiten. Das habe ich ihr gewissermaßen »verboten«. Sie hat ein Recht auf Ruhe und einen stressfreien Lebensabend. Über 40 Jahre ihres Daseins gehörten der Kneipe. Jetzt soll sie auch einmal etwas anderes machen dürfen, als immer nur an das Unternehmen zu denken. Fernsehen, Kino, Ausgehen, alles Dinge, die sie sich in den vergangenen Jahren, insbesondere denen nach der Wende, verbieten musste. Das soll sie sich jetzt gönnen.

Außerdem ist mal wieder ein Generationswechsel nötig. Mit meinem Vater und meiner Mutter sind die Stammgäste alt geworden. Irgendwann sterben die aus, also müssen junge Leute her. Die kommen aber nur, wenn auch das Gesicht hinter dem Tresen jünger wird. Der Thekenmann bindet das Stammpublikum. Ich verfolge ein besonderes Konzept: Ich lasse einfach alles so, wie es immer war, ändere nichts an der Einrichtung, nichts am Ausschank. Das letzte Mal wurde 1973 renoviert. Deshalb sind die Wände jetzt karamelbraun, damals waren sie hellbeige. Wenn man die Fotos zur Seite schiebt, sieht man den Unterschied ganz deutlich. Alles vergilbt vom Nikotin. Das Buffet ist von 1907, auch der Aufbau dazu, die Lampen stammen aus den Vierzigern. Nur ein Stück der Theke ist moderner, es wurde 1989 hier eingebaut. Ich warte auf den Moment, in dem meine »Eckkneipe« die einzige in Berlin ist. Es gibt sowieso nur noch vielleicht fünf echte Eckkneipen hier, die heute noch so aussehen wie vor fünfzig Jahren. Darin liegt meine Hoffnung: Dass die »Bornholmer Hütte« eines Tages ultimativen Kultstatus besitzt und zu jeder Stunde brechend voll ist.

Bei mir gibt es nach wie vor Bier und Schnaps, Designergetränke kommen mir nicht ins Haus. Wer Caipirinha oder Martini schlürfen will, muss woanders hingehen. Ich biete Bockwurst und Boulette für 1,10 Euro an, Rollmops für siebzig Cent. Und keinen Hasen an Rosmarintrüffelsauce oder Lammhaxe im Pflaumenspeckmantel. Wer speisen will, ist bei mir falsch. Auf ihre Würste müssen die Gäste warten. Die werden hier noch immer im Topf warm gemacht und nicht in der Mikrowelle. Eine Mikrowelle kommt mir auch nicht ins Haus. Der Topf stammt noch aus der DDR und sieht nicht mehr schick aus, weil sich überall Wasserstein abgesetzt hat und er riecht etwas. Aber gerade darin liegt das Geheimnis: Ein Topf, in dem Bockwürste und Knacker warm gemacht werden, darf nie richtig ausgewaschen werden. Und die Würste kommen zusammen in den Topf. Erst wenn sich das Fett der Knacker und das Aroma der Bockwurst vermischen, entsteht der deftige Geschmack der Würste. Auch die Bouletten werden frisch gebraten. Stinkende Chemieteile aus der Folie stelle ich nicht auf den Tisch. Eine Boulette braucht da schon mal ihre fünfzehn Minuten. Wo gibt es das noch im Kiez?

Außerdem kann das ganze moderne Zeug sowieso kaum jemand bezahlen. So eine Kneipe ist auch immer ein Spiegel der Gesellschaft. Kommen weniger Gäste, ist allgemein weniger Geld da. Das merke auch ich. Aber zu mir kommen sie trotzdem noch. Weil sie wissen, dass ich sie nicht übers Ohr haue und alles beim Alten bleibt, egal, was passiert. Die Leute wollen ihr Bier nicht zu Hause trinken, sondern in Gesellschaft an der Theke. Sie wollen reden und sich aufregen, wenn ihnen danach ist. In letzter Zeit bemerke ich eine neue Art Aggression. Und weitaus mehr Depressionen als noch vor einigen Jahren. Bei mir werden die Leute ein wenig aufgefangen und der Frust fällt von ihnen ab. Die anderen, auf modern getrimmten Kneipen können das nicht bieten.

Im Prinzip mache ich nichts anderes, als mein Vater und später meine Mutter jahrzehntelang taten: für die Gäste da sein und ihnen ein paar angenehme Stunden gestalten. Ich weiß, dass das damalige und mein jetziges Konzept gut und richtig ist. Ich sehe es jeden Tag, wenn eine Kneipe neu aufmacht und eine andere dafür schließt. Alle diese modernen und szenemäßigen Schuppen halten nur eine Mode lang. Die »Bornholmer Hütte« gibt es schon ewig. Sie ist wie ein Anker im Sturm und eine der letzten »Stampen« im Kiez. Die anderen gibt es alle nicht mehr, aufgefressen von der Marktwirtschaft. Unter anderem, weil die Besitzer glaubten, sich den neuen Bedingungen schnell und bedingungslos anpassen zu müssen. Sie richteten sich neu ein, so dass die Stammgäste ihr Lokal nicht wiedererkannten – und wegblieben. Oder sie banden sich an Brauereien, von denen sie dann mit Knebelverträgen »weggewirtschaftet« wurden. Wir waren immer unabhängig – auch im Osten – und bleiben es. Unabhängigkeit ist das kostbarste und höchste Gut eines Menschen.

Doch sie hat ihren Preis. Früher wie heute. Jedoch mit umgekehrten Vorzeichen. Zu Zeiten der DDR hatten wir als »Private« zwar das nötige Geld, aber es gab kaum etwas zu kaufen. Heute gibt es alles, aber es kostet. Früher wie heute benötigt man Verbindungen, um an das zu kommen, was man braucht und bezahlen kann. »Flüsterpropaganda« hat schon immer weitergeholfen. Ging vor der Wende das Gerücht um, dass es mit dem Schnaps mau aussieht, haben wir bei der nächsten Lieferung nicht zwei, sondern zehn Kisten bestellt. Auch wenn wir so viel vorerst nicht brauchten. Aber wenn der Schnaps dann wirklich rar wurde, konnten wir immer noch welchen ausschenken. Und heute hören wir, wo es ihn am preisgünstigsten gibt.

Richtig benachteiligt fühlten sich meine Eltern in der DDR, weil sie kein staatliches Vergnügungsrestaurant waren, aber nicht. Wenngleich sie durchaus benachteiligt waren und es immer ungerecht fanden, dass beispielsweise mein Vater meine Mutter nicht anstellen durfte. Sie war immer die »mithelfende Ehefrau« und erarbeitete sich so keine Rente. Sie musste sich privat versichern und hat es – Gott sei Dank – auch getan. Mich hingegen hätte mein Vater einstellen können. Aber ich war ja noch zu jung und wollte das damals nicht. Dennoch bekam ich zu spüren, dass sich meine Eltern mit ihrer Kneipe den gesellschaftlichen Normen widersetzten. Ich wollte Koch werden und hatte eine Lehrstelle im Fernsehturm in Aussicht. Doch zu guter Letzt wurde ich abgelehnt, weil mein Vater ein Privatunternehmen hatte. Die Kinder »Privater« konnten noch so gute schulische Leistungen haben, sie kamen an letzter Stelle. Am besten hatten es Arbeiterkinder, die wurden bevorzugt. So musste ich Großküchenkoch lernen und verbrachte einige Jahre in einer dampfenden, kaum auf kulinarische Genüsse angelegten Großküche. Am liebsten hätte ich bei meinem Vater gelernt, aber das ging nicht, weil zur Kneipe noch nie eine Kochküche gehört hatte. Darüber hinaus hätte ich auch nicht bei ihm lernen dürfen, weil »Private« nicht ihre leiblichen Kinder ausbilden durften. Jeder andere hätte hier lernen können, nur ich nicht.

Wir wohnten genau hinter der Kneipe. Wenn man zu uns in die Wohnung wollte, konnte man entweder vom Hausflur aus hinein, dort, wo es die Treppen hochging zu den anderen Wohnungen, oder einfach quer durch die Kneipe. Ich stiefelte oft mit meinem Ranzen durch die »Hütte«. Aber ich blieb nicht am Tresen bei meinem Vater stehen und bestellte eine Brause oder etwas anderes. Das sind immer so verklärt romantische Vorstellungen von Leuten, die das Leben von Kneipersprösslingen nicht kennen. Kinder haben in der Kneipe nichts zu suchen, predigten meine Eltern immer. Meine Mutter sagte aber manchmal zu mir: »Die Stammgäste kannste doch aber wenigstens mal grüßen.«

Matthias G., 33

Wenn ich aus der Schule kam, war die Kneipe schon offen. Seit Jahrzehnten öffnet sie um 13 Uhr. Und wenige Minuten, nachdem die Rollläden hochgezogen waren, tauchten die ersten Gäste auf. Mein Vater stand hinter dem Tresen und reichte ihnen ihren gewünschten Viertelliter rüber. Jeden Tag habe ich meinen Vater so gesehen, aber viel erlebt habe ich von ihm nicht. Doch ich vermisste ihn nicht, weil ich jeden Tag irgendwie Kontakt zu ihm hatte. Und wenn ich mich heute mit ihm von damals vergleiche, verbrachte er trotzdem mehr Zeit mit mir, als ich mit meinen Kindern derzeit verbringe. Meine Eltern konnten es sich leisten, zweimal im Jahr Urlaub zu machen, zwei Wochen im Winter, drei im Sommer. Für diese Zeit wurde die »Hütte« dicht gemacht. Es musste nur einige Wochen vorher mit dem Rat des Stadtbezirks abgesprochen sein. Die Leute dort reichten eine Urlaubsliste rum, und alle Kneipen mussten eintragen, wann sie zumachen wollten. So wurde gewährleistet, dass immer eine Kneipe im Kiez geöffnet war. Die »Versorgungslage darf nicht gefährdet sein«, nannte sich das damals. Für uns war das kein Problem: Unsere Nachbarkneipe machte im Juli Urlaub, wir im August. Seit ich die Kneipe führe, habe ich in keinem Jahr Urlaub machen können. Auch vorher, als Mutter hier Chefin war, haben wir nie zugemacht. Das kann man sich heute nicht mehr leisten. Ist der Laden auch nur einen Tag dicht, siedeln die Gäste sofort zum nächsten über. Meine Frau muss im Sommer mit den Kindern allein in den Urlaub fahren.

Mein Vater hatte Angestellte, immer zwei oder drei Servierinnen. Damals verdienten die 1,89 Mark Stundenlohn. Und eine Putzfrau. Heute bin ich mit Mutter allein. Einmal war sie vier Wochen krank, da habe ich jeden Tag von 8 Uhr morgens bis 2 Uhr nachts gerackert. Meine Frau und meine Kinder erlebte ich in dieser Zeit nur schlafend. Als ich klein war, war immer jemand abends zu Hause. Vater und Mutter wechselten sich mit dem Kneipendienst ab, meistens aber stand Vater abends hinter dem Tresen und Mutter versorgte mich und meine Schwester.

Unsere Wohnung war groß, aber immer dunkel und kalt, weil sie zu ebener Erde im Hinterhof lag. Aber niemanden von uns störte das. Wir lebten immer so und wären nie auf die Idee gekommen umzuziehen. Auch als ich schon älter war, zog ich nicht sofort aus. Ich bewohnte mein eigenes Zimmer, andere Jungen aus meiner Klasse mussten sich das Zimmer mit ihren Geschwistern teilen. Ich fühlte mich zu Hause auch nie beobachtet oder bevormundet. Mein Vater hat mich immer alles machen lassen, was ich wollte, er war tolerant und großzügig. Mit ihm habe ich echt Glück gehabt. Selbst ich als ins so genannte Rüpelalter kam, fühlte ich mich zu Hause wohl. Viele Jungs aus meiner Klasse erzählten schreckliche Geschichten, wie sie zu Hause behandelt wurden. Als ich die Zeit durchlitt, in der man zum ersten Mal ausprobiert, wie das so ist mit dem Sex, fragte mich mein Vater nur trocken: »Hast du Kondome dabei?« Ich konnte Mädchen mit nach Hause bringen und niemand fand etwas daran. Im Gegenteil, wenn mein Vater morgens an meine Tür klopfte, um mich zum Frühstück zu rufen, und ich hatte ein Mädchen da, sagte er nur: »Oh, Entschuldigung, dann lege ich noch ein Gedeck mehr auf.« Für mich war das ganz normal, nur den Mädchen war das manchmal peinlich.

Im Sommer sind wir an den FKK-Strand gefahren. Ich bin absolut freizügig erzogen worden. Das erleichtert das Leben ungemein. Man glaubt wirklich nicht, wie verklemmt viele Leute sind. Obwohl sie am Tresen die große Klappe haben. Aber kratzt man ein bisschen am Putz, kommt heraus, dass sie von vielen Dingen, die sie erzählen, nur träumen.

Mein Vater hat mir nie etwas verboten oder mich zu etwas gedrängt. Er hat mich auch nie gefragt, ob ich die Kneipe übernehme. Aber irgendwie war das immer klar. In einigen Branchen ist es folgerichtig, dass der Sohn das Geschäft des Vaters übernimmt. Die Gastronomie gehört zweifellos dazu. Als ich ein Junge war, empfand ich es nicht als etwas Besonderes, der Sohn eines selbstständigen Kneipers zu sein. Ich bin in dieser Familie groß geworden und habe nie etwas anderes kennen gelernt. Kann sein, dass mich einige meiner Klassenkameraden um meine Situation und um meinen lockeren Vater beneideten, aber auch das war mir nicht bewusst. Vor allem wegen seiner Coolness und Großzügigkeit habe ich meinen Vater geliebt. Die habe ich auch von ihm »geerbt«. Ich erziehe meine Kinder ebenso in diesem Sinne. Wenngleich momentan der größte Teil der Erziehung der Mutter überlassen ist, weil ich so selten zu Hause bin.

So tolerant wie mein Vater im Umgang mit mir war, pflegte er auch seine Unterhaltungen mit den Gästen in der Kneipe. Es drehte sich immer ums Essen, um Frauen, Sex und ab und zu um Politik. Das habe ich mir bei ihm »abgeguckt«. Mir erzählen die Leute alles. Und sie fragen mich oft, was ich denke und was ich mache. Die wollen ganz genau wissen, wie das bei mir zu Hause läuft im Bett. Und ich sage immer: »Man muss alles ausprobieren.« Viele rennen mit Scheuklappen durch die Gegend und wissen gar nicht, was sie verpassen. Einmal kam eine heftige Diskussion über SM-Praktiken auf. Und dann schauten mich manche mit großen Augen an, weil ich dafür plädierte, auch das mal auszuprobieren. Na, wem's Spaß macht? Oder ich frage selber direkt: »Hast du schon mal im Auto?« Selbst bei dieser Frage blickten einige verschüchtert drein. Auch wenn man es nicht vermutet, viele Männer haben ihre Frauen noch nie nackt gesehen. Denen muss man doch helfen! Und ein bisschen Provokation gehört zu jeder Kneipenunterhaltung dazu. Ich entlocke meinen Gästen einiges, was sich unter ihrer Decke abspielt, aber ohne sie zu brüskieren oder zu demaskieren. Als Wirt trage ich Verantwortung. Ich gebe nie etwas preis, was mir Gäste anvertrauen. In dieser Rolle bin ich so etwas wie ein »Priester« mit Schweigepflicht.

Das Publikum war immer gemischt. Und ist es heute noch. Vom Handwerker und Bauarbeiter bis hin zum Professor und Dichter kehrten und kehren hier alle sozialen Schichten ein. Manche täglich, andere einmal in der Woche oder zweimal im Monat, wiederum andere in unregelmäßigen Abständen. Ab und zu tauchen Leute auf, die vor zehn Jahren Stammgäste waren. Sie treten durch die Tür an den Tresen und staunen: »Es ist ja alles noch so wie damals. Na, Gott sei Dank.« Einmal sagte einer zu mir: »Dich habe ich hier ja noch nie gesehen.« Das letzte Mal war der vor 25 Jahren da. Als er hörte, dass ich der Sohn bin, atmete er regelrecht auf.

Als mein Vater noch hinter dem Tresen stand, kamen in der Regel Männer. Die Frauen blieben zu Hause. Seit ich die Kneipe führe, ändert sich das allmählich. Die jungen Männer bringen oft ihre

Freundinnen mit. Das gehört auch zu meinem Konzept, das Publikum ein wenig zu mischen. Meine Mutter war eine Art »Mutter Beimer« des Kiez'. Als sie hinter der Theke stand, war sie nicht nur Bierausschenkerin, sondern eine öffentliche Institution. Aber ich habe ihr ja verboten, abends zu arbeiten, sonst schuftet sie nur, und mein viel beschworener Generationswechsel tritt nicht ein. Eine Woche lang hat sie nicht mit mir gesprochen, als ich ihr eröffnete, dass sie sich fortan abends in der Kneipe nicht mehr blicken zu lassen hat. Wir werden auf der Straße angesprochen und gegrüßt. Man kennt uns im Kiez.

Aber ich bin froh, dass ich nicht in unmittelbarer Nähe der Kneipe wohne, sondern in Pankow. Ein Stückchen Privatsphäre muss sein. Auch für meine Kinder ist das – langfristig gesehen – besser. Als Kneiper bleibt einem nichts verborgen. Ich konnte als Jugendlicher tun und lassen, was ich wollte – bevor ich unsere Kneipe betrat, wussten meine Eltern längst, was passiert war. Alles sprach sich herum wie ein Lauffeuer. Wollte ich mal ein Bier trinken, habe ich das nie im Kiez getan. Einmal haben mich meine Kumpels überreden können und wir sind in eine Nachbarschenke eingekehrt. Noch bevor ich zu Hause war, kannten meine Eltern bereits meinen Alkohol- und Nikotinpegel: fünf Bier, zwei Schnäpse und acht Zigaretten.

Kommen junge Leute zu mir, bei denen ich nicht genau erkennen kann, wie alt sie sind, frage ich sie immer erst, ob sie schon 18 sind. Darunter bekommt kein Gast bei mir auch nur eine Promille ausgeschenkt. Kürzlich tauchte eine halbe Schulklasse aus dem Rheinland auf, die in Berlin auf Klassenfahrt war. Die Jungs und Mädels bestellten ganz selbstverständlich Bier, aber das bekamen sie nicht, als ich sie nach dem Alter gefragt hatte. Bei meinem Vater gab es auch keinen Alkohol für Noch-nicht-Volljährige. Obwohl es in der DDR erlaubt war, an 16-Jährige Alkohol in »geringen Mengen« auszuschenken, wie es so schön hieß. Aber was bedeutet das schon: »geringe Mengen«? Woher weiß ich denn, wieviel die vielleicht woanders getrunken haben? Wenn man in jeder Kneipe »geringe Mengen« pichelt, ist man letzten Endes auch sturzbesoffen. Die Leute sollten immer noch irgendwie nach Hause kommen.

Wenn ich merke, dass es einer nicht mehr schafft, kriegt er bei mir keinen Tropfen mehr.

Die »Bornholmer Hütte« ist eine Traditionskneipe. Das beweist auch das Gästebuch. In der DDR war es Pflicht, ein Gästebuch zu führen. Dort konnten die Leute Lob und Kritik einschreiben. Es wurde regelmäßig kontrolliert und überprüft, ob die angegebenen Mängel behoben worden sind. Auf eine Beschwerde musste innerhalb von vier Tagen reagiert werden. Heute bin ich froh, dass wir das dicke, vergilbte Teil aufgehoben haben. Es zeichnet ein Stück Historie. Das erste Foto wurde im Dezember 1957 eingeklebt, der erste Eintrag stammt aus dem Jahre 1976. Das Ministerium für Volksbildung dankte für die »freundliche und gute und schnelle Bedienung«. Am 1. März 1984 wurde der Kneipe »als Stätte des Frohsinns und der Gemütlichkeit« gedankt. Und mehrere Male gewann sie den Gaststätten-Wettbewerb des »Neuen Deutschland«. Am ulkigsten lesen sich die Beschwerden, zum Beispiel jene vom 26. Juli 1978: »An dem genannten Tage betrat ich die Gaststätte ohne Oberhemd, aus diesem Grunde wurde mir die Bedienung verweigert. Da mir keine gesetzliche Bestimmung bekannt ist, wonach dieses verboten ist, möchte ich mich gegen die Behandlung verwehren.« Oftmals endeten Klagen mit dem Nachsatz: »Ich verlange eine schriftliche Stellungnahme.«

In der Filmbranche hat sich längst herumgesprochen, dass die »Bornholmer Hütte« ein kultiger Ort ist. Hier wurde unter anderem »Wolffs Revier« gedreht, Martin Semmelrogge hat hier gearbeitet. Und viele andere bekannte Schauspieler. Wir bekommen von vielen unserer Stammgäste Glückwunschkarten zum Neujahr oder zu Weihnachten. Die kleben wir alle ins Gästebuch. So bleibt die Geschichte der »Bornholmer Hütte« erhalten.

Irgendwann wird sicher einer meiner Söhne die Kneipe übernehmen. Sie sind jetzt zwölf, neun und vier Jahre alt. Ich werde keinen von ihnen drängen, in meine Fußstapfen zu treten, aber ich bin mir sicher, dass einer Blut leckt. Mein Ältester, der jetzt mit seiner Mutter in Spanien lebt, kommt mich jeden Sommer besuchen. Als er das letzte Mal hier war, war er jeden Tag in der Kneipe. Er durfte hinter den Tresen, Bier zapfen, ausschenken und Trinkgeld kassieren. Es hat ihm sehr großen Spaß gemacht. Wir haben zusammen Billard gespielt und sind auf die Kegelbahn gegangen. Ein wenig Feuer hat er gefangen in den Wochen. Aber das sind nur Momentaufnahmen, wenn er den Rummel täglich hätte, wäre der Zauber für ihn wahrscheinlich recht schnell verflogen. So war das auch bei mir. Aber meiner Liebe zur Kneipe tat dies keinen Abbruch. Im Gegenteil: Die »Bornholmer Hütte« ist mein Leben.

Wir sind schwul. Und das ist gut so

*Nach ihrem Outing bekamen Martin T. und
Christoph R. ein Problem mit ihren Vätern*

Christoph: Martin und ich sind seit zehn Jahren ein Paar, seit sieben Jahren leben wir zusammen, vor einigen Monaten haben wir uns verpartnert. Doch weder meine noch seine Eltern kennen den jeweils anderen an unserer Seite. Sie wissen zwar, dass es uns als Partner und nun auch als »Eheleute« gibt, aber das ignorieren sie geschickt. Schwulsein passt nicht in ihre Lebensphilosophie und stößt an die Grenzen ihrer kleinbürgerlichen Existenz. Das führte dazu, dass wir jahrelang keinen Kontakt zu unseren Eltern hatten. Während sich jedoch bei mir allmählich das Schweigen löst, dauert es bei Martin an.

Martin: Meine Eltern habe ich das letzte Mal vor vier Jahren gesehen. Danach brach unser ohnehin schon auf ein Minimum reduzierter Kontakt rigoros ab. Wir haben weder telefoniert noch sonst miteinander kommuniziert, eine Zeit lang wussten meine Eltern nicht einmal, wo ich lebe.

Christoph: Alles begann damit, dass ich eines Tages mit einer neuen Haarfarbe nach Hause kam. Ich war 22 und suchte nach einer eigenen Identität. Als Germanistikstudent in Düsseldorf lebte ich mit einem anderen Studenten in einer WG. Ich färbte meine braunen Haare rot und war selbst entsetzt, wie ich aussah. Um diese Schrecklichkeit nicht präsentieren zu müssen, wollte ich am selben Abend meinem Kopf seine ursprüngliche Farbe wiedergeben und schmierte mir erneut die nötige Portion Tönpaste ins Haar. Das Ergebnis war nur leidlich besser, eine gewisse braune Nuance jedoch war nicht zu verhehlen. Mit diesem »entschärften« Ergebnis fuhr ich zu meinen Eltern nach Essen. Für meine Mutter war meine Verwandlung der unschlagbare Beweis für meine Homosexualität. Offensichtlich ahnte sie all die Jahre schon etwas, fragte aber nie. Ich wagte zwar Vorstöße, ihr mein »Anderssein« zu erklären, aber stieß stets auf taube Ohren. Und nun sollte es tatsächlich so sein! Für meine Mutter starb der letzte Funke Hoffnung, einen »normalen« Sohn zu haben. Zunächst reagierte sie gefasst, wenngleich ich ihre Erschütterung in jeder ihrer Handbewegungen und in ihrer Körpersprache spürte. Ihr vertraute ich mich zuerst an und hoffte auf Einfühlungsvermögen. So wie Mütter für fast alles, was ihre Kinder tun und sind, Verständnis zeigen. Doch an dieser Stelle irrte ich. Ihre Reaktion war Unverständnis und Abwendung. Es trat ein fünfjähriges Schweigen ein, das mit dem Satz meiner Mutter eingeleitet wurde: »Wir brauchen Zeit.«

Martin: Ein solch radikaler Einschnitt fand bei mir nicht statt. Die Geschichte zwischen meinen Eltern und mir ist eine der Nicht-Kommunikation. Vieles wurde nie ausgesprochen, ja nicht einmal angerissen. So gestaltete sich unser Zerwürfnis weniger dramatisch. Es gab weder ein auslösendes Moment noch einen Anlass, der die Kommunikation zwischen mir und meiner Familie beendete. Im Grunde fand nie eine statt. Weder als ich Kind war noch später. Wenn wir uns unterhielten, flogen Belanglosigkeiten zwischen uns hin und her, nichtige Dinge, die auch hätten verschwiegen werden können. Wenn meine Mutter etwas sagte, handelte es sich um den Speiseplan oder die Organisation des Abends. Wichtige Dinge, die unser Gefühlsleben betrafen, die um Politik kreisen oder das gesellschaftliche Leben in den Mittelpunkt hoben, gab es nicht einmal in Ansätzen.

Während ich meine Mutter mochte, weil sie meine Mutter und eine liebe Person war, entwickelte ich zu meinem Vater nichts weiter als ein Gefühl der Abneigung. Weder als Kind noch als Jugendlicher oder Erwachsener konnte ich ein Verhältnis zu ihm aufbauen. Zwischen uns gab es zu keiner Zeit auch nur eine vage Verbindung, geschweige denn ein Vater-Sohn-Verhältnis. Andere Söhne setzten sich mit ihren Vätern über heftige Streits und Machtkämpfe auseinander, wir befanden uns in einem Nicht-Verhältnis, so als ob sich zwei Fremde in einem Zugabteil begegnen und sich nichts zu sagen haben, weil sie sich nicht kennen.

Martin T., 35, und Christoph R., 36

Mein Vater arbeitete an einer typischen Mittelstandskarriere: Er lernte Mechaniker in einer großen Maschinenbaufirma, besuchte Fortbildungen und wurde Wachschützer in einem Kaufhaus. Später kletterte er die Leiter hinauf bis zum Wachschutzleiter. Seine berufliche Laufbahn verdankt er in erster Linie anderen Leuten, die ihn dazu drängten, sich weiterzubilden. Von selbst wäre er vermutlich nie auf die Idee gekommen, den Job als Mechaniker lediglich als Startbasis zu betrachten. Als Wachschutzleiter richtete er sich zu Hause ein Arbeitszimmer ein und entwarf nach Dienstschluss Formulare für die Verwaltung. Er war autoritär und dominant. Als Wachschützer arbeitete er meist nachts. Wenn er tagsüber schlief, hatten sich meine drei Jahre jüngere Schwester und ich ruhig zu verhalten. Meine Mutter wachte über seinen Schlaf und die familiäre Ruhe. Quiekte meine Schwester unerwartet oder fiel scheppernd ein Blumentopf um, weil wir dagegen rannten, flog die Schlafzimmertür auf und heraus polterte ein wutschnaubender Mann, der erst mich und dann meine Schwester griff und wild drauf los prügelte. Hatte er seine Raserei rausgedroschen und seine Macht ausreichend demonstriert, verschwand er so schnell wieder in seinem Bett, wie er ihm entsprungen war. Meine Mutter stand taten- und hilflos daneben und versuchte später für Ausgleich zu sorgen. Sie steckte uns Schokolade zu oder drückte uns eine Mark in die Hand.

In einer solchen Umgebung wächst weder Vertrauen noch Gesprächsbereitschaft. Wir redeten nicht einmal über die Schule. Wenn mein Vater etwas zu uns sagte, erging er sich in Verboten und Befehlen: »Seid nicht zu laut.« »Das dürft ihr nicht.« »Geht in euer Zimmer.« Und immer wieder: »Nein!« Egal, worum es ging. »Nein« war eines seiner Lieblingswörter. Er reflektierte nichts und hinterfragte nichts. Dazu war er intellektuell nicht in der Lage. Meine Mutter kuschte, und die Kinder hatten sich zu fügen. Dass es nie zu einer wahren Kommunikation und zu einem »normalen« Verhältnis kommen würde, wurde mir bereits in der Grundschule bewusst. Ich war zehn oder elf Jahre alt und fand beim Spielen mit einem Freund Kondome. Eins stülpten wir über den Auspuff des Autos unserer Lehrerin. Als diese mit dem

Wagen losfuhr, plusterte sich das Kondom auf und flog in hohem Bogen über die Straße. Diese für sie peinliche Situation ließ sie nicht auf sich sitzen und bestellte meine Eltern in die Schule. Für die Lehrerin kam unser Streich einem Staatsaufstand gleich. Meine Eltern verfielen in den gleichen strafenden Tonfall, so als ob ich Drogen in ein Internat geschmuggelt hätte.

Mein Vater hatte stets eine andere Vorstellung davon, wie sein Sohn werden sollte: Ich sollte in seine Fußstapfen treten, eine ähnliche Karriere starten und nicht auffallen und mich unterordnen. Die Grundtendenz dieser Familie war, nur nicht aus dem Rahmen zu fallen, nie zu sagen, was man denkt und fühlt. Egal, was es war, unterschied es sich von der Norm, hatte man es runterzuschlucken. Auch wenn man daran zu ersticken drohte. Bereits als Kind opponierte ich und machte stets das Gegenteil von dem, was mir meine Eltern abverlangten. Ich war frech und widersetzte mich allen Regeln. Damit stieß ich mich mitunter selbst ins Aus, aber es war für mich die einzige Möglichkeit, mich abzugrenzen und nach eigenen Wegen zu suchen, Dinge zu finden, die mir entsprachen.

Christoph: Mein Vater arbeitete als technischer Zeichner und verbrachte fünf Tage der Woche in seinem Betrieb. Er kam spät nach Hause, ich erlebte ihn nur beim Abendessen. Donnerstagabend verschwand er zum Kegeln, an den Wochenenden stapfte er morgens zum Frühschoppen. Er lebte das typische Männerleben seiner Generation: das des Ernährers und Versorgers, der sich den größten Teil seines Daseins außerhalb der Familie aufhält. Für mich war es normal, dass er nicht greifbar war, ich erlebte es nie anders. Daher erinnere ich mich an kein Gefühl, ob er mir in meiner Kindheit vielleicht gefehlt hat. Verankert in meinem Gedächtnis ist jedoch, dass er den Ton angab und meine Mutter für Ausgleich sorgte, wenn er lauter wurde. Eine Konfliktlösung, die ich in der direkten Auseinandersetzung mit meinem Vater hätte herbeiführen können, kam dadurch nicht zustande. Es war stets das gleiche Spiel: Er tobt, meine Mutter beschwichtigt, ich lenke ein. Später kommt meine Mutter auf mich zu und »erklärt« die Situation, indem sie versucht, beide Seiten zusammenzuführen. Das

Martin T., 35, und Christoph R., 36

prägt bis heute mein Konfliktverhalten: Ich bin konfliktscheu, wenngleich sich das Ausweichen vor Problemen etwas gelegt hat. Früher sprang ich schnell zur Seite, wenn sich eine Schwierigkeit anbahnte, heute lasse ich sie zumindest auf mich zukommen. Meine Mutter hat mir ihren Gestus des Ausgleichverhaltens übertragen.

Obwohl ich meinen Vater kaum erlebte, nahm ich ihn ernst. Im Gegensatz zu anderen Jungs, die ihren Vätern keinen Respekt zollten, weil sie sich zu selten blicken ließen. Der Reflex, jemanden nicht an- und erst zu nehmen, weil er keine Rolle spielt, setzte bei mir nicht ein. Wenn mein Vater da war, zeigte er Präsenz. Aber er verbot nicht, sondern überließ mich meinen Neigungen, auch wenn er sie nicht förderte. Bereits als Kind verschlang ich alles, was mir an Büchern, Zeitschriften und anderen Schriftstücken in die Hände fiel. Kaum dass ich lesen konnte, meldete ich mich in der Bibliothek an und lieh mir jede Woche etwas anderes aus. In meiner Familie galt ich als der Stubenhocker. Was wiederum dazu führte, dass ich ermahnt wurde, auch einmal etwas anderes zu tun: »Junge, jetzt ist aber mal Schluss, jetzt gehst du gefälligst an die frische Luft.«

Martin: Meine Eltern haben meine Begabungen nie gefördert. Im Gegenteil, es störte sie, dass ich in der Grundschule phantasievolle Geschichten schrieb. Das sagten sie mir auch. Damit zügelten sie meine Talente, die ich später erst wiederfinden musste. Das werfe ich ihnen bis heute vor. Alles, was ich damals tat, kam ihnen merkwürdig vor, weil es sich grundlegend von dem unterschied, was sie sich für ihr Leben und das ihrer Kinder vorgestellt hatten. Mit 20 entdeckte ich mein gestalterisches und optisches Talent neu, heute bin ich Internetspezialist und entwickle Designs für Web-Seiten.

Christoph: Mein Vater ist mitunter etwas poltrig, ein Typ, der recht aggressiv werden kann, gern feste Standpunkte vertritt und eine Dominanz für sich beansprucht, auch wenn er sie nicht verdient hat. Diese Art von Männlichkeit lehnte ich immer ab. Damals, als Kind, hatte das nichts damit zu tun, dass ich schwul bin, damals wusste ich ja noch nichts davon. Ich begehrte nie gegen sein

Verhalten auf, sondern fügte mich und erlernte so auf spielerische Weise das Prinzip der Konfliktvermeidung. Erst später, als Jugendlicher, widersetzte ich mich. Das brachte mir zwei- oder dreimal heftige Schläge ein. Wir saßen am Sonntag beim Mittag, es entspann sich ein heftiger Streit zwischen meinem Vater und mir über die (Un)Wichtigkeit der Bundeswehr. Für meinen Vater gehörte das Ableisten des Wehrdienstes zu den normalsten Dingen, die ein junger Mann zu tun hat. Ich lehnte die Bundeswehr ab und bekundete dies offen. Als ich mich der Diskussion wie so oft nicht mehr gewachsen fühlte, weil mein Vater stets die besseren Argumente besaß, zischte ich nur ein »Leck mich doch am Arsch« hervor. Da langte er über den Tisch und in meinem Gesicht knallte es heftig. Dieser Vorfall prägte sich mir tief ein. Jahre später, als ich längst ausgezogen und die Stille zwischen uns eingetreten war, erinnerte ich mich immer wieder daran und dachte: Du kannst keine Rücksicht mehr nehmen auf deine Eltern, du musst das tun, was du willst.

In der Zeit der Funkstille baute sich eine Wut in mir auf, die immer größer und mächtiger wurde. Sie stand in direktem Zusammenhang mit dem Schweigen meiner Eltern: Je länger sie sich von mir fernhielten, desto wütender wurde ich. Wie konnten sie nur so lange kein Wort mit mir reden? Warum distanzierten sie sich so stark von mir, als sei ich ein Aussätziger? Eines Tages opponierte ich offen gegen sie. Es war im Juni, die Zeit des CSD, des Christopher Street Day, der Tag, an dem Lesben und Schwule für ihre Rechte auf die Straße gehen. Ich gehörte zu den Mitorganisatoren des CSD in Essen. Essen ist eine kleine Stadt, außergewöhnliche »Aufregungen« wie die Vorbereitung zum CSD blieben kaum jemandem verborgen. Auch meine Eltern müssen davon etwas mitbekommen haben, aber sie rührten sich mir gegenüber nicht. Als die 500 Schwulen und Lesben durch die Essener Straßen tanzten, bewegte ich mich an vorderster Stelle. Ich war mir der Provokation ihnen gegenüber durchaus bewusst. Doch an ihre Befindlichkeiten, meinte ich, kann ich jetzt nicht denken. Ebenso wenig kümmerte es mich, dass es vielleicht Gerede geben könnte, als ich beim Apotheker, den meine Eltern sehr gut kannten, den Schlüssel für das Pfarrhaus holte. Dort sollte eine CSD-Veranstaltung stattfinden. Vielleicht lassen sie über ihn etwas für mich ausrichten, hoffte ich. Doch der Mann schwieg. So sehr, wie ich meine Eltern in ihrer Andersartigkeit akzeptierte, so sehr lehnten sie mich ab, weil ich nicht ihren »Normen« entsprach.

Martin: Für meinen Vater habe ich nur ein Bild: Er liegt in Unterhosen auf der Couch und starrt in den Fernseher. In seiner Hand ein Kindl-Pils. Jeden Abend sah ich ihn so. Meine Eltern gingen nie aus, hatten keine Freunde – sie lungerten allabendlich vor der Kiste. Schweigend nebeneinander. Mein Vater war für mich niemals jemand anderes als der einfach strukturierte Mann da auf dem Sofa. In seiner Einfältigkeit, seiner geistigen Enge und seinen Unterhosen bot er mir das beste Anti-Bild, das ich je bekommen konnte: So willst du niemals werden. Er stieß mich körperlich und seelisch ab. Ekel wäre ein zu hartes Wort, aber meine Ablehnung saß so tief wie die Angst, die er in mir hervorrief. So dominant, autoritär und allmächtig, wie er sich gab. Ernst nehmen konnte ich ihn aber nicht. Wenn jemand keine Wandlungen in sich trägt, wenn er stets nur ein und dasselbe Bild präsentiert und nichts weiter als Trägheit und Tumbheit zu bieten hat, wie soll man ihn da erst nehmen? Wenn jemand für seine Kinder keine andere Antwort kennt als Drohungen und Schläge, wie soll man ihm Achtung zollen?

Trotz meiner inneren Gegenwehr gibt es Dinge, die ich von meinem Vater »geerbt« habe: seine Ungeduld, seine organisatorischen Fähigkeiten sowie den Mut, Entscheidungen zu treffen. Und die daraus resultierende Schwäche, nicht immer diskussionsbereit zu sein. So wie mein Vater breche ich mitunter Gespräche ab und bin ansatzweise cholerisch. Damit lebe ich nicht schlechter als ohne diese Eigenschaften. Sie stellen für mich nicht nur Schwächen dar, sondern auch Stärken. In diesen Charakterzügen lehne ich mich nicht ab, nur weil ich weiß, dass ich meinem Vater in diesen Fragen ähnlich bin.

In der langjährigen Beziehung zu Christoph habe ich gelernt, meine Schwächen seinen Stärken anzupassen. Und umgedreht:

Christoph hat sich auf mich abgestimmt. Er ist nicht mehr so harmoniesüchtig wie einst und ich nicht mehr so starrköpfig. In dieser Assimilation erscheinen unsere »Schwächen« als etwas durchaus Positives.

Christoph: Es geschah kurz vor dem 50. Geburtstag meines Vaters. Erst strandete eine schriftliche Einladung in meinem Briefkasten, dann klingelte das Telefon. Meine Mutter lud mich noch einmal persönlich zur großen Feier ein. Beide Großmütter hatten wohl gedrängt, endlich Frieden zu geben und sich mit mir zu versöhnen. Ich überlegte nicht lange und sagte zu. Es sollte die erste Begegnung nach fünf Jahren Waffenstillstand sein. Das Fest fand in einer Kneipe statt. Ein neutraler, sicherer Ort für meinen Vater und mich, die eventuelle Neuauflage unseres Verhältnisses ungezwungen einzuleiten.

Der Saal war groß und voll. Minuten vor meinem Betreten der Kneipe trieb mich eine lange nicht mehr gekannte Aufgeregtheit, wenngleich ich mir vorher nicht ausgemalt hatte, wie unsere Begegnung aussehen könnte. Unser erstes Treffen nach fünf Jahren! Wir gingen aufeinander zu, grienten uns an, sicher beide etwas beschämt, und umarmten uns. Ich hätte alles mögliche erwartet, aber dass es letztlich doch so unkompliziert sein würde, damit hatte ich nicht gerechnet. Beim Gratulationshändedruck spürte ich die besondere Spannung in der Hand meines Vaters. Das was neu, das kannte ich bislang nicht. Viel geredet haben wir an diesem Abend nicht. Die Feier diente ohnehin – und das wussten wir beide – nur der Symbolik und der Demonstration für die Familie: Seht her, wir haben uns wieder vertragen. Zum Abschied drückte Vater mich sehr fest an seine Brust. Auch das tat er zum ersten Mal. Seine Umarmung drückte eine Körperlichkeit aus, die er mir als Kind äußerst selten zukommen ließ. Ich kann mich nicht erinnern, als Junge eine zärtliche Nähe zu meinem Vater erlebt zu haben. Meine Eltern gingen generell nicht sehr zärtlich miteinander um. Durch seine Umarmung baute mein Vater eine neue, ungewöhnliche Nähe zu mir auf, die mich zunächst misstrauisch werden ließ. Was will er plötzlich? arbeitete es in meinem Hirn. Ich glaube ihm nicht, was er mir zeigt, warnte mich meine Vorsicht. Im Laufe der Schweige-jahre hatte sich in mir eine Sicherheit aufgebaut, mit der ich unbeschadet den Abstand zur Familie wahren konnte. Dennoch verließ ich mit einem Gefühl leichter Beschwingtheit den Abend. Es war schön, alle wieder gesehen zu haben: meine Mutter, beide Großmütter, andere Verwandte. Ich verstieg mich allerdings nicht in die Gewissheit: Nun wird alles wieder gut. Dazu war viel zu viel geschieht. Schauen wir, was kommt, sagte ich mir und fuhr nach Hause.

Martin: Als ich 17 war, zog mein Vater von einem auf den anderen Tag aus. Es war ein Morgen wie jeder andere: Vater nahm seine Aktentasche und stapfte zur Tür. Wie in einem Nebensatz, mit dem man noch eilig daran erinnert, dass die Wäsche aufgehängt werden muss, zischte er meine Mutter an: »Übrigens, ich ziehe aus.« Die stand regungs- und fassungslos im Flur und glaubte ihren Ohren nicht zu trauen. Der Mann, mit dem sie fast zwei Jahrzehnte täglich zusammen war, entsagte sich ihrer Gegenwart von einer Minute zur anderen und ohne jegliche Vorankündigung. Im Fahrstuhl, kurz bevor sich die Tür zuschob, kippte er eine weitere Ungeheuerlichkeit hinterher: »Die Kinder sind missraten.« Wie betäubt klebte meine Mutter in der offenen Wohnungspforte. Erst als wir Kinder um sie herumtanzten, kam sie langsam zu sich. Bis heute wissen wir nicht, was mein Vater mit dem Satz meinte: »Die Kinder sind missraten.« Außer dem Fakt, dass wir uns nicht so entwickelten, wie es mein Vater gerne hätte, sind wir – das finden zumindest wir so – relativ gut geraten.

Die Monate nach dem Verschwindens meines Vaters waren die schönste Zeit. Endlich baute sich zwischen meiner Mutter und mir eine Nähe auf, die es ihr erlaubte, Dinge preiszugeben, die sie sonst nie erzählt hätte. Sie offenbarte sich, sprach über Gefühle und erlaubte sich sogar, sich verwundbar zu zeigen. Die plötzliche Trennung ihres Mannes nahm sie schmerzlich mit. Ohne die Flucht ihres Gatten aus der Ehe wäre es nie zu dieser Offenheit gekommen. Ohne ihre Verletztheit hätte sie nie von sich erzählt. Für uns alle kam der Entschluss meines Vaters wie aus heiterem Himmel, niemand konnte es sich erklären. Es ging nicht um eine andere Frau, es gab keine erotischen Abenteuer. Ich vermute, er hatte die Ehe, die Familie, die Kinder einfach satt. Und weil er weder eine Idee von einem anderen Leben noch eine Alternative hatte, zog er wieder bei seiner Mutter ein. Mit ihr muss es wohl noch schlimmer gewesen als mit den »missratenen« Kindern und der leidigen Ehefrau. Es dauerte kein halbes Jahr, da war er wieder da. Eines Tages klingelte das Telefon, abends waren meine Eltern gemeinsam essen und am nächsten Morgen stand seine Tasche wieder vor der Tür. So plötzlich und wortlos, wie er gegangen war, tauchte er wieder auf. Ein halbes Jahr Abwesenheit ohne Erklärungen und ohne Geschichte. Mit seinem Wiedereintritt in das Familienleben lief alles so weiter, wie es vor seinem Ausscheiden war. Nichts hatte sich geändert, nicht einmal der Ton zwischen meinen Eltern.

Auch zeigte er kein Interesse, irgendetwas an den gewohnten Bahnen ändern zu wollen, er gab sich keine Mühe, zu seiner Frau und seinen Kindern ein Verhältnis aufzubauen. Und Mutters Offenheit war von einer Sekunde zur anderen verschwunden. So als hätte sie niemals ihr Herz geöffnet, als sei er niemals weg gewesen. Das verbitterte mich zutiefst. In ihrem »freien« halben Jahr begann sie ein eigenständiges Leben zu führen und eine selbstbewusste Frau zu werden. Sie suchte sich eine Arbeit, lernte nette Kollegen kennen und ging hin und wieder abends aus. Mit dem Wiederauftauchen meines Vaters verfiel sie in alte Rollenmuster, die sie Jahrzehnte lang hemmten. Ich war enttäuscht, dass sie nicht stark genug blieb, sich von diesem Mann zu trennen, sondern genau das Gegenteil tat: sich erneut auf diesen Mann und das Leben, das mit ihm verbunden war, einzulassen.

Christoph: Die Feier für Vaters 50. war der Einstieg in die Aufnahme einer Kommunikation, die angefüttert wurde mit Zusammentreffen an den üblichen Festtagen: Ostern, Weihnachten, Geburtstage. Anlässe, die eine Pflichtanwesenheit vorschrieben, Rituale, die sich stets an einer herzlichen Oberflächlichkeit entlang hangelten. Die Gespräche zwischen meinen Eltern, meinen Großmüttern, den Geschwistern und mir glitten über die so genannte allgemeine Ebene hinweg und streiften nur selten den Alltag, vor allem meinen. Doch irgendwann überrasche mich mein Vater erneut. Ich erzählte, in welcher finanziellen Krise ich gerade steckte. Damals wohnten Martin und ich in Düsseldorf, wir ackerten an der ersten Ausgabe eines schwulen Internetportals, das unser künftiger Arbeitgeber werden sollte. Die Idee war gut, die Ausrichtung perfekt, uns fehlte einzig das Geld für den Start in die Regelmäßigkeit. Mein Vater fragte, ob er uns helfen könne, und drückte mir 5000 Mark in die Hand. Als zinsloses Darlehen, wie er sagte. Aber im Grunde war es ein Geschenk. Er wollte das Geld nie zurück haben. Das muss man sich mal vorstellen: Mein Vater, der jahrelang den Kontakt zu mir abgebrochen hatte, weil ich schwul bin, beteiligte sich am Start eines virtuellen Homo-Portals. Ich wertete seine Großzügigkeit einerseits als Zeichen von Stolz, weil ich bis dahin über den Status des Bedürftigen nie hinausgekommen war. In Berlin, wo ich vorher lebte, scheiterte ich als Kleinunternehmer mit einem schwulen Reisebüro. Andererseits sehe ich in seiner Geste eine Art »Wiedergutmachung«. Die setzte sich in einem Auto fort. Mein Vater kaufte sich einen neuen Wagen und schenkte mir den alten. Nach zwei Wochen fuhr ich diesen fast zu Schrott. Repariert wurde er auf Vaters Kosten.

Martin: Mein Vater verantwortete nicht nur die fehlende Kommunikation zu Hause, sondern prägte auch das gesamte Klima in der Familie. Bei uns war es nie fröhlich oder entspannt. Wenn er ausnahmsweise mal gute Laune mitbrachte, drückte er uns eine Mark in die Hand. Am liebsten erzählte er Minderheitenwitze, zunächst über Behinderte und Ausländer, später über Schwule. Seine abfälligen Homo-Bemerkungen waren sein einziger Bezug zu meinem Schwulsein, darin drückte sich sein Verhältnis zu mir aus. Besonders liebte er es, »Tuntenwitze« in eine angetrunkene Geburtstagsrunde zu schmeißen. Manchmal schielte er dabei zu mir herüber und testete so meine Reaktion. Aber ich schwieg und blieb gelassen. Ich hatte mir längst abgewöhnt, auf so etwas zu reagieren.

Dass ich schwul bin, habe ich meinen Eltern nie erzählt. Sie haben es allein durch die Tatsache mitbekommen, dass ich Jungs mit nach Hause brachte. In meinem Zimmer lagen überall Bücher herum mit Titeln wie »Coming out«, »Wenn ein Mann einen

Mann liebt«, »Homosexualität«. Ich breitete sie nicht bewusst aus, um meine Eltern direkt mit der Nase drauf zu stoßen. Dazu war ich von ihnen schon viel zu weit entfernt und dazu erschien mir das Thema zu unwichtig, als dass ich mich mit ihnen darüber austauschen wollte. Damals sah ich in meinem Schwulsein nicht den wichtigsten Teil meiner Identität. Der lag woanders: Ich wollte die Gesellschaft verändern, wollte anders leben und anders arbeiten als meine Eltern. Eine schwule Identität entwickelte ich erst später. Wie ich sein wollte, davon hatte ich zwar keine Ahnung, aber ich grenzte mich mit allem, was ich tat, streng von meinen Eltern ab. Ich las Bücher über die Achtundzechziger, schlief mit 17 in einem der letzten besetzten Häuser und begann, politisch zu arbeiten. Mein Leben und das, was ich in den Straßen, Häusern, unbekannten Ecken und fremden Personen vorfand, war wesentlich spannender und aufregender als all die Jahre zuvor im Neubaublock in Neukölln.

Mit 18 zog ich schließlich ganz von zu Hause aus und tauchte nur noch viermal im Jahr dort auf: zu Weihnachten, Ostern und an den beiden Geburtstagen. Das waren Pflichttermine, die keine zwischenmenschliche und kommunikative Entwicklung erkennen ließen. Stets setzte ich an und versuchte, kleine Episoden aus meinem Leben zu erzählen. Eine Reaktion hat es nie gegeben. Bis ich meinen Mund verschloss und die meiste Zeit schwieg, wenn ich an der Kaffeetafel saß. Die Begegnungen waren verkrampft und anstrengend. Meinen Eltern kam es lediglich auf meine physische Anwesenheit an. Nur ein einziger Grund veranlasste mich, mir das viele Jahre immer wieder anzutun: Jedes Mal gab es Geld. Ohne diesen Anreiz wäre ich nicht mehr hingefahren. Doch irgendwann erschien mir auch das nicht mehr lohnenswert genug. Inzwischen war ich vier Jahre nicht bei meinen Eltern. In Berlin bin ich oft, aber ich denke nicht einmal daran, sie zu besuchen. Christoph und ich wohnen seit fünf Jahren in Hamburg. Selbst meine wechselnden Adressen teilte ich ihnen nicht mehr mit. Bis vor kurzem. Es war an einem Vormittag im Februar, ich saß im Büro am Computer, vor mir lag aufgeblättert mein Kalender. Und der sagte mir, dass an diesem Tag meine Mutter

60 Jahre alt wurde. Spontan griff ich zum Telefonhörer und gratulierte ihr. Sie war völlig überrascht und stammelte etwas Unverständliches. Mit meinem Anruf hatte ich sie überrannt, damit hatte sie nicht gerechnet. Dennoch ging unser Gespräch über Belanglosigkeiten nicht hinaus. Dabei teilte ich ihr unsere aktuelle Adresse mit. In all den Jahren fiel es mir immer schwer, keinen Kontakt zu meiner Mutter zu haben. Sie verkörperte ja stets die »Gute«, diejenige, die für das Unverhältnis zwischen meinem Vater und mir nichts kann.

Über mein Schwulsein konnte ich aber auch mit ihr nicht reden. Einmal traf ich sie auf »neutralem« Terrain. Ich lebte in Düsseldorf und fuhr zu einer Internet-Messe nach Berlin. Mutter und ich trafen uns während ihrer Mittagspause und suchten ein Restaurant. Während der Messe war eine Broschüre entstanden, in der auch Homo-Anbieter genannt wurden. Ich war mit meinem Namen erwähnt, ein Foto zeigt mich im Kreise von anderen schwulen Betreibern. Am Tisch überreichte ich meiner Mutter die Broschüre, sie warf einen kurzen Blick drauf, las den Titel, ließ das Heft in ihre Tasche gleiten und schnitt irgendein banales Gesprächsthema an. Wenngleich ich nie erwartet hatte, bei meinen Eltern auf eine »Homo-Kommunikation« zu stoßen, von meiner Mutter aber erhoffte ich mir, dass sie den Ball, den ich ihr mit der Broschüre zuspielte, aufgreift und wenigstens einmal in ihrem Leben einen entsprechenden Satz sagt. Dazu jedoch war sie selbst in dieser Situation nicht in der Lage.

Christoph: Als Jugendlicher dachte ich nie darüber nach, ob mein Vater mich in meiner Identität geprägt hat. Dazu ist wohl kaum ein Jugendlicher in der Lage. Heute weiß ich, dass ich mir all jene Eigenschaften »rausgepickt« habe, die mir schon damals an ihm gefallen haben. Beispielsweise der Beruf. Ich trat quasi in Vaters Fußstapfen und lernte sogar im gleichen Betrieb. Ich orientierte mich an ihm und guckte mir ab, wie er bestimmte Dinge machte. Trotzdem wehrte ich als Teenie alles ab, was mit meinen Eltern zu tun hatte. Eines Tages fiel mir das Buch »Elternaustreibung« von Volker Ellis Pilgrim in die Hände. Ich war 17 und verschlang es in einer Nacht. Bei Pilgrim entdeckte ich Strukturen wieder, die ich täglich zu Hause erlebte: Meine Mutter sagt zu mir: »Du streitest dich so oft mit Vater. Das macht mich krank.« Dem Kind wird eine Schuld zugeschoben, die es gar nicht trägt. Übrigens ein subtiler Trick von Müttern. Wenn mich etwas stark prägte in meinem Verhältnis zu meinen Eltern, zu meinem Vater, dann dieses Buch. Es half mir bei meiner Abnabelung vom Elternhaus und damit zur Entwicklung einer eigenen Identität und eines gesunden Selbstbewusstseins. Wenngleich Pilgrim sehr radikal vorgeht und sagt, man solle die Eltern im sprichwörtlichen Sinne austreiben und sogar sagen: »Ihr seid nicht meine Eltern«, beanspruchte ich diese Absolutheit und Härte nicht für mich. Doch die Aufdeckung der Elternstrukturen sowie die bewusste Abgrenzung davon, erachte ich für meine Entwicklung als stark prägend.

Martin: Müsste ich zwischen den Grundstrukturen wählen, die zwischen Kindern und ihren Eltern vorherrschen – Gefallen, Trotzen, Leisten – dann bin ich ganz eindeutig der Trotzsohn. Doch nicht Trotz, um Aufmerksamkeit zu erregen, sondern Trotz aus Ablehnung, aus der Konfrontation heraus. Nie trieb mich der Anspruch, meinem Vater gefallen zu wollen, nie zeigte ich Leistung für meinen Vater. Leistung erbrachte ich nur für mich, mir wollte ich es beweisen, mich drängte ein eigener Leistungsansporn. Wenn ich andere Männer und ihre intakten Beziehungen zu ihren Vätern sehe, werde ich ein wenig traurig. Aber solche Erlebnisse werfen mich nicht aus der Bahn, dazu sind meine Eltern, ist mein Vater zu unwichtig für mich. Ich fühle mich aber nicht als »Waise«, denn ich habe Eltern. Aber ich beziehe mich nicht auf sie, habe es nie getan und werde es nie tun.

Christoph: Ich bin gespannt, was die Zukunft bringt. Ich warte ab und lasse das wiedergefundene Verhältnis zu meinen Eltern auf mich zukommen. Das ist eine meiner Schwächen: Ich kümmere mich wenig um Beziehungen, ich pflege sie schlecht. Ich weiß, dass ich es tun müsste, aber oft vermag ich es nicht, mir die nötige Kraft dazu abzuringen. Ich will über den Status Quo hinaussteigen, der in das Verhältnis zu meinem Vater eingetreten ist. Ich kann nichts versprechen, habe aber viele Pläne und Ideen.

Ich bin mir nicht sicher, ob er ein Unmensch oder ein Feigling war

Karl-Heinz H. ist Sohn eines Nazi-Offiziers

Wer mein Vater wirklich war, erfuhr ich erst nach seinem Tod. Da war ich über fünfzig und selbst Vater von erwachsenen Kindern: drei Söhnen und einer Tochter. Vater starb an einer Lungenentzündung. Meine Mutter litt sehr unter seinem Tod und war unfähig, sich um die Bestattung und das Totenfest zu kümmern. Wie gelähmt saß sie zunächst an seinem Bett im Krankenhaus und später auf der Couch im Wohnzimmer. Ich bin das dritte von vier Kindern und habe meine Heimatstadt in Hessen nie verlassen. Im Gegensatz zu meinen Geschwistern, die es in alle Winde verschlagen hat. Meine älteste Schwester lebt in den USA, mein älterer Bruder in Kanada, meine jüngere Schwester an der Nordsee. Es gibt keine rationale Erklärung, warum ich in Hessen blieb. Außer der des Zufalls. Meine Frau stammt ebenfalls hier aus der Gegend und wollte nie weg. Also suchten wir uns eine Wohnung im Stadtzentrum, später bauten wir unser Haus am Stadtrand. An mir blieb die Aufgabe hängen, mich um die Eltern zu kümmern. Ich besuchte sie oft, erst allein, dann mit meiner Familie. Regelmäßig zu den Festtagen, hin und wieder an den Wochenenden.

Im Krankenhaus erledigte ich alle Formalitäten, zwei Tage später hakte ich meine Mutter unter und suchte mit ihr ein Bestattungsinstitut auf. Ich trug sie fast, sie schien unfähig zu sein um zu laufen. Sie sank auf dem Stuhl vor dem Bürotisch der Bestatterin in sich zusammen und hüllte sich in Schweigen. Doch die Bestatterin sprach nur mit meiner Mutter, mich würdigte sie kaum eines Blickes. Aber sie bekam auf keine ihrer Fragen eine Antwort. Stattdessen murmelte ich die Antworten hin. »Aus welchem Holz soll denn der Sarg sein?« fragte sie und starrte meine Mutter an. »Aus Eiche«, antwortete ich. »Und das Totenhemd?« wollte sie wissen. »Keine Ahnung«, erwiderte ich. »Das müssen wir noch besprechen.« Es war eine Tortur und ich begann den Tod dafür zu hassen, dass er mich einer solchen Ignoranz aussetzte.

Wieder zu Hause versuchte ich, Mutter etwas Leben einzuhauchen. Ich kochte ihr eine Suppe und einen starken Tee, erzählte ihr von früher. »Weißt du noch, wie wir alle zusammen an die Nordsee gefahren sind, um Urlaub zu machen? Das war, glaube ich, das einzige Mal, dass Papa mit uns zusammen Ferien machte.« »Und erinnerst du dich, wie er versucht hat, mir seine Lieblingsopern beizubringen? Aber ich konnte absolut nicht singen.« Ich kramte tief in meinem Gedächtnis nach Kindererlebnissen mit meinem Vater. Es gab nicht viele, denn Vater war selten präsent. Für uns Kinder verkörperte er die Inkarnation von Arbeit. Auch an der Nordsee verkroch er sich hinter seinen Zeitungen und einem Stapel von Papieren, selbst am Strand. Einen Urlaub an der Nordsee konnte sich zu Beginn der fünfziger Jahre kaum jemand leisten. Ich wusste das, so wie ein Zehnjähriger die damalige politische und wirtschaftliche Situation einzuschätzen vermochte. Deshalb wunderte ich mich, dass Vater keinen Spaß fand an der Sonne, dem Wind und dem Gefühl von Freiheit, das darin lag. Ich fragte mich, warum er nicht mit uns in den Wellen tobte und eine Strandburg baute. Nichts wünschte ich mir sehnlicher als einen spielenden Vater. Aber ich hatte ihn nicht, und ich fragte ihn nicht. Ich fragte ihn überhaupt sehr selten etwas. Sein gesamtes Wesen drückte Unnahbarkeit aus und Distanz, aber stets etwas Liebevolles. Ich wagte nicht, den Wall zu durchzustoßen, den er um sich herum aufbaute. So bekam ich von ihm nie die Antworten auf die Fragen, die mich umtrieben.

»Wer soll denn die Totenrede halten?« wollte ich von meiner Mutter wissen. »Totenrede?« Das war das erste Wort, das meine Mutter in den Stunden nach Vaters Ableben sagte. »Ja«, erwiderte ich, »die Totenrede. Wer soll sie halten? Irgendjemand muss sie halten. Fällt dir jemand ein?« Mit einem Mal schien ihr Herz schneller zu schlagen und das Blut in ihren Adern zu pulsieren. Ihr Gesicht wurde rot, sie wurde hektisch. »Darum kümmere ich mich«, sagte sie hastig. »Ja ja, kein Problem. Und an wen denkst du?« wollte ich wissen. »An keinen bestimmten, aber es sollte jemand aus seiner alten Firma sein«, schob sie hinterher, schneller und bestimmter als es mir glaubhaft schien für »keinen bestimmten«.

Die Rede des Mannes, der »kein bestimmter« war, war unpersönlich und langweilig. Bis auf ein paar biographische Daten, die ihm offensichtlich meine Mutter genannt hatte, bezogen sich seine Worte kaum auf meinen Vater. Sie belegten Allgemeinplätze, und es schien, als wiche der Mann, der meinen Vater gut gekannt haben soll, meinem Vater aus, als wolle er über ihn nichts sagen, einzig das, was viele Biographien der damaligen Zeit miteinander gemein hatten: Geburt, Lehre, Heirat, Kinder, Krieg, Nachkriegszeit, Tod. Warum aber hatte Mutter ihn ausgesucht? »Weil er der engste Kollege deines Vaters war«, erhielt ich zur Antwort. Mehr war ihr nicht zu entlocken.

Was meine Mutter verbarg, und mit ihr dieser ominöse Grabredner, und zuallererst mein Vater, das erfuhr ich durch einen Zufall. Wäre meine Mutter nicht einen Moment unachtsam gewesen, ich hätte nie um die wahre Identität meines Vaters gewusst. Wenige Tage nach der Beerdigung saß ich bei ihr und bat sie um Fotos von meinem Vater aus seinen Jugendtagen. »Ich möchte sie gern meinen Kindern zeigen, sie wollen wissen, wie er aussah, als er jung war.« Sie stand auf, ging zur Kommode, die die Fotoalben beherbergte, und kramte eines hervor, das fast auseinander fiel. Wir blätterten uns durch seine Vergangenheit: Sport, Musik, Hochzeit, Krieg. Das Album zeigte Fotos, die ich noch nie gesehen hatte: mein Vater als Turner, mein Vater in einem klassischen Chor, mein Vater als Soldat und als Offizier. Zwar wusste ich, dass Vater sportlich und musikalisch war, schließlich versuchte er, uns Kinder zu Höchstleistungen zu bringen. Aber in diesem Moment wurde mir bewusst, dass ich meinen Vater vermutlich nie wirklich gekannt hatte, dass er einen Teil seines Lebens vor uns verborgen hielt. Ob bewusst oder unbewusst. Später, als das Geheimnis gelüftet war, wurde mir klar, dass das Album eine Alibi-Funktion zu erfüllen hatte und nur unverfängliche Fotos enthielt. Dennoch bekamen wir Kinder diese Bilder früher nie zu sehen. »Warum habt ihr uns diese Fotos nie gezeigt?« wollte ich wissen. »Weil sie nicht wichtig sind«, reagierte Mutter unwirsch. Sie legte einen Tonfall in ihre Stimme, der eine klare Grenze zog: Auch wenn ich sie mit Fragen löchern sollte, eine ehrliche und vollständige Antwort würde ich nie bekommen. Das ärgerte und reizte mich zugleich.

Als Mutter zur Toilette ging, warf ich einen schnellen Blick in die Kommode. Ich kam mir wie ein Einbrecher vor, wie ein Eindringling in ein fremdes Leben. Aber ich konnte meine Hände nicht zurückhalten und meine Neugier nicht unbefriedigt lassen. Meine undefinierbare Ahnung sollte mir Recht geben. Ich stieß auf einen Pappkarton und eine Mappe mit Papieren. Den Pappkarton öffnete ich nur kurz und sah darin weitere Fotos. Die würde ich in den wenigen Minuten ohnehin nicht anschauen können, sagte ich mir, und griff instinktiv nach der Mappe. Als erstes fiel mir die Eintrittserklärung in die NSDAP in die Hände. Später ein Blatt Papier, in dem von Judenverfolgung die Rede war. Es war eher eine schnell hingeschriebene Notiz als ein Brief, obwohl die Worte auf Briefpapier geschrieben waren. Mehr konnte ich nicht lesen, da hörte ich die Badtür klappen. Ich schloss die Mappe schnell und setzte mich wieder in meinen Sessel. »Was hat Papa im Krieg gemacht«, schoss es auf mir heraus, als meine Mutter zur Tür hereinkam. »Was soll er gemacht haben?« wich die mit einer Gegenfrage aus. »Das, was alle taten.« »Und was taten alle?« »Das, was ihre Aufgabe war.« Im Gegensatz zu meinen Altersgenossen, die solche Fragen ihren Eltern bereits oft gestellt hatten, fragte ich mich früher nie, welche Rolle mein Vater im Krieg und während des Nationalsozialismus gespielt hatte. Dieses Thema fand bei uns kein großes Interesse, vielleicht wurde es auch geschickt umschifft, wie mir in diesem Moment durch den Kopf schoss.

Vielleicht aber wich ich instinktiv solchen Fragen aus, vielleicht lenkte mich mein Unterbewusstsein, weil es ahnte, dass die Antworten schmerzhaft und bitter ausfallen könnten. »Vater war in der NSDAP«, sagte ich. »Woher weißt du das?« »Wenn es nicht so schlimm und eben das war, was alle taten, warum habt ihr das nie erzählt?« »Warum? Warum? Weil alle in der NSDAP waren.« »Das stimmt nicht, und das weißt du genauso gut wie ich.« Ich spürte, dass wir uns am Rande eines handfesten Streits bewegten und beschloss zu gehen.

Die nächsten Monate kamen mir wie eine zweite Geburt, wie ein Erkenntnisprozess vor, dem ich mich nicht mehr widersetzen konnte. Stück für Stück gab meine Mutter die Geschichte unseres Vaters preis. Sie hätte sie niemals freiwillig erzählt, ich zwang sie regelrecht dazu. Mein Vater war nicht nur Mitglied in der NSDAP, so wie es viele waren damals, sondern ein knallharter Nazi. Er ist keiner der Hunderttausenden Mitläufer, er ist ein Täter, der sich von seiner Schuld nie mehr hätte befreien können. Er ist indirekt für den Tod von etwa dreißig Juden verantwortlich und direkt für einen russischen Flüchtling, der hinter unserem Haus erschossen wurde. Von meinem Vater. All dies hat meine Mutter gewusst. Und ihn immer gedeckt. Sie fürchtete um ihre Familie, um ihre Existenz. Als mein Vater schoss, hatte sie drei Kinder, das vierte war unterwegs. Eine Lebenslüge, auch eine, die den Tod einbezieht, war ihr näher als die Wahrheit, die sie um alles gebracht hätte.

Nach Kriegsende vertuschte mein Vater seine Nazi-Identität, um einem Prozess auszuweichen. Das gelang ihm mit Hilfe des Mannes, der seine Grabrede hielt. Die Schicksale der beiden Männer ähnelten sich, sie gaben sich gegenseitig ein Alibi und machten sich dadurch voneinander abhängig. Der Mann war ein noch größerer Nazi und Sohn eines hessischen Industriellen, in dessen Firma mein Vater zu arbeiten anfing. Die beiden waren keine Freunde, eher »Leidensgenossen«. Freunde hatte mein Vater nicht. Nach dem Krieg ließ er niemanden an sich heran, um sich nicht zu verraten. Seine Angst, im Alkoholrausch oder aus purer Vertrauensseligkeit etwas auszuplaudern, war zu groß.

Mein Vater war eine gespaltene Persönlichkeit. So sehe ich ihn heute. Er hatte eigene Kinder, liebte sie auf seine Weise und brachte jüdische Kinder ins KZ. Die Namen der Juden, die mein Vater auf dem Gewissen hat, standen auf einer Liste. Darunter sollen auch Kinder gewesen sein. Die Liste unterschrieb mein Vater. Sein Signum war der Befehl für den Abtransport in den Tod. Um welches KZ es sich handelte, weiß meine Mutter nicht mehr. Sie sagt, sie könne sich nicht mehr erinnern. Und sie beharrt darauf, dass Vater stets mit einem reinem Gewissen handelte, dass er sich in den »Dienst der Sache« stellte. »Seine Gegner waren die Juden, die Schwulen und die Kommunisten«, erklärte sie sein Handeln. Und: »Das haben die meisten damals gedacht.«

Mit seinen Kindern ging Vater liebevoll um. Wenn er zu Hause war. Wir ahnten nicht, auf welche grausame Art er bis Kriegsende sein Geld verdiente, nicht, wer er wirklich war, wir hatten keinen Schimmer von dem, was er uns streng verheimlichte. Oft bekamen wir ihn nicht zu Gesicht. Wenn er kam, trug er eine Uniform. Ich erinnere mich blass daran, hatte aber keine Vorstellung davon, um welche Uniform er sich handelte. War er zu Hause, zog er sich schnell um. »Es ist bequemer so«, soll er gesagt haben.

Wir Kinder haben unseren Vater stets vermisst. »Papa arbeitet«, sagte meine Mutter, wenn wir nach ihm fragten. Irgendwann gewöhnten wir uns an ein Leben ohne ihn. Für den äußeren Schein. Innerlich fehlte er uns allen. Meine älteste Schwester und ich hockten nachts oft im Bett zusammen und wünschten uns unseren Vater herbei. Mutter war überfordert mit vier Kindern und dem Alleinsein. Zwar mangelte es uns nicht an Geld, Nahrung und Kleidung. Aber die Einsamkeit und die Bürde, die auf ihren Schultern lasteten, ließen sie grob und streng werden. Es gab Tage, da fand sie kein einziges freundliches Wort für uns. Meine Schwester und ich fegten die Küche, sammelten Küchenholz und trugen die Kohlen hinein. Sie bedankte sich nicht, sondern quittierte unsere Dienste mit einem müden »Warum habt ihr den Kohlenstaub nicht weggewischt?«

Vater ist die Hälfte meines Lebens, die mir in der Kindheit abhanden kam, die meine Seele teilt. Und mit der ich noch immer, obwohl ich inzwischen selbst alt bin, nicht zurechtkomme. Ich hatte einen Vater und hatte ihn doch nicht. Und nun habe ich einen Vater, der ein Nazi und ein Mörder war. Lange Zeit fragte ich mich, wie eine solche Schizophrenie zustande kommt: Wie kann jemand gleichzeitig fürsorglicher Familienvater und gewissenloser SS-Charge sein? Nach vielen Gesprächen mit meiner Mutter, Historikern und anderen Betroffenen kam ich zu dem Schluss, dass das eine mit dem anderen nichts zu tun haben musste. Für ihn. Er sah in seinen

»Feinden« den Untergang der Welt, und dagegen kämpfte er. Er war ein Überzeugungstäter. Und er ist bei weitem nicht der einzige, der in diesem Glauben handelte. Auch wenn das seine Schuld nicht mildert. Solche wie ihn gab es unzählige. Die Biographien der meisten Täter blieben allerdings im Dunkeln.

Lange Zeit kämpfte ich mit mir, wie ich mit meinem Vater umgehen sollte. Ich überdachte mein Vaterbild, versuchte, ihn zu hassen und mich von ihm loszusagen. Es ist eine schwere Schuld, beschämte ich mich selbst, einen Vater wie meinen zu haben. Ich war hin- und hergerissen zwischen den wenigen, sehnsuchtsvollen und deshalb glücklichen Momenten mit ihm in meiner Kindheit und den Entdeckungen über ihn in der »Neuzeit«. Vom Begriff »Schuld« sagte ich mich bald los. Ich begriff, ich kann nichts dafür, dass mein Vater tat, was er tat. Ich verstand die Fragen meiner Generation an ihre Eltern »Und was habt ihr gemacht, als die Nazis wüteten?«, aber ich plagte mich nicht mit jener »Massenschuld«, die so viele umtrieb. Geschichte und die Erfahrungen aus ihr müssen erhalten bleiben, aber ich möchte mich nicht ständig rechtfertigen müssen dafür, was mein Vater getan hat. Und tue es doch immer wieder. Und beginne immer wieder, seine Geschichte aufzurollen.

Andere Söhne von Nazi-Offizieren erzählten mir, dass ihre Väter nach dem Krieg mehr oder weniger hohe Posten in Wirtschaft, Politik und Medienwelt ergatterten. Ihre Namen sind kaum bekannt. Nur von den ganz Großen hörte die Öffentlichkeit. Diese Männer traten vor Podien auf und lenkten die Aufmerksamkeit von ihrer Vergangenheit ab hin zur »Wohltätigkeit« ihrer Gegenwart. Den meisten gelang dies brillant. Diese Männer plagte mit großer Wahrscheinlichkeit kein Schuldgefühl. Meinem Vater ist zugute zu halten, dass er dies nicht tat, sondern sich im Verborgenen aufhielt und »nur« darauf hoffte, unerkannt zu bleiben. Diese »Zurückhaltung« macht es für mich ungleich schwerer, mich von ihm zu distanzieren. Sah er im Nachhinein ein, welche Schuld er auf sich geladen hatte? Ging ihm sein grauenvolles Handeln inzwischen selbst an die Nieren? Ich fand und finde keine Antwort auf diese Fragen. Eines aber weiß ich mit Sicherheit: Er hätte sich um jede Anschuldigung herum gewunden. Ich glaube, er war kein besonders mutiger Mann. Vielleicht täusche ich mich auch, und er hätte zu seinen Taten gestanden, wenn er aufgeflogen wäre, und er wäre erhobenen Hauptes ins Gefängnis gegangen. Vielleicht. Vielleicht aber nicht. Ich kann ihn nicht mehr fragen. Wie auch die Väter der anderen Betroffenen. Heute sind sie alle tot. Die einzigen, die erzählen können, sind ihre Söhne. So wie ich. Doch viele schweigen. Auch die Söhne werden bald sterben. Und mit ihnen dieser authentische Teil der jüngeren deutschen Geschichte. Chroniken und Geschichtsbücher sind das eine, die plastischen Erzählungen der Zeitzeugen das andere.

Ich brauchte ein paar Jahre, um richtig zu begreifen, was mein Vater getan hat. Als er den russischen Flüchtling erschossen hatte, schwieg er wochenlang. Ich war ein kleiner Junge und habe die Situation miterlebt. Wenngleich ich nicht wusste, was passiert war. Es war kurz vor Kriegsende, hinter dem Haus hatten wir einen Komposthaufen. Als meine Mutter eines Abends den Abfall hinausbrachte, kreischte sie kurz auf und kam aufgeregt ins Haus gelaufen. »Da ist jemand, da versteckt sich einer«, schnaufte sie vor Erregung. Mein Vater war zufällig zu Hause, einmal im Monat stattete er uns einen Besuch ab und brachte Lebensmittel. Mutter hatte gekocht, wir hatten gegessen, Vater wollte sich sogleich wieder auf den Weg machen. »Wer war da?« »Ich weiß es nicht.« Vater griff nach seinem Gewehr und ging hinaus. Kurz darauf knallte ein Schuss. Verstört kam er wieder herein und nahm Mutter beiseite. Sie schickte uns ins Schlafzimmer, befahl meiner ältesten Schwester, auf die Kleinen aufzupassen und auf keinen Fall hinaus zu kommen. Meine Schwester war zehn Jahre alt, ich etwa drei.

Der Russe hatte sich hinter unserem Haus versteckt und sammelte aus dem Komposthaufen Essensreste. Dabei entdeckte ihn meine Mutter. Mein Vater erschoss ihn, als er sah, dass er ein russischer Flüchtling war. Dann verscharrten sie ihn, unweit unseres Hauses, in der nackten Erde. So wurde meine Mutter zur Mittäterin. Deshalb schwieg auch sie, deshalb versuchte sie stets, meinen Vater zu decken und seine Biographie zu »entlasten«. Mit versteinertem Gesicht nahm Vater Abschied, auch Mutter sagte kein Wort. Jedes Mal, wenn Vater in den folgenden Monaten kam, sprach er wenig. Und jedes Mal schlossen sich Mutter und Vater kurz in der Küche ein. Ich kann mich an diese Szenen erinnern, obgleich ich sie damals nicht einzuordnen verstand.

Mutter sagt, Vater ist nur dieses eine Mal zum Mörder geworden. Es sei Notwehr gewesen, verteidigt sie ihn. Wir stritten heftig, wenn sie mit Vehemenz behauptete, der Russe hätte Vater umgebracht, wenn Vater nicht geschossen hätte. Auch all die anderen Morde, die Vater in Auftrag gab, erkennt sie nicht als Morde an. »Das war damals so«, lautete ihr Standardsatz. Nach wie vor kann ich mich nicht entscheiden, wie ich zu meinem Vater stehe: Lehne ich ihn ab oder entschuldige ich ihn ebenso für seine Zeit, weil es »damals so war«. Ich bin zerrissen und werde mich wahrscheinlich nie entscheiden können. Aber vielleicht muss ich es gar nicht. Mein Vater war, wie mein Vater war. Und er ist lange tot. Aber ich suche noch immer nach einem Bild von ihm, das ich mit ins Grab nehmen kann, ein Vater, mit dem ich mich ausgesöhnt habe. Dann würde ich ruhigeren Gewissens sterben können.

Nach wie vor begreife ich kaum die Schizophrenie, die ihn einerseits einen kulturvollen, gebildeten und sinnlichen Menschen sein und andererseits zum Mörder verkommen ließ. Was geht in einem Mann vor, der Musik liebt, selbst Flöte spielt und seinen Kindern von seiner Liebe zur Musik abgeben will? Wie kann ein solcher Mensch einen hilflosen, hungernden Mann erschießen, wie kann er andere in Todeskammern jagen? Auch wenn seine Taten im Gegensatz zu denen anderer geringer scheinen, sie bleiben doch geschehen, sie bleiben wahr. Und so kann ich meinen Vater stets nur als gespaltene Persönlichkeit sehen. Und hätte doch so gern einen Vater, den ich verehren kann. Auch über seinen Tod hinaus.

Seinen Hass auf den Kommunismus indes und alles, was ihm »abnormal« erschien, ließ er sich auch nach dem Krieg und trotz seiner »Schuld« nicht nehmen. Ich erinnere mich, wie wir zusammen Fernsehen schauten. Es war an einem Feiertag und eine »bunte« Sendung zwischen Klassik und Pop. Als ein Rock-Sänger auf die Bühne kam und sich ans Klavier setzte, schwenkte die Kamera auf seine Hände. Der Mann hatte seine Fingernägel lackiert. Heute kann es zu positiver Aufmerksamkeit führen, wenn beispielsweise

André Agassi mit lackierten Nägeln zum Tennisturnier antritt. Aber damals galt es als unsittlich, sich als Mann zu schmücken. Und der Sänger, dessen Namen ich vergesse habe, hatte schwarzlackierte Fingernägel. Als mein Vater das sah, sprang er aus seinem Sessel auf, wandte sich meiner Mutter zu und schimpfte: »Der ist homosexuell, der ist ein Schwuler, der gehört nicht auf die Bühne, sondern ganz woanders hin.« Mutter versuchte ihn zu beruhigen. Wir Kinder waren damals erschrocken ob der Heftigkeit, mit der Vater gegen diesen unbekannten Mann wetterte. Wir hatten eine Ahnung davon, was Homosexualität ist, waren jedoch noch nie mit ihr konfrontiert worden. Viele Jahre lehnte auch ich Schwule und Lesben ab und habe, wenn ich ehrlich bin, auch heute Schwierigkeiten mit ihnen. Zwar kenne ich keinen Schwulen und keine Lesbe persönlich, aber ich halte es nicht für eine politische Errungenschaft, dass homosexuelle Menschen heute heiraten und Kinder haben dürfen. Wie wächst ein Kind zwischen zwei Männern auf? Ich glaube nicht, dass es sich »normal« entwickeln kann. In dieser Frage prägte mich mein Vater stark. Vielleicht tat auch die Zeit, in der ich groß wurde, ihr übriges.

Vater war ein konservativer Mensch. Das drückte sich allein in seinem Wahlverhalten aus. Er wählte nie etwas anderes als die CDU. In seiner Firma wählten viele die Christdemokraten. Das war das einzige, was er zu Hause von seiner Arbeit berichtete. Selbst Mutter wusste nicht genau, was er in der Firma tat, die wie viele andere Unternehmen ihren Anteil am Bestehen des Dritten Reiches hatte. Mutter und Vater waren froh, dass ihnen das Schicksal nach Kriegsende nicht böse mitspielte, dass sie unentdeckt weiter leben durften. Als »unbescholtene« Bürger. Über den Krieg und die NS-Zeit wurde zu Hause nicht gesprochen. Wir Kinder fragten nicht viel. Es genügte uns, was uns dazu in der Schule geboten wurde. Das war nicht viel. Wahrscheinlich wurde damals in Gegenden, die nicht revolutionär zu nennen waren, wenig über die jüngste Vergangenheit gesprochen. In Städten wie Berlin oder Hamburg wäre das sicher nicht möglich gewesen.

Meine Geschwister reagierten unterschiedlich auf die Entdeckung des Familiengeheimnisses. Meine älteste Schwester zog sich völlig zurück. Man mag es klassische Ironie des Schicksals nennen, aber sie unterstützt in den USA eine Stiftung, die sich für jüdische Opfer des Holocaust einsetzt. Bevor sie in die Staaten auswanderte, war sie kein politischer Mensch – wir vier Kinder wurden nicht politisch erzogen –, aber ihre ersten Nachbarn in New York waren Juden. Sie freundete sich mit ihnen an und bereicherte ihr Leben mit jüdischen Geschichten. Bald spendete sie für die Stiftung, erst sporadisch, später regelmäßig. Ich weiß nicht, ob sie ihren jüdischen Freunden von unserem Vater erzählt hat. Wenn ich sie anrufe, legt sie auf, nachdem sie meine Stimme gehört hat. Meine jüngere Schwester ist weitaus weniger kompromisslos. Sie versteht die harte Reaktion unserer älteren Schwester nicht. Allerdings würde ich meine jüngere Schwester weniger intellektuell als meine ältere bezeichnen. Sie ist pragmatisch, mit einem Bauarbeiter verheiratet und hat vor kurzem ein Haus an der Küste gebaut. Für sie muss das Leben praktisch sein, für meine große Schwester Erfüllung. Geistig und sinnlich. Mein Bruder, der in Kanada lebt, hat sich noch gar nicht geäußert. Er reagierte nicht auf meine Briefe, nicht auf meine Faxe. Am Telefon sagt er, das könne er aus dieser Entfernung nicht klären. Zu Vaters Beerdigung reiste er nur zwei Tage an. Er besitzt eine Schuhfabrik in der Nähe von Montreal und hat dort viel zu tun. Sagt er. Ich vermute, sein Ausweichen mir gegenüber ist ein Ausweichen gegenüber dem Problem. Vielleicht braucht er Zeit, um sich über Vater klar zu werden. Das wird, denke ich, am besten, wenn er den Kontakt zu uns sucht, mit uns spricht. Es ist viel leichter, sich in der Ferne ein Bild zurechtzuzimmern, als in der Nähe nach der Wahrheit zu suchen. Vielleicht will er aber auch sein Bild behalten, das er von Vater hat. Wie das aussieht, kann ich nicht sagen. Ich wüßte es gern. Und ich wüßte gern, wer mein Vater wirklich war. Bis heute bin ich mir nicht sicher, ob er ein Unmensch oder ein Feigling oder ein Überzeugungstäter oder was auch immer war. Oder alles in einer Person. Eines aber – und das macht es so schwer, eine Antwort zu finden – ist und bleibt er für mich immer: mein Vater.

... und dann drückte er ab

Alfred B. und sein Vater bekämpften sich wie zwei Feinde

Ich hatte Glück. Ich säße nicht hier, hätte er getroffen. Aber er zielte daneben. Knapp nur, aber daneben. Mein Vater richtete die Pistole direkt auf mich und drückte ab. Dass er nicht traf, lag daran, dass er total betrunken war und seinen Arm nicht still halten konnte.

Er hätte mich umgebracht. Er hätte seinen eigenen Sohn erschossen, einen Knaben von 14 Jahren. Weil ich anders war und anders dachte als er selbst. Weil ich mich den Verdikten meines Vaters nicht beugte. Aber es tobte kein Krieg, kein Ausnahmezustand. Es herrschte Frieden und DDR. Die einzige Not, die mein Vater litt, war seine eigene: Er war Polizist. Doch nicht irgendein niederer, müder Straßenkämpfer, sondern der stellvertretende Chef einer Bezirksbehörde im Norden. Er hatte jede Menge Leute unter sich und unendlich viele Entscheidungen zu treffen. Und dieser Mann schoss auf seinen Sohn, weil er mit ihm nicht klar kam. Ich war kein braver Junge und bescherte meinen Eltern unruhige Nächte. Aber den Tod, nein, den Tod hatte ich nicht verdient.

Ich entsinne mich nicht an die Zeit, in der die Feindseligkeit zwischen mir und meinem Vater ihren Anfang nahm. Aber ich erinnere mich genau an die Streits und Auseinandersetzungen, die zum Tag gehörten wie der Schnaps, den er trank. Einmal waren es meine langen Haare, die ihn störten, ein anderes Mal die Schlaghosen, die ich trug. Später meine politischen Ansichten. Wir waren die antagonistischen Gegensätze schlechthin: ich der Oppositionelle, mein Vater der linientreue Genosse. Als die Russen 1968 in Prag einmarschierten, ging ich mit einigen anderen Jungs auf die Straße, um gegen die Besetzung zu protestieren. Gegen uns wurden Wasserwerfer eingesetzt. Wir hatten keine Chance, wurden verhaftet und drei Tage lang festgehalten. In Einzelzellen untergebracht, wusste keiner von uns, was mit den anderen gerade passierte. Auf einer Seite des Kopfes wurden uns die Haare abrasiert. Der halbe kahle Schädel sollte ein unübersehbares Zeichen der Abschreckung sein. Und der Lächerlichkeit: Seht her, so kann es Aufsässigen ergehen, so sehen die aus, die sich gegen uns stellen und uns verraten.

Nach grausamen, ungewissen Stunden wurden alle freigelassen. Bis auf mich. Ich hockte weiter in meiner Zelle und wartete darauf, dass sich auch in meinem Schloss der Schlüssel dreht und jemand sagte: »Du kannst jetzt gehen.« Aber das tat niemand. Hatten die mich vergessen? Ich schlug Alarm und sagte den diensthabenden Wachmännern, sie mögen meinen Vater anrufen, den Vize-Polizeichef. Der soll mich hier rausholen. Da lachten die nur laut und meinten: »Das haben wir längst gemacht. Aber dein Alter hat gesagt, wir sollen dich so lange hier behalten, wie es nur geht.«

Ein anderes Mal sorgte mein Vater dafür, dass ein Bekannter von mir im Knast landete. Der Bekannte hatte das Leben in der DDR satt und wollte in den Westen. Daraus machte er kein Geheimnis. Ständig redete er davon, das Thema umkreiste ihn wie ein Geist die Kirchturmuhr. Irgendwann aber entließ ihn der »Geist« und der Westen tauchte in seinen Erzählungen immer seltener auf. Für uns ein Zeichen, dass es bald so weit sein dürfte. Wir richteten eine Abschiedsparty aus, bei der viele Worte gesprochen wurden, außer den eigentlichen: Ausreise und Abschied. Intuitiv vermieden wir, diese Worte zu nennen. In dieser Hinsicht war mit dem Staat nicht zu spaßen. Wer damals – wenige Jahre nach dem Mauerbau – in den Westen wollte, landete selten dort und kam zunächst ganz woanders hin: in den Knast.

Am nächsten Tag war auch der Bekannte weg. Schnell sprach sich herum, dass er nicht die Staatsgrenze passiert hatte, sondern abgeholt worden war. Ich brauchte nicht lange, um mir den Vorgang zusammenzureimen: Dahinter steckte niemand anderer als mein Vater. Er hatte dafür gesorgt, dass es dem Bekannten in den nächsten Monaten sehr schlecht ergehen würde. Republikflucht und Ausreiseversuche waren damals schlimmere Verbrechen als Mord. Schlagartig fielen mir jene Sätze ein, die Vater am Morgen des Partyabends während des Frühstücks wie nebenher fallen ließ und denen ich in dem Moment keinerlei Bedeutung beimaß: »Ich dachte immer, in unserem Dorf gibt es keine Vaterlandsverräter. Aber es gibt sie doch.«

Mein Vater war unberechenbar. Immer – ob er getrunken hatte oder nicht. Am schlimmsten jedoch war es, wenn er im Alkoholrausch die Gewalt über sich verlor und gar nicht mehr begriff, was er tat. Fuchtelte er nicht mit seiner Waffe herum, zertrümmerte er die Küche und verprügelte meine Mutter. Unser Haus besaß einen langen Flur, an dessen einem Ende die Küche lag und am anderen Ende das Kinderzimmer. Dort bangten mein Bruder und ich um unsere Körper und Seelen und verfolgten jeden fliegenden Teller. Die Glastür in der Küche hielt in der Regel zwei Wochen, dann musste eine neue eingesetzt werden. Wir zitterten, ob und wann er ins Kinderzimmer stürmte und sich einen von uns vorknöpfte. Einmal schlug er Mutter so heftig zusammen, dass sie wimmernd und jammernd in der Veranda am Boden lag und sich nicht mehr bewegte. Das Blut floss ihr aus dem Mund, die Augen waren geschwollen und blau. Solange Mutter und Vater zu hören waren, das wussten wir beiden Jungen bereits, war es nicht ganz »so schlimm«. Aber trat plötzlich Stille ein, wie an diesem Abend, war Mutter fast bewusstlos. Ich rannte hinaus und sah sie wie leblos auf der Erde liegen. Ich stürzte mich auf ihn, zerrte ihn von Mutter weg und trommelte meine Fäuste auf seinen Rücken. Hätte ich ein Messer gehabt, ich hätte ihn umgebracht. Vermutlich hätte ich so lange auf ihn eingestochen, bis er leblos zu Boden geglitten wäre. All meine angestaute Wut, Traurigkeit und Hilflosigkeit hätte ich in das Messer gegeben, das mit jedem Stich ein Stück meiner Verzweiflung lösen sollte.

Auf dem Hochzeitsfoto meiner Eltern ist ein schönes, glückliches, junges Paar zu sehen. Und vor allem: ein attraktiver, freundlicher Jüngling mit liebevollem Blick. Seine Augen strahlen Fröhlichkeit aus, seine Hände Geschicklichkeit. Dieser Mann aber, der auf dem Bild aussieht, als könne er nicht mal einer Fliege etwas zuleide tun, hat eine ganze Familie kaputt gemacht. Er hat uns alle auf dem Gewissen: seine Frau, meine beiden Brüder, mich. Er machte uns das Leben zur Hölle und verbrannte seines im Jähzorn und Hass gegen sich selbst.

Als ich ein kleiner Junge war, muss es anders gewesen sein. Einer meiner Brüder erzählte mir, dass er mit uns selbstgebastelte Drachen steigen ließ und dabei wie ein Berserker übers Feld rannte, um die verdammten Dinger in die Lüfte zu kriegen. Die Drachen müssen so groß gewesen sein, dass selbst der kräftige Vater sie bei starkem Wind kaum halten konnte. Er soll sogar Späße mit uns gemacht haben. Wie in einem heißen Sommer: Wir Jungen drängen uns im Hof in einer riesigen Zinkbadewanne und er bespritzt uns mit dem Gartenschlauch. Wir sollen gequietscht haben vor Freude. Erzählte mein Bruder. An solche Erlebnisse erinnere ich mich nicht. Mein Gedächtnis hat sie ausgelöscht. Hätte mein Bruder sie nicht gespeichert und mir davon berichtet, besäße ich nicht ein einziges positives Bild von meinem Vater. Das Bild, das in meinem Kopf fest sitzt wie ein Geschwür, ist traurig und bitter: Es zeigt einen Mann mit dunklen Augenringen und tiefen Furchen im Gesicht. Der Mann hängt zusammengesunken in einem Campingstuhl, als sei er gar nicht anwesend, als schaue er durch sein Gegenüber hindurch. Auf dem Kopf trägt er einen schlapprigen Sommerhut. So zeigt ihn ein Foto, auf dem mein Vater so alt, so grau und so verlebt aussieht, wie ich ihn in der Realität nie wahrgenommen hatte. Wahrscheinlich dokumentiert aber gerade diese Momentaufnahme seinen inneren Zustand am deutlichsten.

Sein »moralischer Verfall« geht vermutlich einher mit seinem beruflichen Aufstieg. Er stand stets unter starkem Druck und musste Entscheidungen treffen, die ihn manchmal überforderten. Wahrscheinlich strengte ihn alles an: Arbeit, Familie, Haus. Darüber hinaus war und ist er überaus empfänglich für negative Nachrichten. Egal, ob in der Zeitung, im Radio oder Fernsehen – er sieht, hört und liest stets nur das Schlechte heraus. Daran klammert er sich fest und verpasst sich auf diese Weise seine Stimmung. Vielleicht hat er auch schon früh begriffen, dass das, was die DDR war und was sie machte, nicht den Idealen entsprach, für die er einst Trümmer beiseite schaffte und den »antifaschistischen Schutzwall« errichtete.

Nach außen gab er den überzeugten Kommunisten, den geradlinigen Klassenkämpfer – ein dummer Mann indes ist er nicht. Er kannte die Wahrheit. Bestimmt. Diese jedoch laut auszusprechen, verbot ihm seine Stellung. Und sein Glaube.

Sein beruflicher Weg hätte ihn sicher nach ganz oben geführt. Wenn da nicht die Sache mit dem Schuss auf mich gewesen wäre. Vater stand kurz vor der Ernennung zum Major. Dahin wollte er immer. Aber als er direkt auf mich zielte und nicht wie sonst mit dem Revolver wirr in der Gegend herumfuchtelte, fürchtete Mutter um mein Leben und rief in seiner Dienststelle an. Die Leute dort reagierten sofort. Während ich noch über den Hof kroch, um mich zu schützen, fuhren sie vor und nahmen meinen Vater mit. Am nächsten Tag tauchte er wieder auf und sagte nur: »Ihr habt alles kaputt gemacht. Ihr seid schuld, wenn ich jetzt nicht mehr die Familie ernähren kann.« Die typische Märtyrerhaltung eines Mannes, der sich zu Unrecht bestraft fühlt. Seine Unfähigkeit, seine Ausbrüche im Zaume zu halten, stülpte er meiner Mutter und mir über. Später hörten wir es noch einige Male: Wir hätten ihm seine Karriere versaut, wir hätten die Familie auf dem Gewissen. Dieser Vorwurf gehörte irgendwann zu seinem Repertoire wie sein tägliches Nörgeln. Doch die DDR war gut zu ihren altgedienten Genossen. Vater wurden zwar der Dienstgrad eines Majors und die dazugehörigen Sterne auf den Schulterklappen verweigert, nicht aber die entsprechende Einstufung und das damit verbundene Salär. Materiell schlecht ging es uns nie.

Öffentlich distanzierte er sich von mir. »Wenn du mich auf der Straße triffst, wirst du mich auf keinen Fall grüßen«, befahl er. Ich gehorchte und wechselte sogar die Straßenseite. Nur einmal war ich versucht, direkt auf ihn zuzugehen und ihm etwas entgegen zu schleudern, das ihn kompromittieren würde. Aber ich tat es nicht. Neben meiner Wut und meiner Verachtung schleppte ich auch immer Angst vor ihm mit mir herum.

Wir bekämpften uns ständig. Sogar aus der Ferne. Ich war bei der Armee und musste Wache schieben. Jeden Abend stieg ein Soldat über den Zaun und holte Schnaps aus der nahe gelegenen Kneipe. Als ich über die Absperrung kletterte, hatte ich meine Mpi im Arm.

Alfred B., 49

Erst auf der anderen Seite fiel mir das störende Ding auf. Wohin sollte ich nur mit dem Gewehr? In die Kneipe wollte und konnte ich es nicht mitnehmen. Kurzerhand versteckte ich es in einem Gebüsch. In der Kneipe bestellte ich, bevor ich die Flasche für die Kameraden kaufte, erst mal einen Schnaps für mich, dann noch und noch einen. Schon leicht angetrunken, muss ich wohl ausgeplaudert haben, dass draußen im Gebüsch meine Knarre liegt. Binnen weniger Minuten fuhr ein Jeep vor. Offiziere sprangen heraus, stürmten in die Kneipe und packten mich. Die Arme auf dem Rücken in Handschellen, das Gesicht zu Boden gedrückt. »Wo ist das Gewehr?« brüllte der eine. Vom Schnaps benebelt und in all der Hektik fiel mir nicht ein, wo ich das verdammte Ding abgelegt hatte. Offenkundig hatten sie Mühe, mich einzuschätzen: Spinnt der oder sagt der die Wahrheit? Ist der besoffen oder spielt der nur? Was will der mit der Waffe?

»Dafür kriegst du auf alle Fälle Schwedt«, sagte ein Zimmergenosse. Schwedt, das war nicht nur eine öde Kleinstadt, sondern in erster Linie furchteinflößendes Synonym für das Militärgefängnis der DDR, gleichzusetzen mit dem Gulag. Die Insassen dort wurden brutal zerstört, seelisch und körperlich, mit bleibenden Schäden. Aus Schwedt kam niemand ungebrochen zurück. Schwedt war das Schlimmste, was einem in der DDR passieren konnte. Jeder hatte Angst davor. Auch ich. Mächtige Angst. Aber ich kam nicht nach Schwedt. Ich blieb dort, wo ich stationiert war. Meine Strafe bestand lediglich in einer Urlaubs- und Ausgangssperre bis zum Ende meiner Dienstzeit. Und ich dachte: Naja, irgend etwas Gutes muss es ja auch haben, dass dein Vater so ein hohes Tier ist. Ich fragte einen Offizier nach meinem Vater. Seine Antwort aber verschlug mir die Sprache: »Dein Vater hätte dich nach Schwedt gebracht, doch, doch. Er hat gesagt: ›Ab mit ihm nach Schwedt. So lange wie möglich.‹ Aber ihm wurde erklärt, dass es ihm selbst zum Schaden gereicht, wenn ich dort einsitzte. Dann stünde er auf der ›schwarzen Liste‹ und würde degradiert.«

Ein einziges Mal sah ich meinen Vater weinen. Zu seinem 70. Geburtstag wurde eine größere Feier im Familienkreis veranstaltet. Es hätte sein letzter Geburtstag sein können. So fragte ich meine beiden Brüder, ob sie etwas dagegen hätten, wenn ich an der Tafel einige Worte im Namen der Familie spreche. Sie waren einverstanden, auch mit dem, was ich schließlich sagte: Dass Vater etwas geleistet und dass er Haus und Familie geschaffen habe. Ich habe ihn gelobt und weiß heute selbst nicht mehr, wie ich das fertig brachte. Ich sagte aber auch, dass es uns allen zusammen nicht gelungen sei, die Familie zu werden, die wir uns alle gewünscht hatten. »Aber es ist immer noch nicht zu spät«, lautete mein letzter Satz. In diesem Moment rannen meinem Vater die Tränen über die müden und eingefallenen Wangen. Dieser Anblick rührte mich sehr.

Kurz vor diesem Geburtstag wurde er am Herzen operiert. Niemand wusste, ob er aus der Narkose jemals wieder aufwacht. Aber es ging gut, zumindest so gut wie möglich. Bei meinem Besuch an seinem Krankenhausbett versuchte ich, eine einmalige Chance wahrzunehmen: Er musste liegen bleiben, ob er wollte oder nicht. Und er musste mir zuhören. Ich fragte ihn, ob er nicht auch glaube, dass es an der Zeit sei, endlich miteinander zu reden. »So schnell stirbt es sich nicht«, war seine Antwort. Er schlug die Hand aus, die ich ihm reichte. Er nahm das Gesprächsangebot nicht wahr, sondern bot mir wiederum nur Phrasen.

Seit ich mit knapp 18 Jahren von zu Hause wegging, bin ich auf der Suche nach einem Gefühl von Heimat. Heute bin ich fast 50 und werde den untrüglichen Eindruck nicht los, von allem, was Heimat ist, getrennt zu sein, losgelöst und weggeschwemmt. Wie gern würde ich zu meinen Eltern fahren und sagen können: Hier ist mein Zuhause. Bin ich mit dem Auto im Norden unterwegs, sehe das flache Land mit seinen tief fliegenden Raubvögeln und atme die ländliche Luft, möchte ich am liebsten mitten auf der Straße anhalten, aus dem Wagen springen, die Arme ausbreiten und rufen: »Ich bin wieder da und ich bin glücklich.« Dieses berauschende Gefühl wird jedoch im ersten Ansturm unterdrückt, weil sich in meine Sehnsucht augenblicklich meine Erinnerungen schleichen. Sie sind stärker als alles andere, was mich mit dem Norden verbindet.

Einmal im Jahr fahre ich »nach Hause«. Vor vier Jahren wurde ich zum zweiten Mal Vater. Mit meiner ersten Frau habe ich eine

Alfred B., 49

inzwischen 22-jährige Tochter. Die Beziehung ging nach kurzer Zeit in die Brüche, eine zweite nach achtzehn Jahren. In meiner jetzigen, meiner dritten Partnerschaft fühle ich mich aufgehoben und »angekommen«. Und für meine kleine Tochter überliste ich mich selbst. Sie soll nicht nur Großeltern mütterlicherseits, sondern auch väterlichseits kennen. Deswegen versuche ich einmal im Jahr meinen Blick in die Vergangenheit auszulöschen und mich positiv zu stimmen. Um jederzeit wieder aufbrechen zu können, falls die Stunden im Elternhaus zu strapaziös zu werden drohen, bediene ich mich eines Tricks: Gerade angekommen erkläre ich, nicht zu wissen, wie lange wir bleiben können. »Es kann immer ein Anruf kommen, dann müssen wir schnell weg«, sage ich. Meine Mutter weiß, dass das gelogen und eine notwendige Form von Selbstschutz ist. Manchmal bleiben wir zwei Tage, manchmal drei. Aber im Grunde halte ich es nicht länger als zwei Stunden aus. Ich kann nur im Hause meiner Eltern sein, wenn Vater nicht anwesend ist. Er ist mürrisch, giftig und übellaunig, Mutter hält still und schluckt Tranquilizer.

Wir sitzen am Mittagstisch und haben noch nicht ganz zu essen begonnen, da wütet Vater bereits los: »Die Kartoffeln sind zu hart.« Den Löffel kaum in den Kaffee getaucht, folgt die nächste Kritik: »Warum ist kein Zucker drin?« Mische ich mich in die »Unterhaltung« meiner Eltern ein und verteidige Mutter, indem ich sage: »Mach dir doch selbst Zucker in den Kaffee«, zischt er zurück: »Wie wir das hier machen, geht dich gar nichts an.« Schweigend schaufelt er das Essen in sich hinein und drückt sich nach seinem letzten Bissen vom Stuhl hoch: »Ich muss nach den Kaninchen schauen.« Er besitzt die Gabe, allen ein schlechtes Gewissen zu bereiten. Nachdem Vater vorgegeben hat, wie Leben sein sollte – ruhelos und arbeitsam –, fühlen sich alle anderen bemüßigt, nicht eine Minute länger sitzen zu bleiben und die Mittagsstunden des Wochenendes zu genießen, sondern tätig zu werden. Doch egal, was man macht, in den Augen meines Vaters ist es stets falsch. Erledigte ich als Kind Aufgaben ohne Aufforderung, einfach so, weil ich glaubte, meinen Eltern eine Freude zu machen, erntete ich nicht Lob, sondern Tadel: »Du hättest nicht nur das halbe Spargelbeet stechen können, sondern auch die beiden anderen. Außerdem hast du den Abfall nicht auf den Kompost gebracht.«

Seit Jahrzehnten rede ich Mutter gut zu, sie solle sich scheiden lassen. »Noch ist es nicht zu spät«, sage ich ihr. Doch sie antwortet immer dasselbe: »Allein kann ich nicht leben. Außerdem hat er auch gute Seiten.« Vater hielt sie ihr Leben lang in Unwissenheit, er machte sie von sich abhängig. Ohne ihn ist sie lebensuntüchtig. Sie ist nicht in der Lage, den Kassettenrecorder einzuschalten, geschweige denn die Heizung zu bedienen. Er besitzt sämtliche Verfügungsgewalt über sie. Und machte sie kampf- und machtlos. Sie leidet unermesslich. »Die schönsten Stunden«, sagte sie einmal, »sind jene auf dem Friedhof und im Laden.« Zweimal in der Woche hilft sie im Supermarkt aus, sie bepackt dort die Regale. Auf dem Friedhof pflegt sie Gräber.

Vaters Leben ist leer und bedeutungslos. Der einzige Inhalt seines Daseins besteht in seinen Tomatenpflanzen. Aber auch die leiden unter ihm. »Ihr blöden Dinger, warum werdet ihr nicht rot«, brüllt er sie an, wenn sie nicht so schnell reifen, wie er es möchte. »Früher«, sagt er dann, »ja, früher, als wir noch die DDR hatten, wurden die rechtzeitig rot. Heute sind das alles schlimme Ausgeburten des Kapitalismus.« Er fand und findet keine Freude am Leben. Deshalb ist er eifersüchtig auf jeden, dem es nicht ebenso geht wie ihm. Einmal saß die gesamte Familie im Garten zusammen. Ein seltenes Ereignis, für uns fast ein heiliger Tag. Wir tranken Kaffee und waren recht glücklich. Alle saßen am Tisch, außer Vater, der irgendetwas im Haus pusselte. Es war Sommer und wir schwitzten wie die Tiere. Wir Männer hatten unsere Oberkörper von den Hemden befreit und hingen rammdösig in den Liegestühlen. Keiner sagte ein Wort, wir genossen die Friedfertigkeit der Situation. Der Hitze, so schien es, hatten wir diese Ruhe zu verdanken. Zufrieden folgten wir unseren Gedanken, bis Vater wie ein Pfeil aus dem Haus schoss und geradewegs auf uns zusteuerte. In seinem Blick lag die gewohnte Boshaftigkeit, die unseren momentanen Glauben Lügen strafte. »Lehn dich nicht so in die Kissen – verschwitzt wie du bist«, raunzte er einen meiner Brüder an. »Die Bezüge sind frisch gewaschen.« Erschrocken und wie betäubt lösten wir unsere Runde auf, packten unsere Sachen und fuhren von dannen. Jeder in die Richtung, aus der er vor wenigen Stunden angereist war. Vater besitzt das befremdliche Talent, jeden Augenblick der Versöhnlichkeit und Güte zu zerstören.

Seine Sucht, alles zu ruinieren und niederzutrampeln, wuchs mit den Jahren stetig an. Sie wurde schier unerträglich, als er sein erstes Auto kaufte und er mit dem Trinken aufhörte. Diente der Schnaps als Ventil, das seine Biestigkeit für eine Weile von uns ablenkte, zielte er ohne Alkohol unermüdlich auf uns. Als er trank, versackte er jeden zweiten Abend in der Bahnhofskneipe. Er kam mit dem Zug vom Dienst, setzte sich in die Trinkhalle und kippte. Wurde es acht Uhr abends und er war immer noch nicht zu Hause, sagte meine Mutter: »Alfred, gehst du mal los, den Papa abholen.« Wie ich diesen Moment hasste. Und wie ich ihn fürchtete. Weil ich mich für meinen Vater schämte, führte ich ihn stets über Um- und Schleichwege nach Hause. Hinterm Dorf vorbei, durch Gärten und Anlagen. Meist hatte ich Mühe, ihn auf dem Weg von Dummheiten abzuhalten. »Wir schießen der Mutter jetzt ein Huhn«, lallte er manchmal. »Wir sollten ihr eine Überraschung mitbringen.« Meistens gelang es mir, ihn abzulenken. Beängstigend war sein Gefuchtel mit Pistole dennoch. Und zu Hause hörte es nicht auf. Machte ihn etwas wütend, schoss er in der Wohnung herum.

Vielleicht ist es meinem Vater zu verdanken, dass ich über Jahrzehnte Alkoholiker war. Vielleicht aber auch dem Leben auf dem Dorfe an sich. Möglicherweise bedingen beide Komponenten einander. Mit zwölf begann ich zu trinken. Mein Weg am frühen Abend führte mich stets in die Dorfschenke. Das Leben auf dem Land hatte damals nicht mehr zu bieten als den Konsum und das Wirtshaus. Busse und Bahnen fuhren selten und abends aus der Stadt nicht mehr zurück. Dörfer bildeten ihre eigenen Biotope, in denen die Bewohner eingeschlossen waren. An die Anweisungen meiner Eltern hielt ich mich nie, dazu waren mein Vater und ich bereits zu weit voneinander entfernt. Ließ der Wirt um Mitternacht die Rollläden herunter, stopfte ich eine Flasche Korn in meine Manteltasche und verkroch mich irgendwo: in der Bushaltestelle, im Wald, auf einer Bank. Nur nicht nach Hause, nur nicht in die Wolfshöhle zurück. Gegen vier Uhr nachts kam ich nach Hause. Vater tobte und es setzte erneut Schläge. Als ich stark genug war, schlug ich zurück. Es konnte nur einen »Sieger« geben. Und der wollte ich sein.

Der Alkohol begleitete mich bis vor sechs Jahren. Ich stand am Scheidepunkt: Entweder hörst du sofort mit dem Trinken auf oder du landest demnächst in der Gosse. Der Schnaps hatte mich fest im Griff. Ich liebäugelte mit dem Dasein auf der Straße, für Clochards hege ich durchaus Sympathie. Früher wusste ich, dass ich trank, irgendwann aber merkte ich nicht mehr, wie ich den Fusel in mich hineinkippte, als wäre er Wasser. Nach dem Abschluss der zehnten Klasse lernte ich einen Bauberuf, weil Vater es so wollte. Im Winter sechs Uhr in der Frühe auf Baugerüsten herumzuturnen und Mörtel in Wände zu schmieren, das hält man nicht aus ohne innere Wärme. Danach kam ich zur Armee – auch die ertrug ich nicht ohne flüssige Überlebenshilfe. Später beim Studium hatte ich keinerlei Mühe, die Könige des Alkohols unter den Tisch zu saufen. Der Höhepunkt meiner Trinkerkarriere aber waren zwei Jahre in einer Rockband. Den äthylischen Ruf, der Rockmusikern vorauseilt, enttäuschte ich nicht: Mindestens eine Flasche Schnaps trank ich täglich, nicht selten zwei Flaschen.

Bis vor sechs Jahren. Mein Führerschein war weg und meine Ehe kaputt, beruflich ging's bergab. Ich vergaß viel und musste mich ständig entschuldigen. Ich wusste nicht mehr, was ich am vergangenen Abend gesagt und geredet hatte. Körperlich war ich am Ende, nach einer dreitägigen Sauftour benötigte ich ebenfalls drei Tage für die Ausnüchterung. Ich meldete mich zur Therapie an. Seither bin ich trocken. Vermutlich besiegte ich den Alkohol stellvertretend für meinen Vater. Vielleicht entstanden in der ununterbrochenen Auseinandersetzung mit ihm meine Zähigkeit und meine Widerstandskraft. Ich weiß nicht genau, was mir mein Vater mitgegeben hat. Vermutlich mehr, als ich glaube und als mir lieb ist. Mein Großvater sagte einmal: »Dein Vater ist ein verbohrter Idiot, aber er ist kein schlechter Mensch.«

Auch wenn er damit Recht gehabt haben sollte – am Ende nützt es uns nichts. Vater hat die Familie zerstört, hat Mutter kaputt gemacht und sich selbst auch. Wir Kinder haben Probleme, Beziehungen zu gestalten und ein nahes Zusammenleben zu organisieren.

Verzeihen kann ich ihm nicht. Verstehen aber, begreifen möchte ich ihn. Wodurch wurde aus einem liebevollen Jüngling ein verbitterter, intoleranter und ungerechter alter Mann? Mein Vater ist ein trauriger Mensch, und ich bin das manchmal auch. Vielleicht treffen wir uns irgendwann in dieser Traurigkeit.

Alles andere ist Lüge

Frank K. hat einen schwulen Vater

An einem Sonntag zog Vater aus. Meine Mutter saß in der Ecke der Couch und beobachtete sein wildes Packen. In ihrem Blick lagen Leiden und Verklärung. Vater stopfte alles unsortiert und geknautscht in zwei Taschen und einen Rucksack. »Darf ich die Doors-Platte mitnehmen?« fragte Vater. »Nimm, was du willst, aber mach', dass du endlich Land gewinnst«, raunzte ihn Mutter an. Ich war fünfzehn Jahre alt und verstand die Welt nicht mehr. Hin und wieder stritten meine Eltern, hin und wieder verschwand mein Vater, manchmal für eine Nacht, manchmal für eine Woche. Wo er sich in dieser Zeit herumtrieb, wusste ich nicht. An diesem Nachmittag aber war alles anders. Sein Tun beinhaltete etwas Endgültiges, etwas, das nicht mehr aufzuhalten war. Ebenso Mutters Abwehrhaltung und ihre Härte. Das war ich weder von ihm noch von ihr gewohnt. Meist zog sich Vater zurück und verstummte, wenn sie stritten. Mutter behielt fast immer Recht, zumindest dem Anschein nach.
Mutter hielt unsere Familie ideell zusammen. Für den praktischen Alltag indes besaß sie kein Talent, den organisierte Vater. Meine Mutter ist die Tochter eines Musikers, der unfähig war, sein Leben zu gestalten. Das regelte seine Frau für ihn. Da Mutter das Lieblingskind ihres Vaters war, streckte er stets seine schützende Hand über sie aus und gab ihr fast all sein Unvermögen mit. Ihre Mutter kam an ihre eigene Tochter kaum heran, so sehr war diese auf ihren Vater fixiert.

Mutter und Vater lernten sich kennen, als sie gerade 18 waren. Sie trafen sich zufällig in den Sommerferien in Frankreich, obwohl sie aus dem gleichen Ort in Baden-Württemberg stammen. Das amüsierte sie, und sie verbrachten die gesamte Zeit zusammen. Sie gaben ein ungleiches Paar ab: Er war zart und schmal, sie kräftig und vehement. Obwohl sie gleich groß waren, wirkte er stets wenige Zentimeter kleiner als sie. Ursprünglich sollte es eine Liebe für einen Sommer werden, eine temporär begrenzte Leidenschaft. Aber meine Mutter wurde schwanger. Als sie die Schwangerschaft bemerkte, beschloss sie, meinen Vater zu heiraten. Das war einer der wenigen wichtigen Entschlüsse, den sie jemals in ihrem Leben fällte. Vater bekam keine Chance, sich zurückzuziehen. In ihrer Heimat blieb beiden auch nichts anderes übrig, als zu heiraten. Dort wirken Traditionen immer noch stark nach.

Mit der Schwangerschaft übergaben Mutter und Vater ihre Beziehung der Verantwortung ihrer Eltern. Beide Parteien waren sich darin einig, dass die Hochzeit so schnell wie möglich über die Bühne gehen sollte. Sie nahmen alles in die Hand: Organisierten kurzfristige Termine in Kirche und Standesamt, bestimmten den Ort der Feierlichkeiten, stellten die Gästeliste und das Menü zusammen und suchten die Hochzeitskleider aus. In ihrem Eifer und ihrer selbst ernannten Pflicht, ihren Kindern den Weg zu ebnen, weil diese eine Dummheit begangen hatten, schweißten sie sich zusammen. Es soll ein schönes Fest gewesen sein, aber einer der Gäste sagte wohl: »Na, wenn das mal gut geht.« Und meinte damit nicht das unvorsehbare Ende, das diese Ehe schließlich nahm, sondern einzig den Fakt, dass sich das Brautpaar erst wenige Monate kannte. Dass meine Mutter schwanger war, konnte auch niemand übersehen. Gerade neunzehn geworden, brachte sie mich zur Welt. Damals ein Alter, in das keine Kinder gehörten. Meine Mutter ging noch zur Schule und machte Abitur. Ein »Teenagerbaby« bedeutete damals das soziale Aus: Abbruch der Schule, keine Ausbildung, kein Job, Sozialhilfe. Aber Mutters Mutter wischte jede gehässige Anspielung mit der ihr eigenen selbstbewussten Art vom Tisch: »Wir freuen uns sehr auf das Baby. Wir schaffen das schon.«

Sie plante und gab vor: Dass ihre Tochter nicht die Schule abbricht, wann sie und unter welchen Umständen ihr Abitur ablegt, wie und wo das junge Paar wohnt, wann das Baby bei den Großeltern ist. Für meine Eltern einerseits eine willkommene Hilfe, waren sie doch so unselbstständig und untalentiert in der Problembewältigung wie junge Erwachsene, die plötzlich Eltern werden, nun mal sind. Hätten meine Eltern nicht den »Schutz« und die Anordnungen ihrer Eltern genießen dürfen, sie hätten ihr und mein Leben in die Gosse gespült. Andererseits fühlten sie sich ständig beobachtet und kontrolliert, unter Druck gesetzt und gegängelt. Unter solchen Umständen kann sich keine Beziehung und schon gar keine junge vorteilhaft entwickeln. Schon bald begannen beide zu streiten, anfänglich um Kleinigkeiten, später ob ihrer Existenz. Im Grunde zerbrach ihre Ehe, als sie noch nicht einmal ein ganzes Jahr bestand. Aber meine Eltern blieben zusammen – wegen »der Leute« und »des Geredes« und wegen mir. Wenn das Kind groß ist, trennen wir uns, lautete ihre Devise. Erst dann lassen wir uns scheiden. Unserem Sohn wollen wir eine heile Welt bieten, er soll eine störungsfreie Kindheit genießen.

Ich war noch sehr klein, da gingen sie beide längst ihrer eigenen Wege, obwohl sie zusammen wohnten. Beide hatten ihre Affären, manchmal sprachen sie sogar darüber. Hin und wieder sollen sie sich ihre Amouren sogar gegenseitig vorgestellt haben, erzählte mir meine Mutter später. Sie taten sich damit gegenseitig nicht weh, weil sie keinerlei Ansprüche aneinander stellten. Sie teilten noch Tisch und Kühlschrank miteinander und nur gelegentlich ihr Bett. Die Wohnung hatten sie in Frau- und Mann-Zone gesplittet. Dazwischen lag der Kind-Bereich. Ich pendelte zwischen beiden Gebieten und fühlte mich offensichtlich wohl, ich vermisste nichts.

Meine Mutter hätte damals schon eine Ahnung davon bekommen müssen, welches Schicksal sie später ereilte. Eines Abends saßen meine Eltern gemeinsam vor dem Fernseher und tranken eine Flasche Rotwein. In die Filmidylle hinein platzte mein Vater mit seinem jüngsten Abenteuer: »Ich habe mit Peter geschlafen.« Meine Mutter, anscheinend gefesselt von der Geschichte auf dem Bildschirm, erwiderte kurz und trocken: »Ja und? Was hab' ich damit zu tun?« Ihre für meinen Vater offensichtlich rabiate Antwort ließ ihn vor weiteren Eröffnungen Halt machen. Vielleicht verschenkte meine Mutter damals die einmalige Chance, schon lange vor dem unvermeidlichen Ende erfahren zu können, was mit ihrem Mann los ist. Vielleicht hatte mein Vater mit seinem Geständnis ihr ein »Vorrecht« des Wissens um seine Person eingeräumt. Meine Mutter jedoch spürte dies nicht und schreckte ihn in ihrer Schroffheit ab. Damit vernichtete sie für lange Zeit die Basis für Ehrlichkeit, und Vater verschloss für viele Jahre sein Herz und seinen Mund.

Erst nachdem mein Vater sein »Geheimnis« vollständig lüftete und auszog, erinnerte sich meine Mutter dieses Abends. »Damals maß ich dem keinerlei Bedeutung bei«, erzählte sie mir später. »Er hatte viele Affären, warum nicht auch mit einem Mann.« Sie war zwar in Baden-Württemberg groß geworden und musste heiraten, weil sie schwanger war, aber Homosexualität hatte kurioserweise das Tabu-Mäntelchen in der Vergangenheit ein wenig beiseite geschoben. Meine Mutter kannte besagten Peter, er gehörte zum Freundeskreis meiner Eltern. Er lebte offen schwul und relativ unbeschwert damit. Meine Mutter mochte ihn, vor allem wegen seiner ausstrahlenden Sinnlichkeit und Sensitivität. Androgyne Männer zogen sie magisch an. Auch deshalb verliebte sie sich einst in meinen Vater. Bis heute strahlt er eine entwaffnende Ambivalenz aus Männlich- und Weiblichkeit aus.

Mein Vater zog sich nach diesem Ereignis in die innere Emigration zurück und sagte sich: »Wenn sie nicht hören will, was los ist, dann warte ich. Ich werde sie jetzt nicht damit vergewaltigen, aber irgendwann wird sie die Wahrheit ertragen müssen.« Er war ein wenig gekränkt, aber nicht beleidigt, vielleicht sogar etwas erleichtert. Nahm es ihm doch vorerst die Last, einen Konflikt offen austragen zu müssen. Offene Problembewältigung ist Vaters Sache nicht. Lieber windet er sich um die Dinge herum und lässt sie laufen. Irgendwann, so glaubt er, lösen sie sich von selbst. Da meine Eltern ohnehin ihrer eigenen Wege gingen und voneinander nicht mehr erwarteten, als dass ihr Sohn gut behütet aufwuchs, stellte keiner von beiden Fragen. Nur einmal hörte ich meine Mutter zu meinem Vater sagen: »Wo lernst du nur immer die vielen schönen Männer kennen?« Sie fielen ihr auf, die Freunde, die mein Vater an seiner Seite hatte. Aber sie boten für meine Mutter keine Projektionsfläche homosexueller Leidenschaften. Die Männer waren lediglich Freunde meines Vaters. Sie waren auch nicht alle schwul. Manchmal gaben meine Eltern Feste, auf denen natürlich die Freunde meines Vaters eingeladen waren. Manche erschienen mit Familie, andere als Singles.

Bis mein Vater auszog und mir Mutter erklärte, was los ist, kam ich nicht im Geringsten auf die Idee, mein Vater könne schwul sein. Mein Vater ist verheiratet und hat ein Kind, nichts an ihm deutete mir »Abweichungen« an. Zweifelten andere an der »Eindeutigkeit« meines Vaters, ließ ich dies nicht zu. Ich war 12 oder 13 Jahre alt und feierte Geburtstag. Es war eine lustige und laute Party. Meine Eltern bewegten sich stets zwischen uns. Mein Verhältnis zu ihnen war von Freundschaft und Vertrautheit geprägt. Ich mochte es, wenn sie mitfeierten. Andere Kinder meiner Klasse hätten sich nie vorstellen können, mit ihren Eltern zusammen ihren Geburtstag zu begehen. Aber diese waren auch wesentlich bejahrter. Meine Eltern waren damals um die 30, die meiner Freunde meist zehn Jahre älter. Wenn auch meine Eltern gemeinsam als Paar nicht glücklich waren, in sich fühlten sie sich wohl und zeigten ihren Spaß am Leben. Das faszinierte viele meiner Freunde. Einige hätten sicher auch gern solche Eltern gehabt.

Ich hatte mir Eierlikör gewünscht, den ich auch bekam. Die gelbe Flasche thronte auf meinem Gabentisch, ich umkreiste sie morgens wie ein Wolf seine Beute und leckte mir in Vorfreude auf den Partynachmittag die Lippen. Am Nachmittag füllte mein Vater die Gläser, jedes Kind durfte nur einen kleinen Schluck nehmen, mehr erlaubten meine Eltern nicht. Er aber trank ein ganzes Glas, saß in unserer Runde und hielt sein Glas, wie er immer seine Gläser hielt: mit abgespreiztem kleinen Finger Er plauderte aus seiner Jugend, sprühte vor Witz und fesselte meine Gäste. Alle hatten ihren Spaß. Insbesondere ich. Eine Feier mit Eierlikör, so heiter und lebendig, das war etwas Besonderes damals. Andere Kinder mussten noch immer dämliche Spiele über sich ergehen lassen, weil deren Eltern glaubten, mit 12 sei man dafür noch Kind genug. Am nächsten Tag war meine Geburtstagsparty Gesprächsstoff auf dem Schulhof. Ich fühlte mich großartig und war stolz auf meine Eltern, die so anders und so tolerant waren, wie andere Eltern nie sein würden. Bis ein Mädchen sagte: »Dein Vater ist schwul, stimmt's?« Ich tippte an ihre Stirn und erwiderte: »Quatsch. Woher komme ich dann?« »Kann doch aber trotzdem sein, oder?«

Das Mädchen sprach mich nie wieder darauf an und ich vergaß ihre Worte. Sie flammten in meinem Gedächtnis wieder auf, als die gesamte Wahrheit ans Licht kam. Warum sah ich nicht, was alle anderen längst ahnten? bohrte es in mir. Weil ich viel zu dicht an meinem Vater dran war, weil ich ihn täglich sah und in keiner seiner Bewegungen etwas Ungewöhnliches entdeckte. Und weil ich es vermutlich nicht zuließ, dass mein Vater »anders« war als andere Männer. Nun hatte ich schon einen solch tollen Vater, um den mich vor allem die Mädchen meiner Klasse beneideten, und dann soll er so »anders« sein, dass ich es kaum ertrug? Wer will schon einen schwulen Vater haben?

Heute weiß ich, dass mein Vater immer mein Vater bleiben wird, dass er sein darf, wie er will. Als alles ausgesprochen war, begann unser Verhältnis – langsam und Schritt für Schritt – eine neue Qualität zu erlangen. Wir sprachen nicht mehr nur als Vater und Sohn miteinander, sondern von Mann zu Mann. Das verlangte vor allem mir ausreichend Toleranz und ihm jede Menge Mut ab. Denn mein Vater ist nicht nur schwul, sondern auch HIV-positiv.

Durch seine Infektion flog im Prinzip alles auf. Wochenlang plagte ihn ein Abzess am Bein. Er war lange krank geschrieben, die offene Wunde schloss sich einfach nicht. Sein Hausarzt verschrieb ihm Salben und verschiedene Verbände, doch nichts half. Sie sollen sogar Scherze gemacht haben: »Offene Beine bekommen gewöhnlich nur alte, dicke Frauen. Mutieren Sie jetzt zum anderen Geschlecht?« Bis der Arzt schließlich stutzig wurde und meinem Vater zu einem Aids-Test riet. Dass dieser positiv ausfiel, damit hatte niemand gerechnet, nicht mal mein Vater, obwohl er diesen Fakt hätte bedenken müssen. Nach der Diagnose verschwand er für einige Tage. Meine Mutter machte sich erst Gedanken, als die Zeit seines Verschwindens ungewöhnlich lang wurde. Als er zurückkehrte, schlossen sich meine Eltern im Zimmer meines Vaters ein. Ich glaubte an eine erneute Liebe und frohlockte leise. Doch dann hörte ich meine Mutter einen lauten Schrei ausstoßen und auf meinen Vater einschlagen. Es krachte im Zimmer, als seien Bücher aus seinem Regal geflogen. Dann wurde es still, unheimlich still. Lange Minuten später flog die Tür auf, meine Mutter kam gebückt und mit eingefallenem Gesicht heraus und knautschte sich in die Ecke der Couch. Und Vater begann zu packen.

Damals wusste ich nicht, dass meine Mutter fürchtete, ebenfalls infiziert zu sein. Sie lebten zwar getrennt, hatten aber ab und an Sex miteinander. Dieser Teil ihres getrennt-gemeinsamen Lebens war mir bis dahin völlig verborgen geblieben. Meine Mutter fühlte sich betrogen, hintergangen, erniedrigt und wie angeschossen. Allein seine Homosexualität hätte meine Mutter nicht so stark aus der Fassung gebracht. Aber seine HIV-Infektion raubte ihr den Glauben an ihn. »Er hat mit meinem Leben gespielt«, sagte sie mir später. »Und damit auch mit deinem.«

Der Test meiner Mutter war negativ. So sehr sie dies erleichterte, so sehr litt sie dennoch darunter. Mein Vater zog mit zwei Taschen und einem Rucksack von dannen und blieb verschwunden. Zwei Jahre lang erhielten wir kein Lebenszeichen von ihm, er rief nicht an, schrieb keine Karten oder Briefe. Er war wie vom Erdboden verschluckt. Selbst seine Eltern hatten nicht die geringste Ahnung, wo er steckte. Seine Mutter, meine Großmutter, litt wie das Vieh. Sie schlief nicht mehr, sie aß nicht mehr, sie rauchte nur noch und brüllte ihren Mann an. Der sagte kein Wort und kehrte sich ab. Wer ihn nicht kennt und ihn damals sah, hätte glauben können, ihn ginge das alles nichts an, sein Sohn sei ihm egal. Doch Großvater verbiss seinen Schmerz und verschloss ihn fest, so dass nichts durch die Poren an die Oberfläche drang.

Zwei Tage war meine Mutter unfähig zu reden. Das Bild, wie sie in der Sofaecke hing, werde ich mein Lebtag nie vergessen. Sie saß da einen ganzen Tag und eine ganze Nacht. Ich sprach sie nicht an, weil ihr ganzes Wesen, ihr Körper, ihr Gesicht Ablehnung ausdrückten und Abstand signalisierten. Am darauffolgenden Tag rief sie mich und sagte: »Ich muss dir etwas Schlimmes sagen.« Beim Erzählen wurde sie immer wieder von Heulkrämpfen geschüttelt. Am Ende war ich fassungs- und sprachlos und stotterte nur: »Wie konnte er nur so etwas tun.« In diesem Moment empfand ich nur ein einziges Gefühl: Hass. Kein Mitleid, kein Verständnis, keine Angst

– nur Hass. Erst Tage später, als sich mein Hirn sortierte und verschiedene Bruchstücke der Geschichte zu einem Ganzen zusammenzusetzen versuchte, weitete sich meine Gefühlspalette. Damals war ich fünfzehn und verfluchte die Welt für ihre Ungerechtigkeit. Erst einige Jahre später begriff ich, dass ich in jenen Monaten vom Knaben zum Mann reifte. Die Pubertät, die mich gerade versuchte zu umklammern, übersprang ich. Das Leben und meine Mutter verlangten mir plötzlich so viel ab, dass ich keine Wahl und keine andere Chance hatte, als über Nacht erwachsen zu werden.

Mutter besuchte auf Rat einer Freundin eine Therapie und eine Selbsthilfegruppe für Angehörige HIV-Positiver. Einmal nahm sie mich mit, weil sie glaubte, auch mir würde dies gut tun. Ich kam mir dort verloren und beobachtet vor. In dem Raum, der einmal in der Woche im Gesundheitsamt angemietet wurde, saßen Frauen und Männer, junge und alte. Vor allem Eltern, glaube ich. Noch nie vorher hatte ich die Atmosphäre einer Therapie erlebt und weiß nun, dass ich nie wieder eine solche Einrichtung betreten werde. Die Stunde war noch schlimmer, als ich sie mir in meinem grausamsten Träumen ausmalte. Der Therapeut, ein Mitarbeiter einer Aids-Einrichtung, sang mit Kling-Klang-Stimme Sätze, an die ich mich nicht mehr erinnere. Ich fühlte alle Blicke auf mich gerichtet und glaubte, alle denken, ich sei positiv. Am liebsten hätte ich geschrien: »Ich bin's nicht. Mein Vater ist es.« Aber dazu fehlten mir der Mut und die Kraft, meinen Vater bloßzustellen. Mutter taten die Stunden gut, nach einem Jahr sah ich sie wieder lachen.

Mutter und ich richteten uns ein in unserem vaterlosen Leben und verdrängten, so gut es nur ging. An einem Freitag abend, fast auf den Tag genau zwei Jahre nach Vaters Verschwinden, läutete es an der Tür. Ich hatte eine Freundin und sie zum Essen bei uns eingeladen. Im Backofen schmorten Hühnerkeulen in Ketchup-Honig-Marinade, Mutter, Carola und ich stießen gerade mit einem Prosecco an. Auf weiteren Besuch waren wir nicht eingestellt. Mutter stellte ihr Glas auf dem Küchentisch ab und ging zur Tür. Ich war verliebt und verschwendete keinen Gedanken an die Person, die da Einlass begehrte. Erst als meine Freundin, wie um eine peinliche Stille zu überbrücken, fragte, wer das denn sein möge, fiel mir das Schweigen an der Tür auf. Ich hatte immerzu nur meine Liebe angesehen und gedacht: »O Gott, was ist die schön.« Durch ihre Worte angestupst, ging ich zur Wohnungstür, um nachzuschauen, was passiert war. Ich traute meinen Augen nicht: Vor der Tür stand Vater, völlig verändert, in der Tür meine Mutter. Sie starrte ihn nur an, mehr tat sie nicht. Als ich auf beide zutrat, sagte sie mechanisch: »Das ist wohl heute nicht der richtige Zeitpunkt, glaube ich.« Der Abend endete so beklommen, wie er fröhlich begonnen hatte.

Am Sonntag tauchte Vater erneut auf. Diesmal waren Mutter und ich auf ihn vorbereitet. »Ich möchte erst mit deiner Mutter reden«, erklärte Vater. Nach drei oder vier Stunden ging die Tür zu ihrem Zimmer auf, Vater kam heraus und fragte, ob wir ein Stück spazieren gehen wollten: »Ich brauche jetzt frische Luft.« Zwei Stunden stiefelten wir durch den Regen, doch die Stunden kamen mir so vorübergehend vor wie der Regenbogen, der irgendwann am Himmel erschien. Wahrscheinlich wiederholte Vater für mich, was er vorher Mutter erzählt hatte: Nach seinem Auszug sei er zunächst zu einem Freund gezogen, um in Ruhe über alles nachdenken zu können. Beide hatten beschlossen, dass es am besten sei wegzugehen. Vater zog nach Köln, beantragte Arbeitslosengeld und begab sich in ärztliche Behandlung. Er wurde mit präventiven Medikamenten versorgt, die den Ausbruch der Krankheit hinauszögern. Bis heute, sagt er, habe sich sein Zustand stabilisiert, die Anzahl seiner T-Helferzellen sei fast normal. Würde er die Medikamente absetzen, bestünde indes die Gefahr eines unkontrollierten Ausbruchs der Krankheit.

In Köln tauchte Vater in der Szene ab und fand einen festen Freund. Mit dem lebt er inzwischen zusammen. Sein Freund arbeitet in einem Aids-Projekt. Auch Vater arbeitet wieder. Ich besuchte ihn nur einmal in Köln. Mir war es unangenehm, bei den beiden Männern zu wohnen. Will mich mein Vater sehen, kommt er her. Ich spüre eine starke Verwandlung an ihm, die Infektion hat ihn ernster werden lassen. Einmal unterhielten wir uns sehr lange über den Tod und die menschliche Vergänglichkeit. Ihm sei, sagte er, durch den Virus seine Endlichkeit weitaus früher als gewöhnlich ins Bewusstsein gedrungen. Das hinterlasse Spuren. Er lebe mit einer größeren inneren Gespanntheit, die ihn im Gegenzug gelassener den Tag genießen ließe. »Heute weiß ich, dass ich viele Dinge nicht mehr brauche, von denen ich früher glaubte sie zu benötigen«, sagte er. Solche Sätze glaube ich ihm. Obwohl ich manchmal nicht zu unterscheiden vermag, wie groß sein Zweckoptimismus ausfällt.

Mein Verhältnis zu ihm ist ambivalent: Durch die Offenheit, die er mir entgegenbrachte, spüre ich einerseits eine größere Nähe zu ihm. Andererseits ist mir seine Lebenswelt fremd, sie wird sich mir wohl nie gänzlich erschließen. Als ich ihn in Köln besuchte, entdeckte ich einiges Sex-Spielzeug im Bad: verschiedenfarbige Dildos, schwarze Ledergürtel, Lederriemen mit Metallnoppen für den Hals, Gummihandschuhe und jede Menge Gleitgel. Ich wagte nicht zu fragen, was sie damit machen, und recherchierte später im Internet und stöberte in Schwulenzeitungen. Je klarer sich mein Bild vom Sexleben meines Vaters herauskristallisierte, desto angewiderter war ich. Das war vor vier Jahren. Heute gehe ich lockerer und unverkrampfter damit um, weil ich inzwischen selbst mehr ausprobiert habe. Aber einen Zugang zu schwulem Sex bekam ich nie, vielleicht will ich ihn nie bekommen, weil er mich stets an meinen Vater erinnern würde. Ich erwischte mich, wie ich mir Vater beim Sex mit seinem Freund vorstellte. Und dann beim Sex mit Mutter. Meine Phantasie vermischte beides und ich war völlig irritiert. Mein Unverständnis meinem Vater gegenüber reduziert sich in erster Linie auf sein Liebesleben. Das macht, glaube ich, den Riss in meinem Herzen aus. Obwohl ich weiß, dass er weiß, wie sich heterosexuelle Liebe anfühlt, mag ich ihm nichts von meinen Liebeserfahrungen erzählen. Er fragt oft, aber ich weiche seinem Wissensdurst in dieser Richtung aus.

Ich vermag nicht zu sagen, wie er meine sexuelle Identität geprägt hat. Ich weiß nur, dass mich nichts zu Männern zieht, dass ich sie weder begehrenswert noch erotisch finde. Ich habe viele Männerfreunde, aber auch viele Freundinnen. Die meisten wissen inzwischen von der Homosexualität meines Vaters, nicht aber von seiner Infektion. Diesen Gedanken verdränge ich selbst, geschweige, dass ich imstande wäre, darüber zu reden. Selbst Mutter und ich sprechen kaum darüber, wir umschiffen dieses Thema wie eine feindliche Insel.

So fatal und anmaßend es klingen mag, manchmal glaube ich, dass es mitunter solche Dinge wie Todesangst oder eine kürzere Lebenserwartung geben muss, um genauer hinzuschauen und durch die außergewöhnliche Situation Seiten des Lebens zu entdecken, über die man vorher achtlos hinweggegangen wäre. Meine Eltern hätten sich ohnehin getrennt, wenn ich erwachsen gewesen wäre. Ob ich aber den Kontakt zu meinem Vater so intensiv gesucht hätte wie jetzt, ob ich ihn so bewusst versuchen würde zu erfahren und zu begreifen, das bezweifle ich. Auch wenn seine Tage dank der modernen Medizin längst nicht gezählt sind, aber kürzer sind sie dennoch geworden. Ich möchte ihn so oft und so intensiv es nur geht erleben und vom ihm so viel wie möglich mitbekommen. Auch wenn ich unsere Begegnungen jedes Mal mit gemischten Gefühlen erlebe. Und ihnen gespalten entgegenblicke. Mehr kann ich ihm momentan nicht geben, mehr kann er von mir nicht erwarten. Aber das tut er, glaube ich, auch nicht. Er ist, denke ich oft, froh, dass ich überhaupt Kontakt zu ihm halte. All das, was ich jetzt erzähle, würde ich ihm gegenüber in dieser Form nicht formulieren können. Trotz der großen Offenheit weigert sich mein Gefühl vor emotionalen Äußerungen gegenüber meinem Vater. Die Intensität unserer Beziehung liegt in der Philosophie gegenüber dem Leben. Vielleicht öffnet sich in mir irgendwann ein Ventil, vielleicht vermag ich ihm irgendwann einen Brief zu schreiben und ihm meine Liebe, ja meine Liebe, zu erklären. Aber dazu bin ich derzeit noch nicht bereit. Denn eines brachte er mir bei: Sage nur das, was du denkst, und folge deinem Herzen. Alles andere ist Lüge.

Ich bin im Besitz seiner Biographie

*Leopold V. kennt seinen Vater besser,
als dieser wahrscheinlich sich selbst*

Mein Vater und ich haben die Rollen getauscht: Ich bin in der Position des Beobachters und mein Vater in der des Überwachten. Mein Vater weiß nicht, dass ich weiß, was ich weiß. So kann ich in vielen Situationen gönnerhaft sagen: »Ach, Papa, erzähl' mir doch keine Geschichten.« Und verunsichere damit meinen Vater. Denn er ahnt nicht einmal, woher ich meine Selbstsicherheit nehme.

Normalerweise ist es umgedreht, da wird der Sohn vom Vater »begutachtet« und erforscht, zurechtgewiesen und berichtigt. Weil der Vater über einen Schatz verfügt, von dem er glaubt, der Sohn finde ihn erst nach einigen Jahrzehnten: Lebenserfahrung. Diese möchte ich meinem Vater keineswegs absprechen, aber er glaubt, er ist mir um einiges voraus, allein aufgrund der Tatsache seines höheren Alters. Doch ich muss ihn in diesem Glauben immer wieder enttäuschen. Ich halte das bessere Pfand in der Hand: Wissen.

Als ich zehn war, ließen sich meine Eltern scheiden. Wenige Tage nach dem Auszug meines Vaters aus unserer Wohnung fand ich in einer Kammer mehrere Tagebücher, die er über Jahre hinweg geschrieben hatte. Sie enthielten sein gesamtes Leben, minutiös aufgelistet und detailliert geschildert. Die Zeilen verrieten jede Muskelzuckung und jede Regung seines Herzens. Ich konnte sie lesen wie einen Roman von Thomas Mann. Mehrere Wochen hockte ich in der Kammer und verschlang die handgeschriebenen Bücher in blauem Pappeinband. So gab mir mein Vater einen Einblick in sein Leben, das meiner Eltern und ihrer Ehe. Und er gestattete mir Aufschluss über seine Person, den ich auf gewöhnlichem Wege nie bekommen hätte. Ich weiß, wer mein Vater ist und wer er nie war. Und ich weiß, dass er gern der gewesen wäre, der er vorgibt zu sein.

Meine Eltern lernten sich Ende der Fünfziger Jahre in Leipzig kennen. Mein Vater studierte Mathematik und Physik, meiner Mutter Medizin. Die Familie meines Vaters entstammt einem alten polnischen Adelsgeschlecht, von dem nichts weiter übrig blieb als der exotisch anmutende Name. Allein dies gereichte meinem Vater zu nicht geringer Überheblichkeit. Er und einige seiner Kommilitonen verspotteten meine Mutter als armselige Provinzmaus. Sie kam aus Sonneberg, der »Spielzeugstadt« und dem südlichen Endpunkt der DDR. Hinter dem letzten Haus in Sonneberg gab es nur viele Meter Sandwüste und Stacheldrahtzaun. Wer in Sonneberg seine Jugend verbrachte, so dachte mein Vater, kann vom Leben nicht viel gesehen haben.

In Leipzig bewohnte meine Mutter eine acht Quadratmeter große Dienstmädchenkammer zur Untermiete bei einer Frau, die wechselnden Männerbesuch hatte. Für meine Mutter stellten die Herren, die sich in regelmäßigen Abständen die Klinke in die Hand gaben, ein Kultur- und Moralschock dar. Mein Vater protzte mit einer großen Wohnung im Musikerviertel, die er sich mit anderen Studenten teilte. Meine Mutter war ehrgeizig und schön, mein Vater arrogant und ein Draufgänger. Eigentlich kein Mann, von dem sich meine Mutter hätte angezogen gefühlt hätte. Aber aus irgendeinem unerfindlichen Grunde schaffte er es dennoch, sie um den Finger zu wickeln. Sie zog zu ihm und damit nahm das Schicksal dieser unglückseligen Ehe ihren Lauf.

Während Mutter gewissenhaft jede Vorlesung verfolgte, erledigte Vater seine Studienaufgaben nebenher und liebte es, in den Tag hinein zu leben. Er frönte dem Alkohol und hatte jede Menge Mädchen. Meine Mutter war zu rein und zu vertieft in ihre Medizin, um zu bemerken, was da neben ihrem Bett stattfand. Einige Mädchen wurden von meinem Vater schwanger, einmal holte er sich einen Tripper. Doch er besaß und besitzt Talent zum Verheimlichen und Verstecken. Es brauchte einige Jahre, bis meine Mutter ihm auf die Schliche kam. Vorher bekam sie zwei Kinder von ihm: mich und meine Schwester.

Die Ehe ging schleichend in die Brüche. Vater hatte Mutter zur Putz- und Bügelfrau degradiert, er brüllte, wenn er mit ihr sprach, und würdigte sie sonst kaum eines Blickes. Wahrscheinlich sah er in ihr bis zum Schluss die Provinzmaus, die das Leben allein nicht bewältigt. In den letzten Jahren seiner Ehe behandelte mein Vater seine Schwiegermutter besser als seine Frau. Noch heute bekommen seine Augen einen feuchten Glanz, wenn er von der Mutter seiner ersten Frau spricht. Großmutter war eine einfache Frau und betrieb in Sonneberg eine Bäckerei. Hin und wieder kam sie nach Leipzig, um für ihre Tochter und deren Mann zu backen. Für ein gutes Stück Kuchen seiner Schwiegermutter konnte Vater sogar seine Familie verraten. Großmutter war zu gutmütig und zu arglos um zu sehen, welchem Wolf im Schafspelz ihre Tochter anheim gefallen war. Die gescheiterte Ehe indes verzieh sie ihrem Schwiegersohn nie. Sie wollte das Beste für ihre Tochter, und das bestand für Großmutter in einer dauerhaften Lebensgemeinschaft mit dem ersten Mann.

Wahrscheinlich hätte die Ehe länger bestanden und Mutter erbarmungslos in ihr ausgeharrt, wenn sie nicht eines Tages zufällig ein Telefongespräch mitgehört hätte. Darin besprach Vater mit einem Freund die Abtreibung für ein Mädchen, das mein Vater geschwängert hatte. Mutter reichte sofort die Scheidung ein und setzte Vater vor die Tür. Der war so überrumpelt von der spontanen wie überzeugenden Tatkraft seiner Frau, sammelte verduzt ein paar Sachen zusammen und fand sich plötzlich auf der Straße wieder.

Drei Wochen später wohnte er bei der nächsten Frau. Ohne Frauen kann mein Vater nicht leben. Er braucht sie. Zum Kochen, Putzen, Bügeln, Nähen, Einkaufen. Ohne eine Frau an seiner Seite ist mein Vater unfähig zu leben. Ob er jemals eine Frau wahrhaftig geliebt hat? In seiner Beziehung zu Frauen ist Vater ambivalent: Er behandelt sie schlecht und benutzt sie als seine Angestellte, ist ihnen aber gleichzeitig hörig. Er macht alles, was sie ihm auftragen und er betet wieder, was sie ihm erklären. Frauen kann er handhaben, vor Männern fürchtet er sich. Als sein Sohn bekam ich das immer wieder zu spüren. Obwohl ich in seinen Augen das »geratene« Kind seiner ersten Ehe bin: Ich habe studiert, arbeite an der Uni, habe Frau und Kinder. Meine Schwester ist fast vierzig und immer noch auf der Suche nach sich selbst, einer Familie und dem Sinn ihres Lebens. »Warum kann sie sich nicht für einen Mann entscheiden, warum muss es jeden Monat ein anderer sein?« schimpfte Vater bei unserer letzten Begegnung. »Das sind wohl die Gene, Papa«, erwiderte ich ungerührt. Und schmunzelte in mich hinein. »Gene? Welche Gene?« »Das muss sie wohl von dir haben«, half ich ihm auf die Sprünge, »du warst früher viel schlimmer als sie.« »Ich war nie schlimm«, fauchte er mich an. »Und was ist mit all den Mädchen, die du entjungfert und geschwängert hast?« stichelte ich. »Woher willst du das wissen?« »Ich weiß es und das sollte dir genügen.« Die Tagebücher sprachen eine deftige Sprache: Vater schien die Mädchen nicht nur schlecht behandelt, sondern ebenso gedemütigt und teilweise sogar brutal verletzt zu haben.

Ich erzählte ihm nie, dass ich seine Niederschriften gelesen hatte. Mein Wissen über seine Vergangenheit gab mir einen Vorsprung, den ich um keinen Preis aufgeben wollte. Die Tagebücher gibt es nicht mehr, ich habe sie verbrannt. Aber die Erinnerungen an die unsäglichen »Beichten« sind bis heute so frisch, als hätte ich sie erst gestern gelesen. Niemand hat jemals von den Tagebüchern erfahren. Bis auf meine erste Freundin. Damals glaubte ich, der Geliebten muss man alles erzählen, nichts darf ihr verborgen bleiben. »Das hättest du nicht tun dürfen«, schaute sie mich erschüttert an. »Das war seine Privatsphäre.« Als Zehnjähriger aber, als ich die Bücher las, fragte ich nicht nach der Intimsphäre meines Vaters und dachte nicht daran, dass ich in diese unaufgefordert eindringe, indem ich seine Berichte lese. Und die Erkenntnisse, die diese mir lieferten, sind mir bis heute wichtiger als die damalige Verletzung seines »Immunitätsschutzes«.

Nach seinem Auszug habe ich Vater kaum gesehen. Mutter organisierte keine »Papa-Kinder-Treffs«, meine Schwester und ich strebten sie nicht an. Und Vater kümmerte sich überhaupt nicht. Er hatte geglaubt, seine »Provinzmaus« gehe nach der Trennung gnadenlos unter. Doch Mutter war eine anerkannte Ärztin, verdiente nicht wenig Geld und kam schon immer besser zurecht, als ihr Ex-Mann jemals angenommen hatte. Sie war eine schöne und begehrte Frau und blieb nicht lang allein. Doch die Männer, die sie umwarben, waren für sie nicht mehr als Liebhaber. Auf die Dauer blieb unser Haus männerfrei. Dafür sorgte ich schon, wenn ich an meiner Mutter Bestrebungen bemerkte, einen Mann näher an uns herankommen zu lassen. Rief eine solche potenzielle Gefährdung an oder tauchte bei uns, ging ich scheinheilig auf sie zu und stellte unentwegt Fragen: Ich bohrte in der Vergangenheit der Männer, quetschte sie zu ihren Berufen aus, fragte nach Familie und wollte gleich am selben Abend mit ihnen Fussball oder Schach spielen. Aber die Männer wollten meine Mutter und nicht ihren nervigen Sohn. Ich hielt sie alle auf Abstand, bis sie schließlich ganz wegblieben.

Neun Jahre nach der Scheidung lernte meine Mutter einen Mann kennen, bei dem blieben alle Abweisungsversuche zwecklos. Er war aus dem Westen und baute Chemieanlagen. Während einer Leipziger Herbstmesse trafen sie sich zufällig bei einer Freundin. Die vermietete bereits seit Jahren ihre große Wohnung privat an Messegäste aus dem Westen. In den Fünfziger Jahren war dies durchaus üblich, aber auch später behielt sie ihre Messevermietungen aufrecht, in dem Glauben, dadurch einen Blick in die weite Welt zu haben. Und der Mann aus Bayern fühlte sich in einer Privatwohnung weniger beobachtet als in einem Hotel, von dem er glaubte, sogar in den Lampen und Fernsehern seien Abhörgeräte und Kameras eingebaut. Eines Abends besuchte meine Mutter ihre Freundin. Der Mann erblickte meine Mutter und es schoss im durchs Hirn: Das ist die schönste Frau, die ich je gesehen habe, die will ich heiraten, die nehm' ich mit. Zwei Jahre pendelte er zwischen Bayern und Leipzig hin und her. Dann durfte Mutter ihn heiraten und reiste mit ihm aus. Ich blieb allein in unserer großen Wohnung, meine Schwester zog nach Dresden. Ich wollte nicht in den Westen, was sollte ich da? Zu Beginn der Achtziger sah ich für eine Ausreise keine zwingende Notwendigkeit, für mich gab es durchaus Alternativen in der DDR. Ich hatte gerade mit dem Biologie-Studium begonnen und genoss mein uneingeschränktes Leben in der großen Wohnung. Ich vermietete zwei Zimmer an Kommilitonen, feierte mit ihnen Parties, kriegte fast jedes Mädchen, das ich haben wollte. Mutter schickte regelmäßig Pakete mit Jeans, Hemden und Schuhen. Jedes halbe Jahr besuchte sie mich. Da sie aufgrund ihrer Heirat ausgereist war, wurde ihr keine Einreisesperre auferlegt wie denjenigen, die einen Ausreiseantrag gestellt hatten und als »politische Feinde« galten. Sie versuchte nie, mich zu überreden, ebenfalls in den Westen zu kommen. Schon immer hatte sie Vertrauen in alles, was ich tue. Wahrscheinlich wusste sie intuitiv, dass ich meinen Weg gehen werde – wie auch immer der aussehen mag. Ich bin nicht nur Vaters, sondern vor allem auch Mutters Sohn.

Nach Mutters Ausreise schimpfte Vater auf sie, als wären die beiden noch immer miteinander verheiratet und läge die Scheidung nicht Jahre zurück. Vor allem aber bangte er um seine Stellung. Inzwischen war er ein gefragter Ingenieur. Auf seinem Fachgebiet war er ein Könner und Kenner, im Leben aber ein Trottel und Versager. Er bastelte mit den Russen an elektronischen Waffen und konnte sich nicht mal eine Suppe kochen. Sein größtes Privileg bestand darin, dass er Dienstreisen innerhalb der DDR unternahm und in den teuersten Hotels schlief. Für sein Land und dessen Politik war mein Vater ein nützlicher Idiot. Der sich manchmal aber auch quer stellen konnte. Wider Erwarten seiner Vorgesetzten, die ihn in der Regel für einen angepassten und willigen Mitarbeiter hielten. Aber das war er offensichtlich nicht immer. Ihm ging es bis zum Schluss wirklich »um die Sache«, die er bis zum Stehkragen verteidigte. Einmal deckte er in einem Werk für Fernsehelektronik einen Finanzskandal auf. Er versuchte, die Sache mit fairen Mitteln und offen zu klären, rannte aber gegen Mauern. Jeder, den er um Hilfe bat, blockte. Weil offensichtlich alle in den Skandal verwickelt waren. Er sah keinen anderen Ausweg, als gegen den Betrieb zu klagen. Den Prozess hat er sogar gewonnen. Danach hat niemand mehr mit ihm gesprochen.

Doch nicht nur dieses eine Mal. Generell wollten die Leute, die mit ihm zusammengearbeitet haben, nach einem Auftrag nichts mehr mit ihm zu tun haben. Sie lobten ihn zwar als kompetenten Fachmann, aber sahen in ihm ein menschliches Schwein. Er schrie die Leute grundlos an und stichelte, wo er konnte. Heute würde er sicher wegen Mobbings belangt werden. Auf diese Weise ist er »herumgekommen« in der DDR.

Bis in den Westen schaffte er es allerdings nie. Dahin ließen ihn seine Vorgesetzten nicht reisen. Angeblich verfügte er über brisantes Wissen, das jeder westliche Geheimdienst ausnutzen könnte. Vaters Leben hätte auf dem Spiel gestanden und bei einer Entführung wäre mit ihm der Forschungsstand des Ostens gekidnapped worden. Diesen Quatsch glaubte Vater sogar. Das glaubt er heute noch. Bislang konnte er den Untergang der DDR nicht vollständig verarbeiten.

Er ist ein alter, streitsüchtiger Mann, der jedoch durch die und nach der Wende nichts von seinem Fleiß und seiner Verbiesterung für den Beruf verloren hatte. Aus einem abgewickelten Werk, das Kugellager herstellte, holte er sich kurze Zeit nach dem Mauerfall ausrangierte Werkbänke und jede Menge Material, das auf dem Schrott landen sollte. Daraus richtete er sich im Keller seines Hauses eine kleine Werkstatt ein und baute fortan alles, was die Leute aus Metall brauchten und haben wollten: Auto- und Bauteile, Zäune, kleine Bauelemente, Einrichtungsgegenstände. Er stellte nur eine Bedingung: Die Ausmaße der Werkstücke durfte nicht größer sein als sein Keller. Damit verdiente er so viel, dass er sich und seine Frau gut ernähren konnte. Sie wurde wenige Monate nach der Wende arbeitslos und bekommt als verheiratete Frau keine soziale Unterstützung vom Staat. Ihr Arbeitslosengeld lief irgendwann aus, eine neue Stelle im Alter von Ende Fünfzig ist so wahrscheinlich wie der Zusammentreffen von Mond und Sonne. Für meinen Vater war es eine erstaunliche Leistung, in seinem Denken vom sozialistischen Großbetrieb mit Volkseigentum an Produktionsmitteln umzuschwenken auf die kapitalistische Ein-Mann-Firma mit Privateigentum an Produktionsmitteln. Sein materielles Umdenken hatte indes keinen Einfluss auf sein soziales Verhalten. Seine zweite Frau behandelte er ebenso schlecht wie meine Mutter. Und wie vermutlich alle Frauen, die in seine Nähe kamen.

Mit der Frau, die über zehn Jahre jünger war er als er, bekam er noch zwei Kinder. Sie beachtete er genau so wenig und behandelte sie so geringschätzig wie die Kinder seiner ersten Ehe. Die Kinder litten darunter, wussten aber nicht, wie sie diesem Zustand ein Ende bereiten sollten. Zudem stießen sie in diesem Mann auf einen hartgesottenen Gegner, der jeden Versuch, ihm ein bisschen Freundlich- und Menschlichkeit abzuringen, hartnäckig und erfolgreich abblockte. Vater verhielt sich immer ignorant gegenüber den Wünschen seiner Familie. Da will diese vielleicht an einem sonnigen und noch warmen Spätsommertag Pilze sammeln. Alle freuen sich darauf und packen Rucksäcke und Körbchen zusammen. Der Kaffee ist gebrüht und wird in die Thermoskanne gefüllt, Äpfel werden als Verpflegung blank geputzt. Als die beiden Mädchen und ihre Mutter angezogen in der Tür stehen und darauf warten, dass auch Vater in Schuhe und Jacke schlüpft, sagt der plötzlich: »Ach, wisst ihr, ich habe keine Lust. Ich muss da eben mal was ausrechnen.« Damit fällt der Pilzausflug für die Frauen ins Wasser. Vaters Frau kann nicht Autofahren, die Straßenbahn hätte sie nicht weit genug gebracht.

Bis heute hat mein Vater nicht dazu gelernt. Mit seinen Enkeln geht er um wie einst mit seinen Kindern. Doch ich dränge darauf, dass mein Vater den Kontakt zu meinen beiden Kindern hält. Aber er verspricht immer nur und hält nichts ein. Das verzeihe ich ihm nicht, wenngleich ich bereit bin, ihm nicht meine Kindheit und Jugend nachzutragen. Meine Mutter, die noch immer in Bayern lebt, sieht ihre Enkel öfter als mein Vater, der nur ein paar Schritte um die Ecke zu biegen braucht. Wenn er weiter so abweisend und stur bleibt, wird er seine Enkel für immer verlieren.

So wie er einst mich verlor. Den endgültigen Riss zwischen uns setzte ein Gespräch, in dem ich ihm erzählte, dass ich einen Ausreiseantrag gestellt hatte. Er verfluchte und beschimpfte mich. »Den einzigen Grund, den ich akzeptieren könnte, wenn du in den Westen gehst, ist der, dass der Staat dich dorthin schickt«, schrie er. Und hatte Angst, seinen beruflichen Status zu verlieren. Mit »Westverwandtschaft«, so fürchtete er, werde er keine Forschungsaufträge mehr bekommen. Und torpedierte meinen Ausreiseantrag mit allen ihm möglichen Mitteln. Einmal wurde ich von der Stasi vorgeladen und während des »Verhörs« erwähnte ein MfS-Offizier, dass auch mein Vater der Meinung sei, ich sei ein schlechter Sohn. »Woher wollen Sie das denn wissen«, fragte ich. »Das hat er uns geschrieben«, antwortete der Mann. »Wer hat was geschrieben?« »Ihr

Vater hat uns geschrieben, dass Sie aus der DDR ausreisen wollen – das wussten wir ja bereits -, aber er hat deutlich gemacht, dass er sich mit Ihrer Ausreise nicht einverstanden erklärt und bat uns, mit Ihnen darüber zu sprechen.« Das war unfassbar: Mein Vater hatte die Stasi beauftragt, mich zum Bleiben zu überreden! »Mein Vater kann schreiben, was er will, es ändert nichts an meinem Willen«, erwiderte ich – und reiste aus. Zwar ein Jahr später, als ich es geplant hatte, aber ich ging. Im Herbst 1988. Danach sah ich meinen Vater zehn Jahre nicht.

Ich ging nicht nach Bayern zu meiner Mutter, sondern nach Westberlin. Westberlin erschien mir als die interessanteste aller bundesdeutschen Städte. Dort beendete ich an der Freien Universität mein Studium, bekam eine Aspirantur und lernte meine Frau kennen. Wir haben zwei Töchter. Pauline ist fünf und Lena sieben Jahre alt. Obwohl ich früher viele Freundinnen und Liebhaberinnen hatte, bin ich meiner Frau treu. Dafür muss ich mich nicht anstrengen oder lügen, denn meine Frau ist die wunderbarste Frau, die ich kenne. Außerdem möchte ich sie nicht verletzen und vermeide Konflikte, wie ich sie bei meinen Eltern kennengelernt habe. Weil ich erlebt habe, wie eine Ehe mit einem autoritären und despotischen Mann endet, verhalte ich mich völlig anders: Meine Frau und ich stehen auf gleicher Augenhöhe, wir sind beide gleichrangige Partner. Niemals würde ich es uns beiden und den Kindern antun, mich auf ein Podest zu stellen und die Familie zu kommandieren. Fast täglich sprechen meine Frau und ich ab, wer von uns beiden die Kinder abholt. Manchmal streiten wir fast, weil wir uns gegenseitig »vorrechnen«, wie oft jeder in der Woche bereits an der Reihe sein durfte. Oft gehen wir dann zusammen in den Kindergarten und den Hort. Ich glaube, wir sind das einzige Elternpaar in der Klasse meiner Tochter, das hin und wieder zusammen die Kinder abholt. Lena ist dann immer ganz stolz, stellt sich zwischen uns, greift nach unseren beiden Händen und jubelt: »Und jetzt holen wir schnell Pauline ab.« Mein Vater brachte mich ein einziges Mal in den Kindergarten. Als meine Mutter im Krankenhaus lag.

Vor vier Jahren erhielt ich einen Forschungsauftrag an der Universität Leipzig. So ging ich in meine Heimat zurück und wandle seitdem oft auf den Spuren meiner Kindheit und Jugend. Die Stadt ist eine andere geworden, aber auch ich habe mich verändert. Ich habe eine Familie, ich bin ein erwachsener Mann. Als ich fortging, war ich fast noch jugendlich. Nur mein Vater, der ist der alte geblieben. Insofern bin ich fast dankbar, dass ich so wurde, wie ich geworden bin, dass ich mich nicht verachten muss und verantwortungsbewusst handle. Mein Vater gab mir aber einige positive Eigenschaften mit: Ehrlichkeit, Zuverlässigkeit, Geradlinigkeit. Dennoch versuche ich, mich immer genau zu beobachten und nicht so geradlinig zu sein, wie es mein Vater war. Der stieß oft an Grenzen, wenn er mit dem Kopf durch die Wand wollte. Ich will aus seinem Schaden klug sein.

Als er für mich als Vater nicht anwesend war, hoffte ich oft, auf keinen Preis so zu werden wie er. Er stellte für mich nicht mehr als eine Comic-Figur dar, über die jeder lacht, weil sie tölpisch und dumm ist. Mein Vater war ein gebildeter Mann, aber nicht besonders intelligent. Und keineswegs lebenspraktisch. Ich wünschte mir immer einen Vater, den ich als Freund bezeichnen konnte. Zu dem ich gehen konnte, wenn mich Probleme und Sorgen plagten, der mir seinen väterlichen Rat gab, wenn ich in Schwierigkeiten steckte. Aber er war nie die Figur, die ich mir erträumte. Leider. So waren es andere Männer, die mich als Mann und meine Persönlichkeit prägten. Manchmal waren es Liebhaber meiner Mutter, manchmal ältere Freunde. Mitunter liefen sie wie eilige Fußgänger an mir vorüber und riefen mir etwas zu, das ich erst später verstand. Sie waren Lehrer für mich, obwohl ich mir stärker wünschte, dass mein Vater mein Lehrer war. Ich vermisste einen bewunderswerten, positiven Mann, nicht aber meinen real existierenden Vater. Seit ich seine Tagebücher kenne, kann ich ihn nicht mehr ernst nehmen. Heute ertappe ich mich manchmal, dass ich mit ihm Nachsicht übe, wenn ich mit ihm rede. Ich höre, wie er Geschichten ausschmückt und Details überhöht, wie er seine Biographie schönt und stets besser sein will, als er jemals gewesen ist. Dann sitze ich ihm gegenüber, mit einem Lächeln auf den Lippen, das in seinen Augen sicher arrogant und überheblich anmutet. Aber ich kann meine Überlegungen nicht ändern, kann meinem Hirn nicht den Befehl geben, anderes zu produzieren als Gedanken wie: Vater ist nicht mehr als eine Ulk-Nummer. Er wird wütend, wenn er bemerkt, dass ich ihn nicht ernst nehme. Aber ich weiß besser über ihn Bescheid, als er glaubt und er sich wahrscheinlich selbst kennt. Ich bin mehr als sein Spiegelbild, ich bin im geistigen Besitz seiner Tagebücher, ich besitze seine Biographie. Und damit seine Vergangenheit, seine Gedanken und seine Wünsche.

Und ich bin eine ungelungene Mischung aus Vater und Mutter: Ich bin weder mit der Engstirnigkeit meines Vaters ausgestattet, bestimmte Dinge nicht zu sehen, noch mit dem nötigen Taktgefühl meiner Mutter, dadurch entstehende Schwierigkeiten geschickt zu umschiffen. Ich bin ein zerrissenes Wesen mit fehlendem diplomatischen Geschick, das nicht selten zielsicher in eine Katastrophe segelt. Um sich selbst zu kennen, muss man seine Eltern verstehen – ihr soziales Verhalten und ihre biologischen Anlagen. Beide Seiten spielen eine gleichermaßen wichtige Rolle und haben Einfluss auf ihre Kinder. Sehe ich in den Spiegel, blicke ich auch in die Fratze meines Vaters. Und mit jedem neuen Blick klart sich die Sicht, dann habe ich ein weiteres Puzzle-Teil gefunden, das mit all den anderen irgendwann ein Ganzes ergibt. Noch weiß ich nicht, wie das Gesicht, das dann erscheint, aussehen wird. Aber ich bin neugierig darauf und hege bei solchen Gedanken weder negative noch positive Gefühle. Denn eines ist, wie es ist: Ich. Ich bin meine eigene Persönlichkeit. Mit ihren Wurzeln zwar und ihren Zwängen, aber auch mit einem eigenen Leben und einer eigenen Zukunft.

Pop-Stars haben es schwerer

Dirk S. ist Sohn eines prominenten Vaters

Wenn andere Jungs ins Kino gingen oder Fußball spielten, hockte ich zu Hause und übte. Wer dauerhaft etwas mit Musik zu tun haben möchte, hat dafür seinen Preis zu zahlen, erklärten meine Eltern. Manchmal zahlte ich diesen Preis gern, andere Male nicht: Draußen schien die Sonne und lud zum Schwimmen ein – und ich badete in Noten.

Mit vier Jahren begann ich Cello spielen. Mein Vater ist Dirigent, meine Mutter Orchestermusikerin, mein Halb- und mein leiblicher Bruder sind Dirigenten. Ich bin auch Dirigent, ebenso Solist sowie Kammer- und Orchestermusiker. Wir sind eine klassische Musikerfamilie, in der die Kunst den wichtigsten Stellenwert einnimmt. Seit ich denken kann, dreht sich fast alles um mich herum um Musik. Es verging kein Tag, an dem in unserem Hause nicht geübt wurde. Selbst im Urlaub und an den Wochenenden legten wir die Partituren nicht aus der Hand. Jahrelang fuhren wir über die Weihnachtsfeiertage in den Harz. Vormittags stapften wir durch den Winterwald und nachmittags probten wir. Es gab Tage, da kam Vater nicht mit. Und manchmal beschwerten sich Gäste, dass aus jeder Ecke des Hotels Musik ertönte. Um in Ruhe üben zu können, bewohnten wir alle eigene Zimmer.

Was aus mir geworden wäre, wenn ich nicht meinen Vater, nicht meine Eltern gehabt hätte, ist reine Hypothese. Vielleicht wäre ich ohne meine Eltern eines Tages selbst auf die Musik gestoßen. Wer weiß das schon? Ich bin dankbar dafür, dass ich aufwachsen durfte, wie ich aufwuchs. Ich weiß aber auch, dass ich ein privilegiertes Leben führe und immer geführt habe, vor allem in der DDR.

Dirk S., 36

Mein Vater ist ein international anerkannter Dirigent. Er reiste in der Welt herum, als die meisten Menschen in der DDR nicht mal die Möglichkeit hatten, auch nur bis nach Polen zu kommen. Durch seinen Beruf besaß er dauerhaft die Möglichkeit zur Ausreise, war weltoffen und bewegte sich souverän auf internationalem Parkett. Er lernte viele internationale Podien kennen. Unsere Familie kannte keine ökonomischen Sorgen, wir hatten ein großes Haus und eine Hilfe für den Haushalt. Ohne sie hätte der Alltag nicht funktioniert. Das alles ließ mich in den Augen meiner Mitschüler als »Bonzen« und »Promi-Sohn« erscheinen, das trennte mich vom Rest der Klasse.

Ich trug Jeans und Sachen, denen man ansah, dass sie aus dem Westen stammten. Und ich bekam ein gutes Taschengeld. Manchmal schämte ich mich ein wenig dafür, weil ich wusste, wo der Neid mancher Mitschüler seine Ursache hatte: in den sozialen Wurzeln ihrer Eltern. Mir war bewusst, dass ich begünstigter war. Als Kind aß ich gern Schokolade, aber ich wagte oft nicht, mir vor den Augen meiner Freunde welche zu kaufen. Ich wartete ab, bis ich nicht mehr in ihrem Blickfeld war, und schlich mich heimlich in den Laden. Ich lud Freunde zum Eisessen ein, spielte aber nie den großzügigen Gönner, das war mir peinlich.

Als ich zwölf Jahre alt war, durfte ich das erste Mal in den Westen fahren. Mein Vater hatte im Sommer 1979 in Österreich ein Konzert zu dirigieren. Das Gastspiel fiel genau in die Ferienzeit. »Wenn ich meine Familie nicht mitnehmen darf, kann ich für die DDR meine Arbeit im Ausland nicht tun«, erklärte mein Vater kategorisch. Also durften mein Bruder und ich mitfahren. Meine Mutter besaß ohnehin einen Dauerreisepass. Als ich zurück in die Klasse kam, schauten mich alle mit großen Augen an, als wäre ich ein Außerirdischer. Einerseits, weil ich etwas durfte, was damals nur Auserwählte tun durften: in den Westen fahren. Andererseits, weil ich wieder zurückkam. Es war eine harte politische Zeit. Wer einen Ausreiseantrag stellte, konnte sicher sein, dass sein Antrag abgewiesen wurde, und landete oft sogar im Stasi-Knast. Wer einen Fluchtversuch über die Mauer wagte, überlebte diesen in der Regel nicht. Und wer ausreisen durfte – über offizielle Besuchs- oder Dienstvisa – kam meist nicht zurück. Wer es einmal geschafft hatte, die DDR gen Westen zu verlassen, wäre töricht gewesen zurückzukehren. Ich kam zurück und sagte, ich wollte nie wegbleiben. Das verstand niemand.

Aber für mich gab es nie einen Grund auszureisen. Damals ohnehin nicht, ich war ein Kind und fühlte mich in der DDR zu Hause und daheim im Kreise meiner Familie sehr glücklich. Auch meine Eltern wollten die DDR nie verlassen. Sie genossen alle Privilegien, die man – egal in welchem Land – genießen konnte: Freiheit, Erfolg, Wohlstand. Zudem konnte sich mein Vater relativ sicher sein, dass der Staat sich nicht erlaubte, einen in der »westlichen« Öffentlichkeit stehenden Künstler einzuschränken – auch weil sie wussten, dass er immer wieder feste Angebote aus dem Westen bekam, die er aber alle ablehnte. Darüber hinaus hegte er ein gesundes, kritisches Verhältnis zum Westen. Durch seine Reisen sah er die Welt und deren Glanz und Elend. Nie gab er sich Verlockungen hin, denen die meisten nach dem Mauerfall anheim gefallen sind. »Ich habe mich einer Aufgabe verschrieben«, pflegte er stets zu antworten, »und diese besteht darin, ein Orchester neu aufzubauen. In der DDR.« Seinen Beruf stellte er über alles.

Nimmt man allein die Konsequenz zum Maßstab, mit der mein Vater sein Ziel, seine »Sache« verfolgte, unterscheidet sich meine Kindheit nicht allzu sehr von den Biographien von Söhnen, deren Väter ebenfalls viel arbeiteten. Es kam oft vor, dass Mutter und Vater gemeinsam auf Tournee gingen. Mein Bruder und ich blieben allein zu Haus. Ich litt darunter, ich war ein anhängliches Kind. Aber ich erlebte es nicht anders, Konzertreisen gehörten zum Alltag meiner Eltern und damit zu unserer Familie, und so empfand ich es irgendwann als normal. Und so war es »normal«, dass jede Minute, die wir zusammen sein konnten, genutzt wurde. Wenn sich andere Kinder sonntagmorgens um zehn noch in ihrem Bett rekeln durften, saßen mein Bruder und ich auf der Probe des Sinfonieorchesters. Fast jedes Wochenende probte das Ensemble. Eine Trennung zwischen Woche und geruhsamem Arbeitsausklang, wie sie die meisten Menschen pflegten, gab und gibt es nicht für Musiker. Sonntags hatten wir Kinder schulfrei, also nahmen uns unsere Eltern mit auf die Probe. So waren wir zusammen, auch verknüpft durch ein Band, das uns alle verband: Musik.

Musik gibt den Ton an in unserer Familie. Sie ist unser Ziel, unsere Berufung, unser Lebenselixier. Und so kreisten die meisten unserer damaligen Gespräche und Gedanken um Musik. Aber ebenso erzählte Vater von seinen Reisen, erklärte uns die Welt und das, was er »draußen« gesehen hatte. So herrschte in unserem Hause eine weltoffene und tolerante Atmosphäre, gepaart mit einem kritischen Bewusstsein gegenüber den negativen Mächten der Welt. In dieser Beziehung war ich meinen Mitschülern voraus. Schon frühzeitig konnte ich die beiden großen Gesellschaftssysteme vergleichen. Auch traf ich auf Menschen und Kulturkreise, die »anders« waren als die »Normalität«. Wenngleich jeder Mensch Begriffe wie »normal« und »Normalität« anders formuliert. Das zwischenmenschliche Verhältnis zu meinem Vater indes war so normal wie das anderer Jungen zu ihren Vätern auch. Mit einer Ausnahme.

Mein Vater war schon immer ein »alter« Vater. Wenn auch dieser Vergleich wieder als relativ anzusehen ist. Heute ist er 90, ich bin 36. Ich kenne ihn nur im dritten Drittel seines Lebens. Meine Mutter ist seine zweite Frau, sie ist heute 65. Aus der ersten Ehe meines Vaters stammt mein Halbbruder, der inzwischen auch schon 60 ist. Zelten oder Fußballspielen konnte ich mit meinem Vater nicht. Das wusste ich von Anfang an, deshalb wünschte ich es mir erst gar nicht. Vielleicht sollte ich nicht sagen, er war ein alter, sondern er war ein reifer Vater. Diese Reife und Weitsicht, die ihm seine Lebenserfahrung erlaubten, ließen ihn gelassener, ruhiger und toleranter mit seinem Leben und mit seinen Söhnen umgehen. Ich hörte nie Belehrungen wie »das darfst du nicht ...« oder »du musst ...« Er erzog mich geschickter und schlauer, als es vielleicht ein junger Vater getan hätte. Er ließ mir alle Freiheiten, die ein Junge in bestimmten Altersphasen braucht. Und er sagte: »Du musst das tun, was du für richtig hältst. Aber wenn du Sorgen und Probleme hast, weißt du ja, wo du mich findest.« So weit ich mich erinnern kann, verbot er mir nie etwas. Zwar wurde ich keineswegs antiautoritär erzogen, sondern stets nach den Regeln des Anstands, aber quälende Prohibitionen kannte ich nicht. »Wenn du rauchen willst, bitte, dann tu es«, erklärte er. Mit dem Erfolg, dass ich nicht einmal Freude daran hatte, es zu probieren. Ebenso wenig zwang er mich, Cello zu üben. »Du musst dich nicht quälen, wenn du nicht willst, aber wenn du Musiker werden willst, bleibt tägliches Üben nicht aus.«

Ein besonders fleißiger Schüler war ich nicht. Ich übte nur ungern auf dem Instrument und tat das Wesentlichste in den anderen Fächern. Auf meinen Zeugnissen prangten nicht viele Einsen, auch nicht im Instrumentalunterricht. Viele glauben, dass Söhne von bekannten und begabten Musikern automatisch deren Begabung erben. Aber das ist ein Trugschluss. Alles, was ich heute bin und kann, musste ich mir hart erarbeiten. Es kostete mich ebenso Schweiß und Anstrengung wie Musiker, die keine prominenten und musikalisch geschulten Eltern haben. Beim Aneignen der theoretischen Kenntnisse und manuellen Fähigkeiten musste ich ebenso streng üben wie jeder andere auch. Da nutzte es mir nichts, dass ich der Sohn meines Vaters bin. Vor Gott und auf der Bühne sind wir alle gleich, egal welche Gene wir in uns tragen.

Nur in einem Punkt hatte ich einen Vorteil: im Fühlen und Verstehen von Musik. Der ständige Kontakt mit Musik, das Hinterfragen der Klänge, die Suche nach der Wahrheit hinter den Noten, das Hören verschiedener Interpretationen – all das hätte ich nicht ohne meinen Vater erlebt. Mein Vater war bekannt dafür, dass er jede Pause, jeden Takt, jede Viertelnote nach ihrem Gehalt abklopfte, das machte seine Arbeit, seinen Stil, seinen musikalischen Charakter aus. Er machte es sich und der Musik nie leicht, sobald er sich ein Stück erobert hatte, spielte oder dirigierte er es das nächste Mal anders. Er befand sich in einem ständigen Erneuerungsprozess und war dauerhaft auf der Suche nach Wahrhaftigkeit. Von dieser Sucht meines Vaters profitierte ich und war bereits als Schüler an der Spezialschule für Musik weiter als manche Musikstudenten zu Beginn ihrer Ausbildung. Diese Worte mögen überheblich klingen, aber so sind sie nicht gemeint. Nicht wenige Musiker suchen viele Jahre nach einem Gefühl für Musik, nach einer Geste, nach ihrem Ausdruck. Ausdruck beobachtete und lernte ich durch meinen Vater. Wenngleich ich meinen Ausdruck finden musste und meinen Vater nicht imitieren konnte und durfte. Dann wäre die Musik, die ich spiele, nicht meine Musik, sondern die meines Vaters. Doch das ist weder mein Anspruch, noch würde es meinem Vater gefallen. Und jeder Zuhörer hätte sich gefragt, warum ich auf der Bühne stehe, wenn ich doch gar nichts zu sagen habe.

Während meiner Schulzeit war es mir wichtig zu fühlen, dass ich beim Begreifen von Musik manchem meiner Mitschüler voraus war, denn in allen anderen Dingen waren stets die anderen weiter. Ich war ein so genannter Spätentwickler. Ich lief spät, lernte spät sprechen und tat mich schwer mit dem Lesen und Schreiben. Obendrein war ich ein so genannter Stammler. Wenn sich unser Sohn schon nicht verbal auszudrücken vermag, soll er sich wenigstens auf andere Weise äußern können, dachten meine Eltern – und setzten mich an ein Cello. Die Wahl des Instruments war eher zufällig als gezielt. Es hätte auch jedes andere sein können. Aber als meine Eltern mit mir zum Geigenbauer gingen, um ihr Vorhaben in die Tat umzusetzen, stand da ein Cello, und sie entschieden pragmatisch: »Probieren wir es damit.«

Noch im Kindergarten bekam ich Musikunterricht, war aber nicht außergewöhnlich interessiert und spielfreudig. Eine besondere Begabung war nicht erkennbar. Dennoch ging ich – nach einem Zwischenspiel auf einer Russischschule, die meine Eltern aussuchten, weil sie glaubten, der allgemeine Lerneffekt sei dort größer als an einer »normalen« Schule – ab der 6. Klasse auf die Spezialschule für Musik in Berlin. Sie war direkt an die Hochschule für Musik gekoppelt und gewissermaßen die Vorstufe für ein Musikstudium. Die Schule gibt es heute noch, sie inzwischen eigenständiges Gymnasium. Wer damals dort angenommen werden wollte, musste eine Aufnahmeprüfung bestehen. In elf Jahren wurde der Stoff von zehn Jahren gelehrt. So blieb ausreichend Zeit für die musikalische Ausbildung. Viele Lehrer für den allgemeinen Schulstoff glaubten, weil ich der Sohn von S. bin, trüge ich eine bessere musikalische Ausstattung in mir, und behandelten mich stets nach dem Motto: Dirk S. ist aufgrund seiner Herkunft talentierter als die anderen, ihm fällt die Musik leichter, er muss nicht so viel üben, die anderen Schüler müssen wir schonen, die müssen mehr üben. Deshalb musste ich oft Vorträge und Sonderaufgaben erledigen, die anderen erspart blieben. Wenn andere übten, schrieb ich an einem Zusatzaufsatz – und übte später. Die Lehrer glaubten mir nicht, wenn ich ihnen versuchte zu erklären, dass sie sich irrten.

Für die Musiklehrer war ich ein Schüler wie jeder andere auch. Für sie zählte nur, was ich aus meinem Instrument herausholte, wie stark meine manuellen Fertigkeiten ausgeprägt waren, wie oft ich mich mit meinem Instrument beschäftigte. Wenn ich die geforderte Leistung nicht gebracht hätte, hätte mich niemand schonender behandelt, nur weil ich der Sohn eines prominenten Dirigenten war. Meine musikalischen Ergebnisse hingen stets von mir selbst ab. Bis ich in die Pubertät kam, spielte ich im Mittelfeld. Ich übte – wie gesagt – zu wenig. Mit etwa 16 Jahren indes schien ein Knoten zu platzen und ich probte wie ein Berserker. In dieser Zeit überholte ich viele und begann – wenngleich unbewusst – an meiner Karriere zu arbeiten. Dann ging alles sehr schnell: Mit 18 erspielte ich mir im Gewandhausorchester Leipzig eine Stelle, mit 25 bekam ich eine Professur. Heute, mit 36 Jahren, habe ich vieles erreicht, wovon andere – manchmal ein Leben lang – träumen. Selbst wenn meine persönliche Entwicklung jetzt stoppte, wenn sich mein Leben nicht mehr allzu sehr veränderte, würde ich es als Luxus bezeichnen. Das mag arrogant klingen, indes weiß ich um mein privilegiertes Leben, so dass ich eine vermeintliche Stagnation nicht fürchten muss. Ich kann von mir behaupten: Ich ruhe in mir und kann mir eine gewisse Gelassenheit leisten. So bemerke ich z.B. im Verhältnis zu meiner Frau, die ebenfalls Cellistin ist, dass es bei uns harmonischer und entspannter zugeht als bei Paaren, die von einer inneren Unruhe getrieben werden. So muss ich beispielsweise nicht verkünden, dass wir in den nächsten Jahren gezwungen sind, aus beruflichen Gründen privat auf dies und jenes verzichten zu müssen, sondern leiste es mir, genau abzuwägen. Das heißt nicht, dass ich nicht ständig nach vorn strebe.

In dieser Beziehung bin ich meinem Vater sehr ähnlich. Er trug und trägt eine große Gelassenheit in sich und ist ein eher scheuer Mensch. Auch auf dem Höhepunkt seiner Karriere bewegte er sich nicht gern in der Öffentlichkeit und mied sie, so weit es ihm möglich war. Er zeigte wenig Geltungsbewusstsein, präsentierte sich stets bescheiden. Dass er mit 90 Jahren von der Bühne abtrat, rechne ich ihm hoch an. Die meisten Dirigenten sterben vor ihrem Publikum. Sie leben von und auf der Bühne, sie brauchen sie wie die Luft zum Atmen. Obwohl die letzten zehn Jahre ihres Lebens bereits ein musikalisches Fiasko waren. Damit erweisen sie weder sich noch dem Orchester noch dem Publikum einen Dienst. Mein Vater ist anders. Er besitzt die Größe, den Taktstock aus der Hand zu legen, sich mit Musik nur noch privat zu beschäftigen und zu sagen: »Ich mache die Bühne frei für andere, für jüngere.« Diesem Schritt zolle ich tiefsten Respekt.

Ebenso eint meinen Vater und mich, dass wir unsere Karriere nicht planten. Beide hatten wir – neben unseren erworbenen Fähigkeiten – eine gehörige Portion Glück: Zum richtigen Zeitpunkt an günstiger Stelle ein gutes Konzert geben zu können, kann man nur bedingt »konzipieren«. Und so verfolge auch ich keine Strategie. Ich will und muss in meine Pläne nicht die nächste gute Gelegenheit einbeziehen, mich übersteigert in der Öffentlichkeit zu präsentieren oder verstärkten Kontakt zu den Medien zu suchen. Dadurch werde ich seltener enttäuscht als Menschen, die die Medien brauchen. Menschen, die genau forcieren, wann in welcher Zeitung und in welchem Fernsehsender über sie berichtet wird, werden desillusioniert, weil nicht das geschieht, was sie erwarteten. An der Schwelle zwischen Erwartung und Erfüllung beziehungsweise Nichterfüllung beginnt Frustration.

In dieser Beziehung ist mein leiblicher Bruder anders, das Gegenteil von mir. Er ist extrovertierter, hat ein einnehmendes Wesen und liebt die Konversation. Er zieht gern alle Aufmerksamkeit auf sich und kann problemlos seine Wohn- und Spielorte wechseln. Mein Vater und ich brauchen hingegen einen Ort, den sie Heimat nennen. Für meinen Vater ist das sein Haus, für mich meines. Mein Bruder und ich sind so grundverschieden, dass wir uns nie als Brüder, sondern eher als die Kinder unserer Eltern gesehen haben. Heute pflegen wir ein gutes Verhältnis zueinander, aber durch unsere beruflich bedingte Lebensform – er leitet Orchester in Frankreich und den USA – kommt es vor, dass wir einige Wochen wenig miteinander reden und uns nicht so häufig sehen, wie das für andere Brüder vielleicht üblich ist.

Ich empfinde mich als häuslichen Menschen und betrachte dies als positive Eigenschaft. Vielen Künstlern ist es eigen, ständig auf Achse sein zu müssen, sie fühlen sich überall zu Hause. Ich kann das nicht, ich benötige einen Ruhepol. Ich unterrichte an der Hochschule für Musik in Frankfurt am Main, gönne mir jedoch den Luxus, trotzdem bei meiner Familie in Berlin zu leben. Dabei nehme ich das Hin- und Herfliegen gern in Kauf. Ich mag es, mich auf eine Sache zu konzentrieren, und habe das Gefühl mich zu verzetteln, wenn ich zu viel gleichzeitig tue. Früher bewunderte ich an meinem Bruder stets, dass er mehrere Dinge mit einem Mal erledigen konnte. Diese Fähigkeit ist ihm bis heute erhalten geblieben. Offensichtlich kommt er damit gut zurecht.

So ausgeglichen und ruhig ich im Privatleben bin, so verausgabend bin ich auf der Bühne. Auch das habe ich mit meinem Vater gemein. Auf der Bühne gebe ich alles. Lange Zeit überlegte ich, woran es liegen könnte, dass ich zwei verschiedene Leben lebe, dass ich das eine von dem anderen trennen kann, und welche Existenz die Voraussetzung für die andere ist: Ob ich der extrovertierte Spieler bin, weil ich ansonsten ein ruhiges »Normalleben« führe, oder ob ich mich privat zurückhaltend gebe, weil ich mich auf der Bühne ausleben darf? Eine Antwort fand ich bislang nicht, aber eines kann ich mit Sicherheit sagen: Mein Geltungsbedürfnis bezieht sich ausschließlich auf die Bühne.

Früher wurde ich oft gefragt, ob ich als Sohn meines Vaters nicht diesen unsäglichen Druck verspüre, der vielen Kindern Prominenter aufgebürdet ist und sie teilweise lebensuntüchtig macht und ihren eigenen künstlerischen Weg hemmt. Zu Beginn meiner Karriere mag das vielleicht in Ansätzen so gewesen sein, heute habe ich dieses Gefühl völlig abgelegt. Ich ging meinen eigenen Weg und blicke auf meine Erfolge zurück. Hätte ich dies nicht geschafft, vielleicht würde dann mein Vater wie ein unumstößlicher Koloss vor mir stehen. Kürzlich dirigierte ich in einem kleinen Orchester und stieß auf den Ensembleleiter, der ebenfalls der Sohn eines großen und bekannten Musikers ist. Dieser Mann, eben der »Sohn von ...«, strahlte eine Frustration aus, die auf den ersten Blick erkennen ließ: Er konnte sich nie von seinem Übervater befreien, der auch heute noch wie ein drohendes Denkmal vor ihm steht. Dabei ist der Sohn inzwischen selbst ein Mann in den besten Jahren. In diesem Moment war ich froh, dass es mir nicht so geht. Werde ich zu musikalischen Dingen befragt, ist es den Fragestellern im Grunde egal, dass ich der Sohn von S. bin. Hätten sie seine Meinung hören wollen, hätten sie ihn gefragt. Werde ich befragt, will man mein Fachurteil hören. Interviewwünsche, in denen es um den großen Dirigenten und seine drei Dirigenten-Söhne gehen soll, lehnen wir ab. Was sollen Gespräche bringen, bei denen bereits im Vorfeld fest steht, was letztlich erscheinen soll: Drei Söhne in Bewunderung für ihr Idol, sie beten es an und leiden gleichzeitig an ihm? Das mag für so manche Musiker- oder Künstlerfamilie zutreffen, nicht aber für uns. Unsere Familie ist so normal wie andere auch. Mag dieser Satz auch merkwürdig klingen in den Ohren jener, die ein völlig anderes Leben führen. Eines, das weniger öffentliches Interesse findet, eines, das weniger luxuriös ist, und eines, dessen Grundlage eine ganz andere ist. Aber ich fühle mich nicht als jemand Besonderes und wollte auch als Kind nicht besonders sein. Ich glaube, Pop-Stars haben es da wesentlich schwerer.

Ebenfalls von Simone Schmollack bei »Liebe, Lust und Leidenschaft« erschienen:

Ich will Leidenschaft

Geschichten von 30-Jährigen über Lust und Liebe

Alle wollen ihn haben. Manche bekommen ihn regelmäßig, andere selten, einige heimlich, nicht wenige bezahlen dafür: Sex. Für die einen ist er Droge, für andere ein Spiel, für die nächsten Entspannung. Wissenschaftliche Untersuchungen belegen immer wieder, daß die meisten Menschen eine sexuell aktive Phase schon im Alter zwischen 18 und 30 Jahren erleben. Ein intensiveres Gefühl in der Liebe und beim Sex stellt sich jedoch erst danach ein. Je erfahrener Frauen und Männer sind, desto mehr können sie ihre Sinnlichkeit genießen. Die Jahre in den Dreißigern stellen bei vielen Menschen einen Wendepunkt in der Lebens- und Karriereplanung dar. Es trennen sich in dieser Zeit überdurchschnittlich viele Paare. Für das Selbstwertgefühl, die Seele und den Freiheitsdrang wirken sich »beziehungstechnische« Neuanfänge meist positiv aus, soweit der Partnerschaftsbruch als Chance begriffen wird. Schwieriger hingegen gestaltet sich ohne festen Partner bzw. feste Partnerin das Ausleben der Sexualität. Aber auch in festen Beziehungen genügt ein Partner oft nicht.

Das Buch bietet einen Reigen sexueller Möglichkeiten und erzählt Geschichten, die sonst wohl niemand erfährt. Mehr als 20 Frauen und Männer – Singles wie Paare – haben sich der Autorin offenbart. Vom heimlichen Geliebten, der nicht nur »Nebenbuhler«, sondern auch heimlicher Vater wurde, vom Freund und gelegentlichen Liebhaber, von der alleinerziehenden Mutter mit festem Sexverhältnis, vom Freier und seinem Hingezogensein zum »Milieu«, von Beziehungen, die auch nach Jahren voller Begehren und Lust brodeln oder es sich erst hart erarbeiten mussten, vom Künstler, der ganz ohne Sex auskommt. Alle Protagonisten leben ihre Sinnlichkeit auf ihre Weise aus. Es gibt keinen Mangel an Möglichkeiten, es gibt nur ungenutzte Chancen. In diesem Buch erzählen Frauen und Männer aus der Generation der »Thirtysomethings«, wie sie es schaffen, das zu bekommen, was sie wollen.

Simone Schmollack
ICH WILL LEIDENSCHAFT
Geschichten von 30-Jährigen über Lust und Liebe
ZWEITE AUFLAGE
400 Seiten, Taschenbuch
3-89602-401-9
12,50 EUR

Weitere Titel aus dem Programm »Liebe, Lust und Leidenschaft«

Ausführliche Informationen zum Verlagsprogramm finden Sie im Internet.
www.schwarzkopf-schwarzkopf.de

IMPRESSUM
Simone Schmollack
ICH BIN MEINES VATERS SOHN
*Geschichten von Männern
zu einer ganz besonderen Beziehung*

ISBN 3-89602-429-9

© bei Schwarzkopf & Schwarzkopf Verlag GmbH,
1. Auflage, Berlin 2003

Alle Rechte vorbehalten. Dieses Werk ist urheberrechtlich geschützt.
Jede Verwendung, die über den Rahmen des Zitatrechtes bei korrekter
vollständiger Quellenangabe hinausgeht, ist honorarpflichtig und
bedarf der schriftlichen Genehmigung des Verlages.

BILDNACHWEIS
Titel- und Autorenfoto: Anja Müller

KATALOG
Wir senden Ihnen gern unseren kostenlosen Katalog.
Schwarzkopf & Schwarzkopf Verlag GmbH / Abt. Service
Kastanienallee 32, 10435 Berlin.
Service-Telefon: 030 – 44 33 63 00
Fax: 030 – 44 33 63 044

INTERNET
Ausführliche Informationen zum
Verlagsprogramm finden Sie im Internet.
www.schwarzkopf-schwarzkopf.de

E-MAIL:
info@schwarzkopf-schwarzkopf.de